老子十二講

王邦雄

序

在大學研究所開課之外，也常在民間講堂開講《老子》，沒有課程進度的拘束，聽講的朋友也沒有修習學分的壓力，真的是海闊天空，隨意揮灑。少了知識性的負擔，與學術研究的莊嚴，課堂氛圍輕鬆多了，可以把經典融入生活，經由人生的體驗與真切的感受，來解讀流動在字裡行間的經典奧義，拉近了古書與今人的距離，經典就此活化，似乎老君正現身說法，引導每一個人活出自己一生的美好，講者只是中介導讀，在若有還無間，讓每一個人可以跟老君做一個心靈的對話，與生命的印證。

《老子十二講》，是由《老子道》、《生死道》、《人間道》等三書統合而成，由於老子三書講於二十年前，某些情境已隨時間而消逝，甚或有了一百八十度的大翻轉，今由遠流接手重出，雖維持十二講的理序架構，卻作了相當幅度的刪減與修正，綱目更顯豁靈活，文字也更貼切生動，大大提升了全書的可讀性。雖老書新出，讀者朋友或許可以發現，在面目一新之外，此中自有新意。

想當初，為了保有講課現場的真實感，語氣話題盡量不作更動。時隔二十年重讀，自家已不能接受課堂過於口語，而不免粗疏的論述表達，一路修飾順通下來，尤其義理解讀與生命體悟，今昔大有不同，也隨文補充，求其文字精準，而義理完足。

《老子道德經的現代解讀》問世以來，頗受好評，感謝遠流編輯團隊的用心，存全千古經典當該有的莊嚴相與厚重感，可與老子的生命高度與智慧深度，有一存在的呼應。作者開講老子，已有四十年之久，看《現代解讀》能以莊重厚實的姿態，出現在廣大讀者的面前，想來也對得起老君了。不過，對從未來課堂聽講的朋友而言，讀來似有難度。今《老子十二講》在一年之後，也緊接著出書，喜歡《現代解讀》的讀者朋友，可以隨《十二講》補課式的聽講下來，彌補些許無緣聽課的遺憾吧！

或許我可以如斯說，《老子十二講》可以做為《老子道德經的現代解讀》的前導書。先聽講，後解讀；先入門，後登堂奧。前後一以貫之，心中有道，而道在當下現前，「道法自然」，意謂每一個人生命價值的「然」，要從自身體現而來；「百姓皆謂我自然」，說的是從政者要把生命的真實美好，還給百姓自己；「輔萬物之自然而不敢為」，意涵在身為萬物之靈的人類，要輔助萬物回歸自然的生息，而不敢過度開發，破壞了萬物賴以存活的生態環境。

如是，天地自然，百姓自然，萬物也自然，天地萬物回歸「道法自然」的軌道理序中，人生不會漂泊流落，人間少了權力的干預宰制，天候地理也不會遽變，人人自在，物物自得，解讀老子，此為究竟。

王邦雄　序於民國百年三月淡大中文系

目錄

之一 人生的困苦何在？

人生總在尋求俗世的幸福，
意圖開創新局或突破困境；
而老君道家卻另作反向思考，
認為「開創」是心知的執著，「突破」是人為的造作，
此有心有為，反而困住自己，讓自己受苦。

心是根源動力

要生存下去必須有一個推動的力量，像是生機、情趣等，我們叫活力、動力。人生人生，那個生的力量在儒家說來是我們的人性，這個人性是從人心說的。人的心可以給我們生命的動力，可以讓我們活一生。而這個活一生的「生」有創造的意思，我們人生都在創造；譬如說我們給出情意，給出理想，給出關懷，給出祝福。我們固然活下去，我們的親人、朋友，也因為我們的心可以活下去。假如這個世界沒有情意和理想，大家都不把心給出來，那麼就是活著也等於沒有活著，生也不成為生了。所以，人生人生，本來應該有它生命的動力；生命的動力從心來，這是中國儒家最重要的一個見解，我們叫它良心、愛心、本心、善端、良知；我們有了這個心，就可以有創造力，所以說：「天地之大德曰生。」

儒家認為生才是德，所以父母親是有德的，因為他生我們；天地是有德的，因為他生萬物；老師也是有德的，因為他生學生——他所生出來的不是這個人，而是這個人的價值觀念。因為人不是光靠生理——像是胃部、肺部、心臟活下去的；我們要靠人格、修養活下去，靠知識、學養活下去。這方面的動力便是來自學校老師的，中國會有幾千年尊師重道的傳統，便因為老師是引導我們活出一生美好的源頭。我們從書本上學，從歷史上學，這個才是德，這個德是「天地之大德曰生」。

人生人生，是要靠德來生下去的。這個德是通過人心來的，所以儒家肯定人心的創造力。人心是可以產生價值的，人心是可以給出生命的動力；所以我們從心說性，而心是德，所以叫德性。中國人講心性學，講德性，是通過心的創造力來說的。所以儒家肯定心可以給我們生命的動力，對於心是正面肯定的。

心無限而物有限

道家覺得人生的困難出於我們有「心」，儒家則認為我們活不好是因為我們有「物」。我們是有心人，但儘管心是情意和理想，總不能夠充分的實現。因為我們有一個物，這個物是我們的牽累，叫物慾，叫物累。物慾物累，它把我們拉住，讓我們的心不能充分的展現。所以人生永遠有遺憾，我們的遺憾就是我們的心是無限的，我們真的想對別人很好，對人間很好，但有一個有限的物老是把我們拉住。例如你明明喜歡小孩，喜歡學生，但是你卻忍不住罵他，對自己身邊親近的人還會講一些有殺傷力的話；那個不是「心」講出來的，是我們的「物」講出來的。但人生的有限性在哪裡？為什麼人生會出問題？假如我們有心，而「心」又是一切的話，為什麼我們會有問題？因為還有物，所以人生的問題出在「物」。我們的希望在心，我們的困苦在物，我們是被物給拉住了。儒家的觀點集中在怎樣克己，怎樣去人慾，所以說「養心莫善於寡欲」。如何把底下的慾化掉，而存全上面的心，是儒家的修養功夫。「克己復禮為仁」，己是指「物」的己，復禮為仁是指「心」的己，要用心來跟別人相處，而不要用物來跟別人對抗，這是儒家的基本觀念。

人間的希望在於愛，但是去愛以前先要修養，因為我們身上具備有不愛的因素；我們的心是愛，我們的物是不愛。你擠公車，別人跟你擠，你第一個反應是：這人真討厭，怎麼又上車了？以人的物來說，物跟物之間是有抗拒性的。因為他有了你就沒有，這個空間是他的就非你的；但心靈不會，兩個心可以在一起而不衝突，所以人跟人同心的時候，我們不會覺得很擠，而是感到溫暖，因為他的情意就在我的情意裡面，他的心就在我的心裡面。但是物產生一種對抗性。所以如果我們要去愛，人生的生的力量是愛的話，那是我們的心去愛，但物不愛；而人便是這二者的複合體。所以首先要把那個不愛的因素解消，那個愛的心才會充分的展現；這是儒家。

心知心執困住自己

但道家不這樣講。在進入道家的思考之前，得先花一點力氣來講儒家。儒家認為：我們的心是有愛的，這沒有問題，問題出在我們的物。道家的想法是：人生的困苦在我們的心。人們常說活不下去，其實人要活下去是很容易的，在一個自然條件裡面，我們大部分都可以活下去；活不下去都是因為心所帶來的壓力：挫折、傷感、悲痛、憂愁，這些東西才讓我們活不下去。不是找不到工作，也不是三餐不繼，很多人活不下去不是因為「物」的問題，而是「心」的問題。

儒家說有心就有希望，道家卻認為正好相反。有心人有情意和理想，對人間懷有太大的希望，對別人抱持太多的期許，自己一定會失望。因為你一直給大家壓力，如望子成龍、望女成鳳，希望學生考第一來造就自己名師的地位。你對人間有太多期望，這樣的心才是我們困苦的所在。所以活不下去的不是我們的物，而是我們的心。因為你的心有太多執著，太多嚮往，太多期許，才讓我們的物跟著受苦。物是跟著心受苦的，你在緊張匆忙的生活裡面，消化自然不良，就像我剛坐計程車過來，胃就有一點痛，因為眼看時間來不及了，路上又塞車，沒有交通警察指揮，全都擠在路口不動；我本想下車走路的，後來總算有一個計程車司機下來指揮，所以人間還是有溫暖，「窗外有藍天」——對此，我的解釋是「吾心有陽光」，藍天是通過我們的心去照出來的，我們不能等著窗外的藍天帶來希望，要心隨時去照出藍天才有希望。當我要趕行程去講課，我的物就隨著我的心受苦，在途中奔波。所以我們的心不能充分的實現是因為我們有物，把物化掉，心就可以實現了；這是儒家。

監牢在我們的心

道家的想法不同。問題不在這裡，反而是：因為我們有心，物才跟著心受苦。心是困，物是苦，我們心有太多的執著，這一生注定要天涯奔走，人海流浪；是我們的心拉著我們在人間受苦受難。所以我的困是從心說，苦是從生命說。困的是我們的心，苦的是我們的生命。它分秒都在我們的周遭，沒辦法擺脫，因為是你的心執著來的。你可以擺脫天下，但不能擺脫自己的心靈，監牢不在外面，在我們的心。我們的心蓋了一個監牢，把自己放在裡面讓自己受苦。誰在限制我們？其實都是我們自己。道家做了這樣一個相反的反省。儒家說：

人生的問題在哪裡？在我們的物。道家說：人生的問題在哪裡？在我們的心。因為我們的心會執著很多的東西，這就成為我們的負擔，一生壓迫我們。譬如從小我們就被灌輸一定要得第一，你的一生就受到「第一」這樣一個名號的壓迫，如影隨形，永遠擺脫不掉。得第一的心就成為生命的負擔、壓力、傷害，這就是我們的困苦了。

人生的道路在上下，而不在東西南北

《道德經》第一章說：「道可道，非常道。」《論語》也講「道」：「天下有道」、「人能弘道」、「士志於道」。中國人喜歡講道、道路。道路就是人生走的路，但為什麼是走這條路，而不走其他的路？天下都是路，為什麼獨獨今天走到這裡來？這個地方一定有道，那是老子的道。之所以走這條路，一定是它代表某一種價值，是有意義的。不然我為什麼不往相反的方向走？人生的道路首分上下，再問東西南北。「形而上者謂之道，形而下者謂之器。」我們要形而上，不要形而下。現在的人卻只問東西南北，不分上下，這才產生了問題。現在這個叫做「天下無道」，無道就是沒有形而上，全部形而下。孔子和老子都講道，兩家都認為人生一定有一個價值理想的道，我們可以去走出來。

所謂的價值就是美跟善。我們總在追尋美追尋善，希望盡美盡善。孔子說：「盡美矣，未盡善也。」是講武王的音樂美是美，但還沒有盡善；一直到舜的音樂才是盡美盡善，因為它把殺伐之氣都化掉了。「盡美矣又盡善也」，美跟善是代表人間的價值。今天我們都講真善美，事實上在過去，儒家認為真是善，道家認為真是美。道家要我們當真人，儒家要我們當一個有真性情的人、忠於自己的人。儒家講忠恕，忠就是讓真性情顯現出來，忠於自己，「盡己之謂忠」，盡到自己的真才叫忠。所以忠的觀念本來是忠於自己的意思；恕是推己，「推己之謂恕」，就是推己及人。

道家跟儒家都講真，人生的價值標準要嘛追求善，要嘛追求美，都要講真。人生的道路一定要通過美善，所以我們對美跟善永遠存有一份敬意，一份嚮往，總是試圖去追尋它，去實現它，去捕捉它，去擁有它。人生之所以有意義，我們之所以願意活下去，就是因為看到前程有美跟善。假定前程一無所有，我為什麼要活下去？就是因為未來的人生可以是美又是善，所以儘管再苦再累，我們還是願意活下去，因為值得我們活下去。

所以我們要問：你活得值不值得？活，第一個問題是事實問題，現在的生理官能欲求能不能活？如果得了絕症大概不能活了。第二個問題是價值問題，假定人生未來的歲月只是過去累積的延長，那麼我為什麼活下去？因為有未來，只要好好抓住現在，就可以擁有未來。未來是什麼？美跟善。所以一般說來，我們對於美善都有積極的肯定，無盡的嚮往，一生的追尋大概是這樣子。

美善是心知的執著

但是老子不這樣想，他不認為在本質上有美跟善的存在，美跟善「天下皆知」，但要追尋美跟善，得先問美跟善是怎麼來的？什麼叫美？什麼叫善？老子說美跟善是我們的心去知去執的。那什麼叫知？我們的心去知，就是我們去執著。去執著去知道美之所以成為美，就是對於所謂的美的內涵做一個規定：「知美之為美」，「知善之為善」，考第一志願是善，走在時代尖端、把時髦穿在身上是美，這樣我們對美跟善有了一個價值的規定。在老子的反省中，美跟善不是在本質上真的美善，是我們的心去認取，去執著過來的。我們規定了什麼是美什麼是善，通過自己的形象來說什麼是美什麼是善。譬如說白種人認為白人是最美的，某一教的教徒認為自己的教最善；所以白種人排斥有色人種，這叫「斯惡已」，而信我這個教的人才是善，那麼跟我宗教信仰不同的人，「斯不善已」，因為他們是異教徒。

「一日克己復禮，天下歸仁焉。」我只要有愛心，天下人都在我的愛心籠罩下，我的愛遍照全球，這是儒家的理想。道家認為心一知，一執著，這個世界就開始破裂。我們總是通過自己的形象來看人，通過自己存在的處境，如行業、階級、種族、膚色、宗教信仰等各方面去看天下人，然後把美跟善定在自己的身上。既然美善在我，只要別人跟我不一樣就是有問題。這就形成猜疑，我們一直在猜測別人，不信任別人。因為我們覺得美跟善在我，而他的觀念竟然跟我不一樣，當然就對他充滿存疑、不信任。結果是逼他維護他自己，這個世界開始對抗：黨團之間的對抗，人我之間的對抗，都是這樣來的。

所以，「天下皆知美之為美」，「皆知善之為善」，知是執著，執著人間真的有一個客觀的美善標準擺在那裡，「放之四海而皆準，俟之百世而不惑。」但在老子的想法中，美跟善是相對的；我們執著美執著善，然後「斯惡已」，「斯不善已」，當我們規定什麼是善什麼是美時，就把跟我們不同的人貶抑、流放到不美不善的對面去了。你把標準定出來了，便會去執著它。本來天下是一體的，當我把美善定在我的種族、我的宗教信仰的時候，就把非我族類、異教徒貶到那不善不美的對面去。所以是你把一體二分了，變成對抗和破裂；雙方一旦對峙，當然各自要維護自己，證明自身是善是美。於是便有了意識型態的對抗，階級的對抗。所以從這邊來說是美善的代表，另一面便是所謂的「天涯淪落人」，就是無家可歸的人；因為美善才是我們生命的歸鄉。

逼出天涯淪落人

我們每天都回家，是因為知道家裡面有親情、有美跟善。假如家裡是個戰場，我們就不回家了。因為它已經對抗、破裂，所以我們事實上是天涯淪落人，無家可歸的人。婚姻不好的人就有這種感慨和傷痛。如果是不知善不知美，是一體常善，這樣的人生道路，老子叫「常道」。天下一體，渾然天成，沒有分別，大家都美好；我們不分什麼教，大家都有自己的宗教生活，都有自己的心靈修養，老子認為這才是永恆的道。永恆的道是每一個人能有自己的道，在這個道裡面大家都有自己，你不會覺得被流放、貶抑，不會覺得自己是個失敗者，挫折的人，沒有希望的人。

但假如在青少年的世界裡，唯一的英雄就是考試英雄，那就不一樣了。一個有四十班的國中，它的A段班大概不會超過八班，那其他三十二班的學生都成了天涯淪落人。校長和所有老師的眼睛都看至善至美的那八班，其他的三十二班被貶到不善不美的放牛班去。所以國中三年是培養他們挫折感的三年，他們無家可歸；學校和父母都不要他，像過街老鼠，大家喊打，他哪裡有家？

所以老子說：「道可道，非常道。」可道就是你規定它什麼是善什麼是美，什麼是唯一的道路，這就「非常道」，因為它不再是屬於每一個人的道了。你把道給了少數人，他們成了特權階級。A段班是特權階級的學生，就像過去專制政體下的王室、皇親國戚。當你把美善定在權貴，你就得罪天下所有的人，因為他們被流放到不美不善的領域。我們應當好好想這個問題，不要老是把標準定在自己；爸爸的善，媽媽的美，對應到兒女身上永遠就是不善不美。這哪是愛他，這是跟他對抗，而且事實上是在傷害他，所以我們不能老是把美善的標準定在自己來看對方。定在自己，對方自然不善不美了，這是在逼學生離開自己，逼孩子離開自己，而我們卻又說：孩子不懂事，學生「不可教也」。

美醜相對而立，善惡相因而成

我不是說道家是唯一的真理，但這是代表道家的思考：沒有一個絕對的美善等著我們去追尋、去實現、去嚮往，美善是我們從心裡面去執著來的。而在別人對顯之下，它們就不善不美了。「有無相生，難易相成，長短相較，高下相傾，音聲相和，前後相隨。」有無、難易、長短、高下、音聲、前後，就是相對等的觀念，跟前面講的善惡、美醜一樣。規定什麼是善，相對的就是不善了；說什麼是美，相對的就不美了。有前才有後，有高才有下，有長才有短，有難才有易，有「有」才有「無」。這些觀念是相對的，男女、陰陽、天地的觀念都是相對而立，相因而成；互相以對方為原因才能成立，也才有意義。所以我們經常說：「什麼跟什麼是相對的」，就代表它不是絕對的。既然是相對，我們就不要用「絕對」來看它；站在這個立場你是善，但站在另外一個立場來說你就不是善了。

譬如我喜歡讀書，站在喜歡讀書的立場來說，讀書人是善；但站在相對的立場，社會這麼亂還每天在家裡讀書，算什麼「人」？這自然就不善了。可見得善的標準是站在相對等才成立的。文學重要，還是哲學重要？理工重要，還是文史重要？這永遠是相對的。我們可以肯定自己的善，但是也請欣賞別人的善。唸文史的是人才，唸理工的也是人才。現在的問題是：文史的人否定理工，說理工沒有人文教養；理工的人說文史的人空談理論，不切實際。互相排斥對方，只因為他跟我不一樣。這一來才產生大學裡文史和理工學院之間的對抗，大家都認為在學校中自己是最重要的。其實學校的每一個學院、每一個科系都一樣重要，不然也就不叫大學了。

就像「常道」，每一個人都有道才能叫「常道」。道在你，別人沒有，那叫「可道」。可道就是特權都在你，天下的好處全在你身上，別人都不對，那樣的人就是可道。常道是每一個人都一體常善的，所以不管你站在哪一邊，請不要用絕對的態度來肯定自己，否定別人。我是對，他也可能是對；他犯錯了，我也可能犯錯，只是另外一種錯而已。人世間最惡劣的莫過於說：「我全對，他全錯」，從來沒有站在對方的立場來想，只從自己這邊看過去。所以我們要感同身受，要體貼。體貼就是貼近他，通過他來想問題。這叫推己及人，是儒家的恕道。

但我們通常會以我們的標準看對方，說對方不對。所以這邊告訴我們：人間有很多東西我們覺得是善、是美，像有無、難易、長短、高下、音聲、前後，但很多事並非天經地義、斬釘截鐵的被分開，黑未必是黑，白不一定是白。這並不是要否定既有的價值標準，而是要我們在既有的價值標準裡面，對別人存一份寬大、同情、包容的心。我們不一定總是對的，對方也不一定全是錯的。

現在世界的情勢變成兩邊：資本主義，共產主義；什麼教徒，非什麼教徒；什麼階級，非什麼階級；都是相對而分裂開來的。這個分法是人為的執著，人為的造作，不是人天生就這麼分別的。

放下就得到釋放

老子告訴我們：因為這個分別而受苦受難是不必要的，莫須有的，人生的本質不是苦難的，是我們執著造作以後才有苦難的。佛家告訴我們：人生是苦，因為人有生、老、病、死，世界有成、住、壞、空；這是一個會變壞的世界，會毀壞的人生。但是道家的想法不是如此，道家認為：這些東西是心執著出來的，才會使你受苦受難。人生的困苦是自己找出來、帶出來的，現在如果我們不執著，這個苦就沒有了。本來我一生都在追求第一名，現在開始我忘掉它、放下來了，突然間便輕鬆起來；我不追求第一了，我就得到最大的解放。從傳統的、家族的枷鎖裡面解放出來，開始過自己的人生，喜歡什麼就去做什麼，就是不要背負那麼大的責任，那麼大的使命。所以人生的困苦何在？困苦就是從我們的心去知、去執著出來的。

接下來說到聖人，聖人不就是要消解人的痛苦嗎？所以說：「是以聖人處無為之事，行不言之教。」因為聖人是要救人的；能生百姓、救百姓才叫聖人。人生的困苦已經有了，那聖人怎麼辦呢？就是要把分別消解——像前面所講的美善的執著，那個執著就在我們心裡面，聖人要行不言之教。因為我們有那個「言」才有那個「為」，有那個分別才有那個行動；心裡執著什麼是美什麼是善，這叫「言」；知道什麼是美什麼是善，付諸行動，這叫「為」。但「言」是我們執著來的，而且是我們困的原因；而「為」是我們苦的原因，因為我們停不下來才苦啊！這個無窮無盡、停不下來的時代浪潮把你往前推進，使你停不下來。所以莊子講到人生的困苦時說：「莫之能止」，停都停不下來；「莫知其所歸」，停不下來而且不知何處是歸程。

所以聖人要先不言，百姓才能無為；天下的聖人不言，不規定什麼是善、什麼是美，不拋給人民很多的問題和責任，這樣天下百姓就不用跟著種種規定去奔走一生。所以聖人要行不言的教，處無為的事。而美善是相對成立，不是絕對的。因為有這個善，那個不善才在那裡的；有不美，這個美才在這裡的。因此，往往你不計任何代價去追求的，可能是假的。如果它真是絕對的美善，那再怎麼苦也是值得的；但事實上那可能是父母或老師一時的想法，只是在孩子、學生心目中把它當作一生不可違抗的命令，這才是可怕。我們一生所追尋的，很多可能是這樣的東西；所以不言，是因為言的本身只是相對的，不是絕對的價值。那樣的追尋沒有意義，因為你所追求的定不住，又為什麼要用一生去追尋它呢？

學生常被迫考第一名，第一名有什麼意義呢？第一名應該是在彼此間很自然的出現而已，它不見得是天經地義，而且也未必是最好。得到高分的文章不一定好，低分也不見得壞。天下的標準很難確立，把浮動中的標準當作天經地義去追尋，將一生投進去，這值不值得？所以聖人看到這些困苦的來源，困是從「言」來的，苦是從「為」來的，於是都加一個「不」。「不言」就是不知善不知美，聖人行不言的教化，他不言，百姓就不為；「不為」就是不去追尋美善，也就是「無為」。既然不困，就不會苦；言是困，為是苦，所以聖人要「處無為之事，行不言之教」。

功成而弗居是人生的修養

要講人生，先要講生，而生顯然是一個道德，「萬物作焉而不辭，生而不有，為而不恃」，「長而不宰」，之後接著「功成而弗居」；生、為、長，都是「功成」；「不有」、「不恃」、「不辭」或「不宰」，都是「弗居」。你完成的，卻不居功，這就是「功成而弗居」。「生」是生下他，「為」是為他做了一切，「長」是帶他長大。就像父母生子女，聖人生百姓，天地生萬物。「生」就是「德」，因為生要付出很多的「為」。生很容易的，但是要帶他，要讓他成長，才算是父母。光生下來就不管，那算什麼？所以生還要為，還要長，這三個要連續下來，叫做「德」。

一般人的反應是：我生他，為他做了一切，帶他長大，所以應該擁有他，他是我的。老子跟常人不一樣的地方就是他加一個「不」字。他說：你可以生他，但他不是你的；你可以愛他，為他做一切，但你不能依恃他，好像他虧欠你。千萬不要恃為己恩，覺得可以主宰他。迫使別人承受虧欠你的壓力，而你每天都在期待他的回報，那麼你的一生便會活在氣苦中。

如果你能夠放開，「不有、不恃、不宰」，一方面對他好，同時也忘了對他的好；這樣對方沒有壓力，你一生也不會氣苦。我們對孩子付出一生的關愛，為什麼要停下來等待他回報呢？所以我提出一個相反的看法：要感激我們的孩子，讓我們有機會愛他；感激我們的學生，讓我們有機會講課，得以「教學相長」。如果學生不聽課，你的學問講不出來；如果孩子不給你機會去愛他，你的家一定比較冷清。有孩子才有歡聲笑語，家裡才有生機，才有情趣，才有動感。所以我們要反過來想：要感激我們的孩子、朋友，如果世上只有我一個人，我怎麼辦？還好他走在我身邊。所以對我們身邊的人永遠要懷抱感激之情，不然人生道上踽踽前行，孤單一人，「前不見古人，後不見來者」，生命何處安頓？

所以老子沒有反對「生、為、長」，他在這裡並不消極，還要我們去生、去為、去長，但是要「不有、不恃、不宰」，他不反對「功成」，但是也告誡我們不要居功。做任何好事情，當下完成，當下忘記，不要放在心裡面，不要留下紀錄，這叫「功成而弗居」，這是人格的修養。

弗居才功成是形上的體悟

本來功成了而不居功，是我們應該有的修養，我們只是做我們應該做的，是在完成自己。愛子女、愛學生，是因為如此才能完成做父母、做老師的責任。所以要感激，因為孩子、學生讓我們有機會完成自己。而老子突然在這裡做一個形上思考，提出一個相反的反省：「夫唯弗居，是以不去。」他說事實上是因為我們弗居才功成的。「不去」就是功不去，功不去就是功成，本來說功成了再不居，功成在先，不居在後。但老子在此突然有了人生的體悟，大智慧的靈光一閃，好像在那當下整個生命湧現出來。他頓悟了，本來是人生的修養，突然一轉而成「實現原理」，或叫做「生的原理」，就是這個世界「生」的基本原理。老子說：是因為你弗居，你才功成的；因為我們不居功，我們的功才成的。人生不如意事十之八九都是功敗垂成的；功敗垂成就是什麼都做了，但是最後少了一點，就差一個「弗居」。本來已經成了，結果功虧一簣，只是因為你念念不忘，所以成不了。

我們很認真的去生、去為、去長，總覺得一切都是我的功德，我的心血，我的付出；是我滿臉的皺紋，滿頭的白髮，才有你的成長。我們就忘不了這一點，所以本來你真的已經成就了他，結果卻沒有。因為你用福報來要求，於是他還了你，你的德就沒有了。德行是不要福報的，要福報的不是德行，那叫投資。如此便失去了道，你跟所有的人一樣：做了一件就要求回報。所以老子說：只有到弗居的時候，你才功成；而不是功成了以後才弗居的。功成了弗居是人格的修養，經過這樣的修養，你才真正實現了原初對他的好。

我們什麼時候功成？當我忘記我對他的好的時候。當我忘記我對他的好，我才真正完成了我對他的好；忘記了、放開了、不有、不恃、不宰、不居，那時候才功成。所以不居比功成更重要，這叫智慧。我們有時候很沒有智慧，愛人一生，愛到最後整個垮掉，只因為你忘不掉你對他的愛，在足球場上這叫臨門一腳，到最後缺乏這一腳，還是零分。在道家來說，那個臨門一腳的得分就是「生」了。原來人生就是差了這麼一點。當我們忘了的時候，我們才真正的實現。要等到你忘了以後，你那個愛才完成，這叫智慧。沒有智慧的愛，是大家愛得很辛苦，愛得轟轟烈烈，但是零分。不只零分，而且是負分，他還會怨你，因為你讓他老是覺得虧欠你。

所以，千萬不要居功。「弗居」，原來的愛，原來的功才永遠在那裡，不要老是提醒，老在嘴上唸著，唯恐對方忘記，這會把你原來的德，原來的好，全部否定掉。所以說：「夫唯弗居，是以不去。」

弗居就是「無」。不去就是長久，永遠不會沒有，永遠不會變壞，永遠不會消失，不會生老病死，不會成住壞空，不會悲歡離合，不會「此事古難全」，它總是「千里共嬋娟」，這就是長久，這就叫「有」。怎麼會「有」的呢？老子說：因為「無」。「天下萬物生於有，有生於無。」一切的有從無來，無就是忘記了，不居功，放開了。就因為你忘了，結果你原來的功，原來的德永遠在那裡。所以老子最大的智慧就是：人間一切的有從無來。而一般人一生的奮鬥卻是從有抓住有，唯恐失落，這是從有去追尋有。老子告訴我們：你要讓「有」在那裡，請通過「無」。

人為造作破壞了自然美好

第十二章說：「五色令人目盲，五音令人耳聾，五味令人口爽。」道家認為：五色、五音、五味會令人視覺衰退、聽覺麻木、味覺喪失。為什麼這樣講？一般人的感覺是相反的，視覺本來就是要分辨五色，觀賞五色的美，這不是眼睛的功能嗎？耳朵就是要聽五音的轉，嘴巴就是要品味五味的妙。眼、耳和口本來就是我們跟自然界接觸的管道，我們有這樣的感官才能看到、捕捉到世界的美好。而老子所說的是五色、五音、五味的刺激變化，會讓我們的官能衰退。

儒家一般說來是正面講人生，道家則是負面的看人生；儒家認為我們的心可以創造，道家則認為我們的心會扭曲人家。同一個心，我們用心去體貼他人是儒家；用心去執著，去跟對方對抗，這是道家從反面看的結果。你說目所以視五色，他偏說五色令人目盲；你說耳所以聽五音，他偏說五音令人耳聾；你說口所以品五味，他偏說五味令人口爽。什麼都從負面講。不過這裡儒家所講的五色、五音、五味是指自然的顏色，自然的聲音，自然的味道。而老子講的不是自然的，是人為造作的。人為造作的五色、五音、五味令人目盲、耳聾、口爽，它們破壞、干擾了自然的感覺與自然的美好。本來一切都很自然的，但現在我們用人為造作來刺激它，讓它變化。

像我們的烹調發揮了最大的功能，但我們最後吃到的往往不是食物的原味，而是調味料的味道。現在的烹調讓你遠離了食物原來的味道，干擾了自然的感覺，這個就叫刺激。像現在電視、表演場的聲光變化，令我們的眼睛受到傷害；你看不到人真正的神情，只看到光彩閃爍不定，很多舞蹈、歌唱都不再是原來的。所以，人為造作破壞了自然的美好。前面說目所以視五色，是我們敏銳的官能去捕捉自然的美好；反之，人為造作的刺激會讓我們的感官麻木、遲鈍，越遲鈍越需要刺激，越刺激就越遲鈍；遲鈍到最後是麻木，沒有感覺。如今我們已漸漸遠離自然的生活，活在一個五味、五音、五色的世界了。

底下加一句：「馳騁畋獵，令人心發狂。」五色、五音、五味的變化，到最後變成「難得之貨」。在這裡五色、五音、五味只是一個代表，其他不光是品味、顏色、聲音的變化，還有排名的變化、功利主義、政治權勢等都是。這些都是人為造作，但是它引導我們去追逐它，這叫「馳騁」。馳騁就是心之逐物無邊，這個變化太多了。就像服飾的流行趨勢，我們怎麼都趕不上，只好讓自己在流行之外；不過不流行也算流行，有一天它會循環回來跟我們一樣。所以你只有超離它，不然就只好跟它跑，這叫馳騁。馳騁就是追逐五音、五色、五味這些世界的變動，本來是知善、執著善，緊接而來是爭善，不擇手段去奔競爭逐，如此已轉為權術。名利權勢都是心的執著，「馳騁畋獵」是心在追逐捕殺；到最後它回過頭來傷害自己，那就叫「傷心」。奔競爭逐是狂熱，權謀詐術則是冷酷，冷酷捕殺就傷了自己的心。譬如鬥牛、拳擊賽等，以打垮擊倒對方、刺殺發狂的牛為能事，觀眾都狂熱起來，因此往往演成大暴動，大家的心都在狂熱中轉為冷酷。

五音、五色、五味極盡變化之能事，不斷有新的產品出來，新的排行榜出來，這就是「難得之貨，令人行妨。」——妨是妨害，妨害了自然的美好。傳統的注解把「行」當作農事，就是妨害了自然的行程。人本來可以「一簞食，一瓢飲，居陋巷」的，只要親人、朋友都在，我們就已得到人生最大的滿足。但現在人從美好的家庭走出來，到十字街頭去爭名爭利、爭權勢，心開始狂熱、冷酷，以對抗他人、打擊他人為能事。回過頭來，自己的心也受到傷害，回到家都不能平息，不能好好對待自己的家人，這叫「令人行妨」。

回歸自我的真實

我們自以為在前進，在創造，但在老子的反省中，那些都是不必要的，它只會把我們逼入一個困境，讓我們在那邊受苦，受到傷害，妨害了人生自然的行程，破壞了人生自然的美好，干擾了人生自然的感受。

老子分析了人生的困苦之後，便說到聖人如何面對這令人行妨、令人心發狂的一個扭曲、變質的人生。「是以聖人為腹不為目，故去彼取此。」本來人都有愛別人的能力，都有寬容的心胸，但社會有太多的競賽，太多的名目，讓人們不再能互相關懷、支持別人，變成彼此對抗，最後自己也流落天涯。互相對抗和彼此破裂，便是「馳騁畋獵」。所以「聖人為腹不為目」，就是人所要走的路，所要做的事情是為腹，腹是「反求諸己」的意思。「不為目」，則是因為眼睛會被外在景物吸引，而使人流落天涯。所以為目是流落天涯，為腹是回歸自我。我們要走回歸自我的路，不要去走流落天涯的路。為腹是回到我的內在，不是把肚子填飽。老子這句話的意思是：回到我自己，回歸自我，而不要流落天涯。「故去彼取此」是去掉流落天涯的彼，而取回歸自我的此。去就是不為，取就是為，取為腹這條路，去為目那條路。

之二 為什麼我們會流落天涯？

人生是有困才有苦，所以娑婆世界本來沒有監牢，
監牢是在我們的心裡，是我們把自己關在心裡面的。
我們的心執著很多東西，
然後把自己的生命關在心知的監牢裡，
而讓自己受苦受難。心知是困，造作則苦，
心知執著帶出人為造作，人生就此流落天涯！

知美知善來自「尚」賢「貴」貨

第三章說：「不尚賢，使民不爭；不貴難得之貨，使民不為盜。」賢是賢德，賢德是名，難得之貨則是利；尚賢是崇尚名，貴難得之貨是看重利。老子是否反對賢德和財貨呢？財貨還是身外之物，但反對賢德卻講不過去，如果這樣，中國道家一點都不可愛了，竟然反對賢德。我們要了解這裡的問題不出在賢與貨，在老子的反省中，民所以要爭盜，是要爭賢名，要盜難得之貨，所謂「爭名奪利，欺世盜名」。道家發現那個爭和盜，才是時代的病痛所在，因為大家都被捲入名利爭逐的浪潮中。所以他先從爭和盜來反省，而不是從賢德和財貨來反省，賢德財貨本是無罪，但一講究賢德，天下人民就去爭了，一看重財貨，天下人民就不擇手段去盜取了。所以問題的重點不在賢德和財貨，而在尚和貴——崇尚和尊貴。

這點就如第二章所說，問題不出在美跟善，美善沒有什麼好反對的，它們是個價值。問題是出在通過我們的心去知、去執著它們；執著善和美本來也沒有不好，擇善固執怎麼不好？一生是美的追尋有什麼不好？問題在人把美善的標準定在自己的身上，定在自己的階級、膚色、宗教信仰上，如此與我不同的人便不善不美，失去了他們的存在價值，似乎也失去了存在的權利，這才是問題的所在，所以聖人要「行不言之教，處無為之事」。

第二章的問題不出在美跟善，第三章的問題也不出在賢德與財貨，而是出在尚和貴。尚和貴是就帝王家說的，是帝王去崇尚、去尊貴、去宣傳、去引導人民的。第一章說：「道可道，非常道；名可名，非常名。」人生總是要有一條道路的，而人生走這條路就是賦與生命的內涵，這叫「名」。老子一開始就告訴我們人生的問題，中國哲學是人的哲學，一定要站在人的立場來講哲學。人的哲學首先講人生要有道路，要引導他，讓他有一條路可走，這叫「可道」——可道就是我可以走過去，你可以走過來的道。人不光是獨自過活，有好多人要活，所以人生要有道路。我要走到他那邊去，他也可以走過來。經由這樣的道路，我們成就了生命的內涵，這叫「可名」。

道一定要通過名，儒家把道定在名教、禮教，所以在家庭裡就說「父父子子」，在國度就說「君君臣臣」。人生的道路在哪裡？通過名，我們先知道我是誰，我的位置在哪裡？然後要盡到名位的本分。所以儒家的道路是通過名教來的，通過倫常禮教，才能讓人生定位。而在人生定位裡，盡到了本分，才能顯現人的價值。爸爸像爸爸，他就成了爸爸的價值；兒子像兒子，就成了兒子的價值。所以人生的道路一定要通過名來說。人生第一個名就是：「我是人」，做一個人是儒家對人生最重大的人權宣言，它不是政治的、法律的，而是哲學的、生命的。這是一個很重要的宣告，今天突破台海兩岸的正是這人道主義。人生的道路，第一個一定要通過「大家都是人」，這是最根本的；我們不是禽獸，所以儒家一定要講「人禽之辨」，講人禽之辨才能「可名」——給出生命的價值內涵。我們是在成就名，而名事實上是指向實，人要有他的實在，有他的生命。人道主義突破兩岸的隔閡，可見得人道主義比政治的現實立場更優位，更根本。說我是北京人或台北人，這個層次比較低；我們都是人是第一個，我們都是中國人是第二個，我們是台北人，他是北京人，是第三個，這叫「優位」。

尚賢貴貨與知善知美、可道可名連線

不講可道可名，就不好講知善知美、尚賢貴貨的問題。無論是「可」、「知」，或這裡的「尚」和「貴」，都是就人的心知來說的。「可」就是心去認可，我們認可這是生命的價值、生命的內涵。而人生的道路在哪裡？在追求善追求美；人的價值內涵是什麼？在可以擁有善擁有美。人生的歷程儘管充滿了一些挫折和動變，但我們仍然覺得值得活下去，就是因為可以擁有美善。美善比較抽象，通過政治我們知道自己可以擁有賢名，擁有財貨，也就是名利。價值的世俗化叫名利；美善是比較高貴的，因為它在比較高的層次講。美善的政治化叫權力欲；美善的世俗化叫名利心；美善的江湖化叫英雄氣；而知識分子對美善的執著叫優越感。這四方面都是人我之間、人際關係的障礙。先生對太太有優越感，是大男人主義；知識分子對社會大眾有優越感，所以很難讓群眾接受知識的領導。江湖好漢英雄氣，知識分子優越感，捲入政治的對抗中就形成了權力欲，捲入名利的浪潮中就形成了名利心。

所以第一、第二、第三章是連起來的，它們都扣緊我們的心來說：去認可、去執著、去崇尚、去尊貴，都是我們的心。賢德是不應該反對的，難得之貨本來就該看重的。問題是政治家去崇尚、去尊貴、去引導，這是政治家的誤導。因為他把人引入一個賢名財貨的爭逐浪潮中，結果生命本身被忽略了；名利取代了生命，功利主義取代真實的情感，就會產生人生的問題。所以，第三章是對政治家的反省。人生的困苦何在？我們為什麼流落天涯？是因為政治家的誤導，因為政治家去尚賢，貴難得之貨，形成所有人的知善知美。很多人對美跟善的執著和追尋，是受到政治的引導。所以道家一定要講政治哲學，因為人生主要的問題就是：所有的人，他們的價值觀，他們所知的善，所知的美，是通過政治家的尚賢、貴難得之貨去推波助瀾的。所以老子說：不尚賢，天下人民就不會去爭了。這樣讓賢德回歸自然，就沒有問題了。現在貴貨就像股票市場一樣，它的狂升暴漲，都是人為在助長。站在人生哲學的觀點，我覺得把人引到這樣的路上去是不好的。所以你不去尚，他們就不爭；你不去貴，他們就不會去為盜了。

拋現可欲，在心中生根

接著老子說：「不見可欲，使民心不亂。」你崇尚尊貴，就是拋給百姓一個「可」，什麼叫可？就是心裡接受。賢名貨利是每一個人可以擁有的，這叫「可欲」。可欲不是好的意思。譬如我們用獎品來鼓勵學生和小孩，如果他這個學期考第一名，那麼寒假就給他一部腳踏車。結果從現在開始，他的心就亂了。因為我們拋給他一個可能——可能擁有，即將擁有——但這是有條件的：等你考第一名。於是這個東西就進入他的心中成為他的「可欲」，他的心就被這個可欲佔滿。所以「不見」就是不拋給他們將來可能擁有的東西，不給他一個時間表、行程表，如三十歲要怎樣，四十歲要怎樣，五十歲又要怎樣等。一般人常會給自己一個計劃表，像三十而經理，四十而總經理，五十而董事長，六十而中央銀行總裁，七十而院長之類的。所以你心裡面形成可以有的欲，不再能平靜，而開始心頭亂紛紛了。

可欲是尚賢加上貴難得之貨。而可欲是怎麼來的呢？是政治家給人們的，這叫「見」（讀「現」），見就是拋給人一個想法：只要你接受我的引導，你將來就可以擁有什麼，如經濟的遠景、事業的突破等。這一來，每一個人的心都亂了，所以說：「不見可欲，使民心不亂。」

老子對政治的反省，當然是希望解決問題。底下接著說：「是以聖人之治，虛其心，實其腹，弱其志，強其骨，常使民無知無欲。」聖人之治就是常使民無知無欲。不要把自己的尚和貴去拋給他人，這樣人民的心就可以平靜，而不會每天擾攘不安了。所以聖人之治當然不能走尚和貴的路。

聖人治天下怎麼做呢？老子是往虛心弱志、實腹強骨去講。我們的心一執著，意志就會投入，只要認為什麼是對的，什麼是善是美，就會產生權力欲、名利心、優越感、英雄氣。那些都是心知的產物，也就是我們的價值觀，把生命都投進去，這叫「投入擔當」。而志是「心之所之」，人的心往什麼地方走便叫志。故心是心知，志是意志。心知是一個價值的抉擇，意志是生命的投入。所以人會困苦是因為心知是困，而一生投入才是苦。因此老子說要「虛其心」、「弱其志」，心不要有這個執著。虛就是不要去貴，不要去尚，不要去可欲，不去知善知美。只要能虛其心，一定能弱其志，因為志是跟著心走的。老子又說：「強行者有志」（第三十三章），強行就是不自然，人為造作，一意孤行，不擇手段，不計任何代價。所以強行者再有志，在道家的價值觀是不好的，是不自然的。所以我們要弱其志。

人為虛假而脆弱，自然真實而堅強

而實腹強骨不是把肚子填飽，讓自己的筋骨像鐵打一般。它是對應虛弱講的。腹和骨是內在自然的，心和志則是人為執著造作出來的。「實其腹」、「強其骨」是讓我們回到自然的真實堅強。人間最真實最堅強的就是自然，在歷代的變遷中，即便城市、都會都垮了，廣大的農村卻從來不會毀壞，永遠保持她的生機。農村代表道家所謂的自然，所謂的常道；而大都會的文明，代表道家所謂的人為造作。如名望、財貨、尖端、突破，被人認為是高貴的東西，但道家則認為那些是最脆弱的。最素樸的農村、土地、空氣、水分等，在道家來說這才是最堅強、最真實的。

這裡的堅強不同於「強行者有志」的人為造作、闖蕩江湖、打天下的強；而是自然的堅強。回到生命自然的節奏，自然的韻律，像「日出而作，日入而息」，只有真實才是真正的堅強，人間一切的假都是很脆弱的。要靠應酬、靠講很漂亮的話，靠奇技異巧贏得人家的欣賞，那樣的人生一點都不真實，也不堅強。所以應酬很累人，而聊天談心再久也不累，因為彼此用真誠對待，那是真實生命的交會，沒有半點虛假。所以「實其腹」、「強其骨」是回到生命自然本身的和諧，與自然的真實。還有什麼比和諧更堅強的？家所以堅強就是大家和諧，因此說「和為貴」。但是虛假的和諧沒有意義，要真實的和諧才行。虛假的和諧是存有距離的，暗潮洶湧，表面的友好難以持久。所以真正的堅強是從自然的和諧來的，這叫「實其腹」、「強其骨」。

後來的道教說打坐讓肚子鼓出來叫「實其腹」；又練金鐘罩、鐵布衫的功夫，全身刀槍不入，叫「強其骨」。老莊是沒有那個意思的，老莊的功夫是在心上做的，不是在筋骨肌肉練的。「實其腹」、「強其骨」是象徵的語言。因為心志會執著那些虛假的東西，誤把名利、權勢當作生命；這一來，整個人生就被引入名利的狂潮和權力的爭逐行列中，現在要我們把那些虛掉，不執著名利，不去爭奪權勢；回到生命的自然真實中。即過「日出而作，日入而息，鑿井而飲，耕田而食，帝力何有於我哉！」這種大家都很嚮往的生活。

像我現在最喜歡的就是十八、九歲時在小學教書的那一段歲月，記得第一天教書，我背著書包，穿高中的制服，還戴著師範生的帽子。到了小學，人家還以為是什麼人來，原來是新老師。那時候的師範學校等於高中，不是師專。我每天騎著腳踏車，迎著晨曦，背著夕陽，在鄉村的小路上來回，跟學生過一天。那種生活正是我所嚮往的，「日出而作，日入而息」。教了一年書後考上師大，我不曉得考上是好還是不好，今天反正是站在這個地方了。但是漸漸就有一種名的壓力，學者啦，專家啦，都是名號的壓力。所以我很懷念那段在小學教書的日子。我也很喜歡在北一女的教書生涯，我住在學校，都不用搭公車。每天看書看到半夜三、四點，第二天起不來，學生來敲門，再趕快衝到教室上課。那時全部的生命都在北一女，所以我到北一女演講跟學生說：我比妳們更北一女。她們最多唸三年，我教了四年。其中三年還住在她們教室樓下的單身宿舍。我很喜歡那種生活，現在卻是很難，只能夢裡追尋了。

所以，有時候我們的人生通過某一段成長的歷程再反省，才會發覺什麼是「虛其心」、

「弱其志」、「實其腹」、「強其骨」，實和強要放在生命自然的真實堅強來講，那個堅強不是把別人打垮，而是自己永不落敗。怎麼能永不落敗？因為沒有東西可以打擊我。為什麼沒有東西可以打擊我？因為我什麼都不要。我只要陽光，陽光不會背離我；我只要空氣，到處都有空氣。這樣我是不是堅強？心裡面想要很多東西的人，是最脆弱的；因為你所要的東西，別人也要。大家都要權力，都要難得之貨，都要賢德的名號。而在名利的爭奪裡，有你就沒有他，不是可以共有的。反之，生命的美好、感情，是大家可以同時擁有的，我分享你的美好，讓人性的光輝普照全世界，這都不會產生衝突的。名利和權勢會引起衝突，都是佔有的衝動。佔有的衝動是你有了他就沒有，我們現在都被引導到這個路上來了。我們應該被引導到創造的衝動，英國哲學家羅素就是如此說的。羅素最欣賞中國的老子，因為老子講的是創造的衝動；而西方文明給人的目標是佔有的衝動。所以他不欣賞西方文明，獨鍾中國的老子。「虛其心，弱其志」就是不要有佔有的衝動；「實其腹，強其骨」就是要回到創造的衝動，活在創造的真實、和諧、堅強中。像愛迪生發明電燈，全世界都光明，這叫創造。音樂、藝術作品，使每一個人都有生命的感動，這叫創造。而參與競賽活動，就不一定值得倡導，因為你當選就有人會落選。

自然本身是永遠不會落敗的——太陽永遠出來，春夏秋冬不會因為人而停止它的腳步。所以自然是最堅強的，英雄豪傑而今安在？不是「大江東去，浪淘盡，千古風流人物」嗎？只有自然永遠在那裡。所以道家要我們回到自然，回到自然的長久和堅強。

虛心弱志從聖人自身做起

而這四句的「其」字是包括聖人在內的所有人，沒有任何聖人例外。如果這四個「其」都指百姓，那就是聖人之治是虛掉百姓的心，弱掉百姓的志，填滿百姓的肚子，讓百姓筋骨堅強——這樣的皇帝叫陰謀家，不叫聖人了。因為把百姓引導到那邊去，這不是陰謀家嗎？所以錢穆先生認為老子是權術陰謀家，其實不只錢先生，還有好多人，像大陸學者張舜徽也是這樣想，他說整部《老子》最重要的就是權術。另有人說整部《老子》是兵書。而我們卻說它是生命哲學最高境界的書，不是我們硬要把它講到好的方面，它本來就是這個意思。我們可以用第八十一章來支持我們的論點。隨便引某一章某一句話來講《老子》如何如何，都是靠不住的。這部書是完整的一部書，我們不能斷章取義。我們從第八十一章來建立老子思想的方向，思想的性格，所以把《老子》講得好，事實上是通過老子來的。

所以這四個「其」包括聖人，從聖人做起，再去引導百姓。聖人虛其心，百姓就虛其心；聖人不尚，百姓就不爭；聖人不貴，百姓就不為盜；聖人不見可欲，百姓的心就不亂。聖人弱其志，百姓也弱其志。聖人要打天下，百姓就會跟他對抗，大家一起來打天下；聖人不打了，那誰跟他爭天下？不就沒有人打天下了。大家都「藏天下於天下」（《莊子・大宗師》），「以天下觀天下」（第五十四章）。天下不是誰的天下，也不是可以打出來的。我們要讓天下回到天下的自己，不用人為來爭逐、來混亂天下。所以那些打天下的人，我們說是「混世魔王」，因為他讓世界混亂了。王是要用王道，如果他用霸道的手段，他就不是王，要加上一個「魔」字，叫魔王。所以道家要「以天下觀天下」，用天下來觀照天下，這樣天下回歸自然。所以這個「其」一定要包括聖人。聖人首先要虛掉自己的心，而且弱自己的志，虛就是不以為天下是自己的，弱就是不會去打天下，讓整個天下回到自然的真實和美好中，回到農村，回到休養生息，回到自然的步調、自然的節奏中。

底下說：「常使民無知無欲」，通過聖人講下來，所以天下人民就可以無知無欲。無知比較講得通，無欲就難說了，人怎麼可能無欲呢？因為欲是自然的欲，自然的欲是讓我們活下去的一個根本動力，沒有這個自然的欲我們是很難活下去的，人哪一天不再想吃飯了，恐怕問題就來了。因為連自然的欲都沒有，那生命就出現危機。所以無知無欲是無掉心知對欲求的介入，因為心知介入了欲求，會助長它、干擾它；欲本來是自然的，因為心知的介入就會膨脹。像有的人一定要喝一杯數百元的咖啡，飲食本是生命的自然，但心知介入後，便認為那是優越，所以請客要到最豪華的飯店，以代表自己的身分。吃一頓飯是自然，奢華的餐宴是心知的介入，干預、擾亂了生命的自然。所以「常使民無知無欲」的意思，是無掉心知對自然之欲的介入，不去干擾和助長。

心知不介入，讓氣回歸自然，就是無知無欲

第十章有一句：「專氣致柔」，專是專一，氣就是這裡說的欲，是自然生命。前面引了「強行者有志」，第五十五章另有一句：「心使氣曰強」，都可以佐證。我們的心會介入氣，

會任使氣，像身體太累應該休息，但心卻要求身體不休息，繼續奮鬥。「心使氣曰強」就是你的心知介入了氣，介入了生命自然，這叫「強」。所以強不好，這是就心說；「強行者有志」是對志說，因此志一定跟著心。這兩句話可以跟前面的「虛其心，弱其志」一起講。要「虛其心」，是因為「心使氣曰強」；要「弱其志」，是因為「強行者有志」。心使氣所成就的強是闖蕩江湖、打天下、爭逐奔競的強。「專氣致柔」的專氣就是心不介入氣。心使氣，氣便不自然，因為心已經加進來了。現在我們要求心知退出，就像大人不要參加孩子的遊戲一樣。心不介入氣，使氣專一，歸於生命本身的柔和；大人不干擾，孩子玩家家酒就能入戲，自然和諧。無知無欲，放開優越感、英雄氣，不講責任感、理想性，就能完全放鬆，沒有壓力；一如鳥獸蟲魚、山水田園的閒適。現在說山水田園，不一定是去爬山或遊山玩水，我們可以找一些活動如種花、繪畫、書法等，充實自己的心靈世界。「專氣」了就能和諧，原先的消化不良、心律不整等問題都漸漸消失；很多人以為那是功夫很神奇，使病都沒有了。其實不是功夫神奇，是因為經過這番功夫，忘掉人間煩憂了。那個功夫並沒有驚人的效力，事實上是人轉移了注意力；像練打坐兩小時，忘掉了名利、權勢，進入忘我的境界中，人的身心很快能恢復。然而，我們不必打坐，只要跟朋友聊聊天，無心不爭，就可以有這樣的功效。

我們都被干擾了，而且欲求膨脹，好像欲求比生命本身更重要，為了名利寧可不要活，這不只是助長，還是歪曲呢。所以接下來說：「使夫智者不敢為也」，想要為天下做很多事，干擾每一個人的，都是那些智者：自以為有頭腦、自以為聰明的人。老子要讓天下的智者不敢為。因為人沒有辦法對自然宣戰，沒有人可以打得過時間，不管你是誰，人生不過百年，有什麼好爭的呢？也爭不過自然的。我們沒有辦法跟自然的規律、自然的秩序對抗，所以「使夫智者不敢為也」，便是對自然存一份敬意，不會以為只要我去做，就可以改變什麼。人是不能征服什麼，不能改變什麼的，所以「為無為，則無不治」。

聖人所為的是無為，而無為是無心而為

老子到底為不為？現在他告訴你了：「為無為」。大陸的學者把什麼都變成了辯證法，他們說：這邊是為，那邊是無為，為是「正」，無為是「反」，老子就把正反「合」起來叫「為無為」。那答案是什麼呢？到底是為還是無為呢？聖人總是要為的吧，因為聖人要領導百姓。但是聖人所為的是引導所有的人無為，這樣的引導是否也是為呢？就像老師要帶學生做遊戲，遊戲的遊是「無心自得」，才是「逍遙遊」。做遊戲當然要放下一切的擔負才有美感——距離的美感。不在乎名利的人始能顯現美感，當你不想做官了，突然間你的姿態就很精采，有美感，因為你不在乎了。所以中國人喜歡江湖好漢，墨家的江湖好漢是不要名、不要利的，我們喜歡名士、隱者、隱退的人、流浪漢、江湖豪客，因為他們都有美感；而我們每天落在名利追逐的浪潮中，面目可憎，當然羨慕人家放得開。所以遊戲一定要無心，要放開，老師帶著學生遊戲，對老師來說也是無心的，那有沒有為呢？老師沒有訓練他們，沒有把自己的意志加進去要學生接受，就只是遊戲，這叫「為無為」。所以要說：「正」是為，

「反」是無為，「合」叫為無為，兩邊都要。兩邊都要是什麼意思？「聖人之治」，是智者不敢為也，那豈不是不該有聖人了嗎？還是要聖人，還是要老師的。兒童是很天真，但也會出亂子的，要有一個老師去化解。那老師做什麼呢？老師就是引導兒童天真，不用成人的心介入，所為的只是引導他們永遠維護一個童真世界的美好。

所以聖人所為的是無為。無為不是什麼都不做，只是無心的為。自然有沒有為？有呀！「日出而作，日入而息」，春夏秋冬運行，那也是為。道家要問的是：我們要把生命安放到什麼地方去？答案是：把人的生命安放在自然的軌道、自然的秩序中。只要取消人為的造作，就回到自然的美好了，所以人要為的就是無為。我們要為的就是追尋生命的究竟、生命的歸宿，我們總是在問一個問題：要把人生放在哪裡才最美好？答案就是回到自然，這叫無為。為就是我們在追尋人生到底要安放何處？無為就是應該安放在自然。

或者說：聖人所為的就是無為。那什麼叫無為？就是無心的為，自然的為。所以不要以為道家是什麼都不做，道家什麼都做，只是讓什麼都是自然。不要以為道家只是等待，等待就沒有扭轉的功能。道家的無為是無掉人為，無掉人為的錯誤，無掉人為的造作。「人為」是相對於天生自然來說的，是人去做出來的；造作就是不自然，硬造出來的。自然本來就有一個它本身的軌道去運行，而現在卻是我們硬去造作出來的。人因為有執著才有造作，所以無為是無掉人為，如此一切就是自然了，這叫「為無為，則無不治」。無不治就是天下沒有不平治的，那個治是自然的治。聖人所為的是什麼？就是無掉人為。這樣天下沒有不回到自然的治的，這叫「無不治」。治從哪裡來，如果人不做的話，自然本身會治的——到時候，天就黑了，天就亮了；到時候，冬天就去了，春天就來了。

期求恩寵的本身就是屈辱，因為得失皆患

第十三章一開始說：「寵辱若驚，貴大患若身。」後一句應該是「貴身若大患」，大概是因為押韻的關係，把前後顛倒。底下說：「何謂寵辱若驚？」隔四句又說：「何謂貴大患若身？」可見本章前兩句是前言，以下再分開說明這兩句的意思。

賢的名和財貨的利，都可以做為人們身分的表徵；擁有名利，似乎就是人活在世上的榮耀，也是身分的標籤。賢的名和財貨的利也就是我們的寵，得到名利就是寵，失去它便是辱。不管如何，得失都是驚恐，叫「若驚」，就是寵辱皆驚。為什麼呢？「何謂寵辱若驚？寵為下，得之若驚，失之若驚，是謂寵辱若驚。」大陸出土的帛書《老子》說：「寵為上，辱為下。」這個說法反而失去藏在其中的人生智慧。「寵為下」才顯現生命的痛切感，想得到人家恩寵的心就是卑下的，因為人本身就是一個完足，我是一個獨立的個人，天生本真，為什麼要人家恩寵我？為什麼要依賴人家的掌聲和喝采呢？所以想得到人家的掌聲、喝采的人，本身就是挺不住自己的人，缺乏自信的人，要靠得到人家的讚美才能活下去，若對方不大理我，就覺得自己不受歡迎，存在基礎也就動搖了。人的挫折感、沮喪都是從這裡來的。所以某些人的人生就是在人海漂泊，到處尋求依靠，所謂依靠就是得到他人的肯定和支持。因而希望得到恩寵的想法本身就是卑下的，這叫「寵為下」。

不光是失去寵會驚恐，得到了也會驚恐的；得到了並沒有解決人生問題，因為你不能永遠得到。人家今天說你好，明天呢？我們必須面對一個永遠不可知的明天。人的存在基礎不靠自己而靠別人，這叫「投靠」；不只是感情，連婚姻都不能投靠的。我們必須建立一個獨立完整的人格。老子告訴我們「寵為下」，求人恩寵就是卑下，那為什麼失去會驚恐，得到也會驚恐呢？因為得失不在你而在別人，你失去了自主權。

像我們的愛會變成弱點，人家——可能是很親近的人——會利用你的弱點。「你聽不聽話？不聽話媽媽就不理你了！」這不是在利用孩子對父母的愛嗎？我們常在無心之中會表現愛的傲慢和優越感，好像沒有我愛的施捨，你這個人就不行了。但真的是這樣嗎？

驚恐來自不能自主而流落天涯

所以「得之若驚，失之若驚」，得失都是驚恐，因為不是你決定的，是別人決定的。你把自己的生命、自己的存在基礎託付在別人的身上，天下還有比這個更嚴重的淪陷嗎？找回自己的尊嚴，才叫光復，所以光復要從心靈上做功夫。「是謂寵辱若驚」，不管是寵是辱都是驚恐，因為得到恩寵也沒有解決問題，榮耀是別人給你的，那是假的。真正的存在基礎是我自己本身就是榮耀，我自然、無所求、本身完足、不要名、不要利，不靠名利來富麗我，支撐我。

有一點很重要——這樣的驚恐是無止盡的，就算你是天下唯我獨尊的皇帝，也不能解決這個問題，因為你怎麼知道你的臣下明天不篡位？所以皇帝是人間最孤獨的人，因為他面對的人都可能搶他的位子，沒有朋友，也不敢相信任何人。韓非子說：后妃太子，莫不希望君王早死。皇后希望皇帝早死，她才可以垂簾聽政，可以稱皇太后。所以我們要無所求，不要寵，自然就遠離辱了。我們的辱是人家不給你寵來的，有求於人，人家才能辱你。你有所求，別人支持你所求的，就是給你恩寵，但他也隨時可以撤回。如果我們對人際關係過度的依賴，而他不在時怎麼辦呢？所以我們要有一個反省：不能讓孩子對我們太過依靠，因為我們不能永遠活在世上；一定要培養他獨立，讓他可以自己活下去。

因為我們去追求名，追求利，追求人家的肯定，追求人家的恩寵，我們就流落天涯，在人海中漂泊。不因為你有家庭、有工作，就不會漂泊——我們就在家庭和工作中漂泊。男人最受不了的往往就是太太不講話，一看到太太不講話，所有的先生都得投降。因為她沒有笑容，我就會想不曉得犯了什麼錯，活在自己的驚恐和失去自信中，這就是我所說的流落天涯。去尚賢，去貴難得之貨，這樣的人生歷程就叫流落天涯。因為你已經不再是你了，你已經被拉出去了，而且無窮無盡。「吾生也有涯，而知也無涯。」（《莊子・養生主》）吾生是有限的百年，但是心知被天下拉引出去，追求的東西卻是無止盡。因為名利的爭逐浪潮是無窮無盡的，這叫「流落天涯」。

學生有時候也會鼓勵我：老師你要繼續努力，就會成為大師了。我說：我寧可當中師、當少師；而且為什麼不是你當大師，一定要我當？他們覺得他的老師應該怎麼樣，他跟在後面才與有榮焉。「寵辱若驚」他都忘記了。有時候我們本來是要求人家的恩寵，到最後卻是以打垮他做為反擊——當我得不到世界對我好的時候，我開始用打垮社會來維護我的尊嚴，這是可怕的。如果我們對他無所求，就不會以傷害他來報復——因為你否定我，所以我就毀了你，恢復我起碼的尊嚴。如果我們都沒有那種執著，人間傷害的事情會減少很多了。人間的悲苦真是說之不盡，但都是我們自己找來的，所以老子要我們化解。

執著自身打天下是一生的大患

底下說：「何謂貴大患若身？」應該是「貴身若大患」，貴身就是高貴自己，人一有這樣的想法就是大患。所以說：「吾所以有大患者，為吾有身。」我這個人在人生路上之所以有大憂患、大壓力，是因為我有我這個人，有我對自己的執著。我們為何要名要利？要名要利的最根本就是有我。我們有一個我，就想到這個我應該跟別人不同，於是要通過名，通過利，通過權力來建立自己。這裡的關鍵就在「有我」。寵辱若驚的驚恐也就是這裡的憂患，得了也沒有解決問題，因為害怕失去——得而復失。我們最大的恐懼就是明天不一樣了，最大的冒險就是晚上睡過去而以為明天一定會醒來，人生其實不是那麼的想當然耳。所以名利權勢不可能擁有了就永遠是你的，它可能「得而復失」的，所以關鍵就是我不要。

但是我不要名利，又怎麼可能證明我這個人的存在？我為什麼有大患，為什麼會落在寵辱若驚那種驚恐中呢？因為我要用恩寵來富麗我自己，支持我自己，所以關鍵是我有我自己，沒有自己就可以什麼都不要。名利總要有一個安放的地方，那就是「我」。所以人生的根本問題就是：我有我這個人在。但可不是因此說我不要活了，這只是說我有我的執著。因為有此執著，所以要把天下放在自己身上，才有安全感。所以人會膨脹，就是因為天下都是你的了，你才會安心。其實也不能真的安心，因為明天就不一定了。所以底下說：「及吾無身，吾有何患？」到了我沒有我自己的時候，還有什麼好擔心，還要承受什麼壓力呢？還有什麼好沮喪，還有什麼挫折呢？這些都會化為烏有。人生的苦惱，你說沒有就沒有了。關鍵在哪裡？無身。無身不是把我自己取消，只是無掉我自己心裡面對自己的執著，是無掉心知的執著，無掉心對自我的執著，這叫「無身」。就像「無欲」是無掉心知對「欲」的介入和干擾，而不是完全沒有欲。老子並沒有斷七情六欲的說法，只要「欲」回歸自然的素樸，沒有人心的扭曲與虛妄，「欲」是可以有的，但是要無掉心的執著，才能無掉人間的煩惱，佛道兩家是一樣的。所以佛家講空，老子講無。老子講了很多無——無知、無為、無欲等，「無」是老子哲學中最重要的一個字，另外就是「自然」，像「道法自然」（第二十五章）、「希言自然」（第二十三章）。

放開自我就不用背負天下

下面又說：「故貴以身為天下，若可寄天下；愛以身為天下，若可託天下。」王弼在「貴以身為天下，若可寄天下」之下注解：「無以易其身，故曰貴也，如此乃可以託天下也。」而在「愛以身為天下，若可託天下」之下注解：「無物可以損其身，故曰愛也，如此乃可以寄天下也。」大陸學者張松如說：「貴以身為天下就是以身為天下貴，愛以身為天下就是以身為天下愛。」意思是：身的本身就是最高貴、最可愛的。剛才說過，很多人忘掉生命的本身，而被名利取代，被虛名和身外物引出去，而失去生命的本身，這是人生的悲劇。本來我們是希望以名利來支持自己，到最後卻是為了名利讓自己沒有了。這幾句話就是告訴我們：生命的本身就是最高貴、最可愛的，沒有任何東西可以取代它，所以我們應該最愛自己，最愛每一個人；最貴自己，最貴每一個人。不要為了名利、權勢，犧牲自己、朋友和家人。但是，現實人生卻經常為了天下而失落自我。

犧牲自我去救天下是墨家，不要天下回到自我是道家，天下跟自我都要的是儒家。這是三家不同的性格。人，要嘛活在自我，要嘛活在天下，不可能活在其他的地方。不要自我、走離自我，再投入天下、擔當天下的是墨家俠客；替天行道，打抱不平，行走江湖，為天下人犧牲，慷慨悲歌，以他的生命熱血來擔當人間的悲苦，這是墨家。道家認為：人間的問題就是因為天下太亂，人際關係太亂，所以我不要天下，天下給你們好了，我回到我的自我，這叫「楊子取為我」（《孟子・盡心》）。楊朱就是走回自我的路；為我不是自私，是回到自我。很多人誤解楊朱是很自私的人，如果楊朱是自私的人，怎麼可能贏得天下人「不歸楊則歸墨」呢？天下人的感動是因為楊朱告訴我們：人生的苦痛就是你要背負天下，我不要自己就不用背負天下了。這就是「及吾無身，吾有何患」。放開自己，就不用背負天下這無限的責任了。

不要天下的人才可以把天下託付給他

所以，以身為天下之最貴，以身為天下之最愛，就絕對不會為了爭逐天下而讓自己失落，讓自己流落天涯了。天下本是假的，自我才是真的。這樣，不要天下的人，才可以把天下寄託給他。就像一個不要名不要利的人，才可以當民意代表；一個沒有權力欲的人，才可以當政府官員。不然人間變成他的舞臺，百姓變成他的工具，而他是唯一的主角了。我們希望天下的老師、父母都這樣想：一個不要權威的人才可以做人家的父母、做人家的老師。一個不要愛情的人才可以講愛情，一個不依靠婚姻的人才可以走入婚姻。因為你不要它，你才會真心的對它；你要它，就會夾雜很多東西進去：會把先生或太太當工具，把家庭當舞臺，然後自己是導演兼主角，其他人都是跑龍套的。「但願人長久，千里共嬋娟」，要長久先要有道家的智慧——你不要它，你才可以有它。長久不是天上掉下來，美好不是憑空而有的，必須有道家的智慧。一個不要天下的人，才可以把天下交給他；一個不要恩寵的人，才是真正的貴自己、愛自己。而真正貴自己、愛自己的人才可以愛天下、救天下，因為他不會是把天下當作舞臺，把人民當作工具的獨夫。我們當引以為戒，或許我們不會成為重要的政治人物，但是可能變成家庭的獨夫，變成朋友中的獨霸，變成學校中的獨裁者。我們要無身，才會真正的貴愛我自身，一個看重自己生命的人，就不會去打天下，天下的寵辱放得下，就不會成為我生命的驚恐屈辱了。

之三　人生總在相互牽引中同歸沉落

如果我們老發出一些訊息和期許，
就會讓我們身邊的人奔走天涯，
他們的生命都是應我們的呼喚而去，
就不能走回他自己的軌道，
這就是互相牽引，而同歸沉落。
所謂同歸沉落就是雙方都失落自己，
彼此講一些虛假的話，而沒有真實的生命對話。
所以往往在忙於人際酬應之時，各自失落了真實的自我。

標榜「正」道而引來「奇」變，不如放下「正」而消解「奇」

第五十七章開頭講：「以正治國，以奇用兵，以無事取天下。」好像治國是用正道，而用兵是用奇變——出乎對方意料之外的方法。而「以無事取天下」的取，一般都以治來說，就是治天下。但是我想這個取天下還是有打天下的意思。說以正治國就夠了，為什麼又講治天下呢？因此這個取天下，就是天下會歸於誰的意思。一般認為這三句話都是對的：治國要用正道，用兵要用奇變，擁有天下要用無事。無事就是前面講的無為，「為無為，則無不治。」無為就是無心而為，為無為就是所要為的是無為。所以道家的無為絕對不能叫「無政府主義」，因為聖人還是要為的，只是他所為的是無為。無心的為也是為的，書還是要讀，工作也照做，只是工作時無心，讀書時無心，這叫「無心而為」，但總是為的。另一種說法是自然的為，人不要為，讓人為退出，整個生命通過自然來運作。仍然是春夏秋冬，仍然是日出日落，還是「四時行焉，百物生焉」。我們無為，自然仍然在推動生命的行程，所以講「無事取天下」。這個「取」事實上有擁有的意思，因為講打天下語氣太強了，取天下就是擁有天下。

我的想法是：老子似乎強調的是第三句話，而不是三者並列的同時肯定；前面兩句話是陪襯的。治國用正道，用兵出奇變，這兩句是正反相對，第三句話才是老子的歸結。正反相對便落在相對的有限中；正反是相對的，這叫兩極對反，正面的會帶出它的反面。好像天下父母很愛小孩，把他保護得很好，奇怪的是小孩卻會抗議，會覺得他的獨立性被侵犯。又像我們愛小孩，但因對他的期許太高，很自然的，在愛的路上會形成對他過度的壓迫；本來是愛他，但結果卻像在害他，這叫「愛之適足以害之」。所以人間很多的正面會逼出自己的反面，好像有執政黨就有反對黨一樣。正面會把自己逼向反面，所以能夠克服反面的人才是更高的正面，這叫正反合的辯證法。這是哲學的觀念，不必深究，我們只要用生命來了解：我們是正面的，但正面會發展到反面那邊去。不是天下很多好的事情，到最後我們的感受都不好嗎？這是它變成自己的反對者。

我這樣的觀點得到第五十八章的支持，唸了第五十八章，我這樣的講法才特別凸顯出來。因為一般人都認為這三句並列，都對；另外有人認為第一句是肯定的，第二句是否定的，那第三個呢？所以我的想法是：前面兩個是正反兩端，以正治國，會逼出以奇用兵，所以政治的歸趨在不正也不奇，不正也不奇就是「無事」。

我們會問：人間的壞人是從什麼地方來的？道家告訴我們：人都是自然的，自然就是美好；那為什麼會有人活不好？為什麼人會有陰險、詭詐？有人曾在嬰兒的臉上看過詭異的笑容嗎？當然沒有，那什麼時候他的臉上開始有怪異、甚至邪僻呢？人若邪僻，看他的眼神就會覺得有一點詭異；所以孟子說：一個人無所逃，只要看他的眼神就可以。因此我們要問：那些人間活不好的人，或是所謂的壞人，是怎麼來的？我們講過第二章：「天下皆知美之為美，斯惡已；皆知善之為善，斯不善已。」在道家的反省中，所謂不美不善的人，事實上是通過我們這些自認為是美善的人把他逼出來的。就像壞學生是被好學生比出來的，誰來比？老師、學校、家長、升學率，同樣進學校，憑什麼有些是壞的，而另一些是好的？

奇變是被正道逼出來的自我防衛

所以老子的反省是認為：所有在奇變中的人，都是被正道的人逼出來的——「逼上梁山」。學生在教室站不住腳，父母親因為他考不好，讓大人沒面子而不要他，他只好離家出走，去參加少年幫會，在兄弟裡面找安慰、找支持，他總不能孤伶伶一個人在天地中飄蕩，像個遊魂。人生總是要有依傍的，本來家庭是最後的一個支持，但是有時候家庭也會失去支持的力道，因為父母親也不一定活得很好。所以這時我們可以了解到那些不上學的小孩，他當初是怎麼離開家的？又是怎麼走上奇變的路？是因為我們把正道樹立得很莊嚴，高不可攀，然後就把那些天生在性向上、在才情上比較不適合當前社會這種激烈競爭的人，貶抑到不善不美的另外一個世界去了。

所以按照道家的說法，奇是被正逼出來的；老子的意思是：無事是不正也不奇。不正自然就不會有奇，平時多真心對人，奇變便無所用其技了。所以我說：沒有防衛是最好的防衛；天真的小朋友是沒有防衛的，不管是誰在他面前講一些刺傷他的話，他還是對你笑笑。天真就是不設防，沒有防衛，完全是無事，在他的心目中沒有正邪之分，沒有正道和奇變的分界。所以任何的詭異、邪僻，對嬰兒來說是完全不存在的，他仍然用天真的眼神看你，他依然以為人間那麼美好，陽光還是在那裡，世界還是在那裡。

依我對道家的理解，第三句才是重要。無事就是從正和奇的相對中超拔出來，把整個天下事還歸自然，你不要說這是正道，然後他用一套奇變來回應。因為他對應你就像下棋一般，你下一子，他非再下一個子不可，不然棋局就馬上失去平衡。所以人生如下棋，你在下棋，他馬上要下在和你對應的位置；你再下一子，它又牽動他，這就是牽引。整個棋局就是一片殺伐之聲。下象棋最大的問題就是如何把對方將死，但將死了他，你的棋也沒有了。所以我才說：我們要下在生的位置，不要下在死的位置。但是我們又受到別人的牽引，明知道不對，還是要保護自己，他下一著，你也下一著。人際關係不是這樣子嗎？他說一句，你說一句，不然你覺得不公平；他厲害，我也厲害，這樣才拉平，心理才平衡。在老子的說法是：同時放下來，我們放下，都把它忘記了，還歸無事。這樣又是天下太平了。本來，沒有人為造作的時候，天下本無事。

天下是沒有國界之分的，中國大一統的觀念從天下來，老子是要講平天下的。第五十四章：「以天下觀天下」，就有這個意思。我們說奇是從正來的，那正從什麼地方來呢？第二章說：「天下皆知美之為美，斯惡已；皆知善之為善，斯不善已。」伊拉克和伊朗都是回教國家，但教派不同；基督教也有很多教派，佛教也有很多宗派，歷代講儒家的也有很多不同的講法。但是每一派、每一個人都認為他是唯一的，他是真傳，這就是「正」的來由。當你不堅持你是真傳，你是唯一的時候，就是「無事」。當你說上帝是真神的時候，你是在否定所有其他的神；你說正的時候，是用你的正去傷害別人；你的是真的，那別人都是假的了，所以他一定要對抗。一個說菩薩是木頭刻的，另一個就說十字架是水泥雕的，這不是一樣嗎？說祖宗牌位是木頭，拜木頭幹什麼？那拜石膏像呢？

所以我們就不要說：我是正，是唯一的正。你是正，別人就想辦法讓你不正。當我們宣稱我是對的，我是美，我是善，我是好的，或我是唯一的時候，你的正事實上形同奇變——只有正的姿態，而實質上是奇變——因為你用正來對抗他人，而且一定引發對方的奇變。當你宣稱你的是唯一的時候，他的教派怎麼辦？他們的民族要不要活？這樣你的唯一就傷害他的唯一，他自然要對抗，這叫「奇」。

我們把這句話放到戰國時代來想：儒家、道家都想到天下了，我們一看到「以正治國」，會覺得很對，但要知道人生總在牽引中沉落，正是會牽引出奇變來的。奇變一出來，正跟奇就同時沉落了，所以說「在相互牽引中同歸沉落」。只有一個辦法：忘掉你的正，不堅持你的正；那麼對方才可以放下心來，不必每天猜測你，想出一套奇來對應你。這一來，你放下，就無事了。無事了，天下回歸天下，哪還有那麼多的紛爭，那麼多不能夠解決的難題呢？如此各國之間不必互相對抗，不必合縱連橫了。所以我認為第三句才是老子真正的意思所在。

禁閉干預造成混亂，機心智巧帶來騙局

底下說：「天下多忌諱，而民彌貧；……法令滋彰，盜賊多有。」天下的忌諱是通過法令去訂出來的，這就是「以正治國」，法令代表一個價值標準、行為的規範，也就是忌諱。而「民多利器，……人多伎巧」，人民的利器就是智巧，智巧就是利器。忌諱是法令的規定，是正面的規定，「以正治國」的正擺出來之後，人民就靠智巧這個利器跟在位者爭。有

一天我坐計程車，那個司機先生聊到他從小就不會讀書，而今天卻是屬於讀書人的時代，生活要靠知識，靠智慧，靠頭腦。我說對，但是智慧、知識、頭腦也會使人活不好的。他不大了解，我也來不及跟他細說。因為我們多的是智巧、利器，但是利器是兩面刀，一邊傷人，一邊傷自己。我們擁有這些知識、技術，知道太多的東西，所以煩惱也增加；責任感加重，負擔也在增長。「士以天下為己任」，一般人只要負責自己，士卻要負責天下，所以智巧是一個會傷到自己的利器。

在老子的反省是：從政者的正會逼出天下人民的奇；在列國之間，一國的正會逼出對方的奇。齊國怎麼樣強，楚國就一定要奇來相對應。所以國跟國之間會牽引，會沉落；君王跟百姓之間也一樣，老子在這裡就是反省君王跟百姓的關係；君王擺出了正道，天下百姓就用奇變來回應。所以他說，天下有很多忌諱，人民就越來越貧窮；人民貧窮就要反抗，於是他要利器，他要智巧。底下說：「民多利器，國家滋昏。」國家越是混亂，這就是對應了：你讓我窮，我讓你亂，互相讓對方有不好的結果。為什麼民要利器？因為忌諱那麼多，不鑽法律漏洞怎麼辦？台海兩岸會互相牽動，但我們不希望沉落。期望是往好的方面牽動，比如說：哪一邊制度最合理，或經濟成長最高，哪一邊就可以做為華人的典範？這就是人生總在相互牽引中同時成長，而不是同歸沉落，我們希望如此。

底下說：「人多伎巧，奇物滋起。」伎巧是指機心、偽裝，我們說某個人很有心機，看不透，很多的作為都有用意，這就叫「伎巧」。「奇物滋起」，就是天下的邪事就層出不窮。像騙徒到處行走，我就被騙過。我從來不曉得懷疑別人，有人假借衛生所來消毒的名義到我家噴灑，我想怎麼可以不合作呢？我們平時不大能夠有那份戒心，因為跟朋友、家人在一起，什麼時候人家會用假話來騙你？但是真的會，而且假話在情感場上也出現，真不可思議，這叫「奇物滋起」。奇物就是不正常，不應該有的事情：那些騙局，那些仿冒，那些偽裝、機心險詐。奇物滋起會成為社會的負擔，所以列國之間的正引出反的，君王、統治者的正會引出百姓的奇，歸結就是：君王不要正，百姓就不會奇，也不會奇物滋起，盜賊多有了。這個社會有很多仿冒的東西，假的藝術品，假的商品，連身分和感情都可能是假的，這叫奇物。只有消解自我的「正」，人間的「奇」才不會相對逼出。

政府清靜無為，百姓歸於自化

底下說：「我無為而民自化，我好靜而民自正，我無事而民自富，我無欲而民自樸。」這裡的我是指在位者；每一句上面是無為，底下是無不為。我無為就是我不以正治國，然後天下人民就不會以奇變來回應，就不會有盜賊有奇物出現了。因為人民覺得你的正讓他彌貧，也就是說：你是來傷害他的，所以他就要對抗你。他用什麼對抗？用奇物來對抗。所以在位者無為、好靜、無事、無欲，這樣天下人民就可以自己化、自己正、自己富、自己樸了。他自己這樣就是自然，自然是自己如此；自己如此在道家思想是很重要的，因為自己如此就不是在牽引中，不是別人決定的，是我自己獨立完足的。前面說過：我們要光復，而不要讓我們的人格淪陷。要光復自己人格的完整，那就要靠自己，通過自己。我經由自己生化，歸於人生的正道，自然就富有，自然就樸質、樸實，不在牽引中，也不被人家帶動了。所以底下歸結到統治者（聖人）跟百姓的關係，本來那句話是說列國之間的關係：大家放開，大家無事，大家同歸天下。然後才落在君王跟人民之間：你正，他奇，人民要用奇變回應，就造成國家的混亂；但那是國家的法令滋彰，才盜賊多有；天下多忌諱，人民才彌貧。所以雙方要同時放下，這才是「以無事取天下」。

但是人我之間，怎麼樣無心，而且同時放下，才是問題。我們跟父母對抗，跟另一半對抗，什麼時候我們才能放下利器，讓家庭沒有奇物，你也不彌貧，我也不會滋昏；讓家庭回歸家庭的美好，讓學校回歸學校的安靜。不要師長一正，我就來一個奇。學校或家庭變成奇正互動、互相對應較量的地方，就不好了。希望不管學校或家庭，全部無事，大家都是天下。

第五十八章說：「其政悶悶，其民淳淳；其政察察，其民缺缺。」這裡還是講聖人跟百姓的關係；其政悶悶，悶然不動，就是無為；淳淳是淳厚。你無為，天下人民就淳厚。察察是有為，明察秋毫，什麼都要計較，什麼都要嚴苛要求，於是民心就涼薄；就像「法令滋彰，盜賊多有」。你的政令有為，那人民就失去他的淳厚，少了一份厚道。我們看人，有時候除了欣賞他的靈氣、智慧、善良之外，也要看他是否淳厚。有的人在成長的歷程中，因為要對應激烈的競爭，所以他的性情就歸於澆薄。

有人問：老子說取天下，那老子是否在教為政者怎樣取得天下呢？如果這樣，道家豈不是有心，有所為了嗎？這就好像老子說道是不可說的，那《道德經》這本書又是怎麼來的？

他說不可說，卻說了五千言。其實他就在不可說裡面去說，他的說是通過了不可說來說的。老子他是經過自己的批判，認為道是不可說的，所以他都不從正面說，而從反面說。你不能說道像茶杯，這麼說道就垮了；所以他從來沒有說道是什麼，但是他告訴你道不是什麼。道是什麼是不可說的，他沒有說啊！那麼，老子是不是在教為政者怎麼樣取得天下？對啊！但只要你學老子，天下就自然了。問題在他教的是什麼？他說取天下，天子才會動心，但你要無事取天下。既然無事，原來的那個顧忌就沒有了，我們擔心的就沒有了。因為教他無心，要無心才能取天下，既然無心，那取不取天下有什麼相干？所以我才說人人都是天下，不是哪一個國家來統一天下。道家是否有心？當然是無心的。任何人以有心講道家都會出問題，後來的法家、兵家、縱橫家，都是有心的師承並應用老子的智慧，而道家的智慧是無心的，所以這是自我違反，違反了老子的義理，已經不是老子學了。

看似禍而福靠在門邊，看似福而禍已藏在門後

有人問：以管理的觀點來看，是否無制度就是有制度？無法令就是有法令？因為有的本身是一種障礙。請注意，這是在高度的智慧層次講的話。人間有制度就是有制度，沒有制度就是沒有制度；當我們說「沒有制度也等於有制度」是就智慧講，在高度的智慧層次才能講這句話，不然別人無法了解。「無法律就是有法律」，那無委員等於有委員，委員的位置就沒有了。是啊，無委員才是有委員，我們希望所有的立法委員都了解這一點；要沒有自己，

才能代表百姓。沒有了自己，他才會變成天下的，幫百姓來陳言，幫天下來維繫一個生態的平衡。所以這句話是從兩個層次說的：我的無就是有，如「我無為而民自化」是無，但無的同時也可以是有，我無掉我自己，而有百姓。在不同的層次是這樣說，在同樣的層次，有就是有，無就是無，所以剛剛那個問題是對的。

但是從管理的角度來說，中國式的管理是什麼？就是無管理。這個在東方的境界極高，西方人不大了解。這是來自於老莊、禪宗的智慧，孔子也講「毋意毋必毋固毋我」。所以說無管理也就是有管理，因為無管理，你就得到每一個人對你的敬重和負責，因為你對他們完全信任，他們覺得應該回報你的信任。所以每天都不管理他們也等於有管理，這話是對的，但是沒有保證。

我在教初中的時候，有一天督學要來，校長要每班學生擦玻璃，我那一班負責擦兩層樓高的玻璃窗，但那天剛好沒有長竿抹布可用，我為了安全，不讓學生攀爬冒險，哪管他督學來不來。結果升旗典禮時，校長說我那一班的學生最壞，沒有清掃。我衝上前去大聲抗議，是學生的生命重要？還是校長的考績重要？和校長爭執了一番。後來我進教室，只跟學生說一句話：以後不要讓你們的老師跟校長吵架。從此以後我那一班從全校最散漫變成全校最守秩序的班。壞學生也有好處，有江湖道義，這叫沒有管理也是有管理。但是沒有管理你要付出很大的心力，成果不會從天上掉下來的。所以說沒有法律也等於有法律，沒有制度也等於有制度，那是在「道」的層次說，要做到沒有也是有，可是一大段的心路歷程，不要以為只要每一個人都放下那就好了。所以道德還是要講修養的，就像我剛舉的例子一樣。

禍福之間找不到分界線

底下說：「禍兮福之所倚，福兮禍之所伏；孰知其極？其無正。」我們最大的關心不是福報嗎？我們把每一個人的生命交給德行，德行是靠自我的修養來的，問題是，我有德行，是好人，但好人有好報嗎？德行會帶來福報嗎？做好人本來就不難，難在沒有好報，我就不做好人了。做好人好事，不是為了給老師打操行分數的，因為有修養的人生命比較純淨，有一種單純的美好，那個叫德行。德行不是為了積功德，功德是宗教的觀念；雖然德行也是功德，但是功德不是為自己求好報。假如別人因為我的德行而得到好處，那就是福報，只是福報在別人。就我來說，我的德行是為成全我自己，提升我自己，所以我修養自己，就好像去學書法、學舞蹈、學音樂，只是讓我這個人更接近完美。當然這個完美的觀念不要太執著，道家的修養是讓我們成為「真人」，更真實。但是在人際關係裡，在人間社會的遭遇裡，我們的真實，就會給出福報，而讓人間更和諧。

「禍兮福之所倚，福兮禍之所伏。」說它是災難嗎？就像悶悶不是無為嗎？看他悶悶，你也很悶，怎麼這個校長來了一點動靜都沒有？每天只在他的辦公室看《老子》，這是什麼意思？看起來像禍，但是「禍兮福之所倚」，因為他無為，讓每一個老師都有自由，好好的帶學生，讓學生都有個性。如果校長總愛發命令，全部老師聽他的，全部學生也跟著做，不都成了一樣嗎？所以看他悶悶無為，好像是禍，但是「其民淳淳」卻是福。看他「其政察察」，察察不是有為、有表現嗎？是福啊，卻是「其民缺缺」，所以「福兮禍之所伏」。看是福的時候，災難已經隱藏在後；看它是災難，但是事實上福已等在那裡了。

「孰知其極？」誰知道禍跟福之間的究竟呢？誰知道禍跟福之間的界線呢？「其無正」，恐怕是沒有標準可循吧！我們習以為常，認為什麼才是福，什麼才是對，但是老子告訴你這可不一定喔！你看，其政悶悶，但是淳淳；察察好像好，但是缺缺。可見禍跟福很難說的。禍福之間的最後究竟在哪裡？分界線在哪裡？沒有標準答案。

正道的善德會逼出奇變的妖惡

底下再講正跟奇之間的關係：「正復為奇，善復為妖。」這兩句話講得好，所謂講得好就是說：正本身不會變成奇的，善本身不會變成妖的。就像第二章說的，善不會變成不善，美不會變成不美。有個英譯本翻譯「天下皆知美之為美，斯惡已」是這麼說的：一個藝術品掛在牆上，大家去欣賞它的美，過一陣子它就變成醜了。這怎麼可能，美的藝術品怎麼會變醜？就像說一個好人，每個人都欣賞他一下，就變成了壞人，這是不可能的。所謂的「正復為奇，善復為妖」，是說在人生的流程中，起初是一個天真的小孩，一個有真性情的青年，但現在他變了，為什麼？善的會變成惡的？正的會變成奇的？正道會變成奇變？因為善代表仁義，仁義是心，而聖智有為，通過聖人來講正道，聖人可以開出正道來，而仁義代表我們的心，代表善；有了這個標準，就有要求。我們訂了一個標準，然後用這個標準去責求他人，這叫有為。像訂出每一個學生要考九十分，認為這才是善；然後通過這樣的標準，通過老師的權威要求學生要考到這個分數。所以我們是有心而後有為的。問題是他做不到，我們做老師或父母的，常常忽略了孩子天生的性向和才情，誤以為孩子只要用功，只要聽話，就會成績好。不會的，因為他有聰明程度的不同，有學習能力的限制，有他喜歡不喜歡的問題。

像我的才藝就不行。有一次我兒子寫書法邊寫邊掉眼淚，一路哭出來，我問怎麼了？他說：「我的書法好難看！」那時他是小學二、三年級，我進去看一看，果然很難看，我跟他說沒有關係，爸爸也是，我們不一定每一樣都是頂尖的，將來也只要走我們喜歡的、比較專長的路，不一定要跟人家比書法。所以每一個孩子都是不同的，他的學習能力和志趣不在這個地方，但是你的標準訂出來，而且要求他做到，這個時候他怎麼辦？你又是老師，又是父母，又是社會的價值規範，他只是成長中的小孩，成長中的學生，他當然可以不理你，但也馬上被貶到不被喜歡的行列、不美跟不善的行列，那他該怎麼辦呢？他只好做假給你看了。這樣，成績是有了，標準也達到了，也通過責求的關卡，但是這卻讓人變成假的。

所以當仁義規定出來，這個世界便到處是假仁假義；當聖智被推尊出來，世界上就有很多假聖人出來，皇帝都變成聖人、聖上了。像乾隆皇帝，中國國寶每一幅畫他都蓋一個章，寫幾個字，他覺得我這麼聖智怎麼可以不簽名蓋章呢？其實藝術品跟皇帝是不相干的，而他就要這樣做。所以不是善本身變成惡，而是在這樣的群體社會，本來每個人都不一樣，你卻訂出一個標準要求大家一樣。像是規定要及格才能畢業，有一門必修課，學生作弊被老師抓到，他說：如果我不作弊，我畢不了業，但是我一定要畢業，所以我只好想辦法。這個辦法就是你逼他想出來的。當然我不認為他是對的，但是這可以給我們一個反省。像體育課，要求每一個學生百米都跑十四秒是不合理的，因為各人體能條件不一樣。像扁平足的學生，要他跑十四秒合理嗎？所以不是他本身變不好，而是這樣的行程逼得人做出違反他本身真性情的事。

肯定西施，害苦了東施

所以在人生成長的過程中，我們漸漸變成我不是我了；我不再那麼天真，不再對朋友講真話，不再能夠一片心給人家了。逐漸的我們變成假的，像訂出一個捧心的標準，結果讓天下的東施都效顰，以為捧心才是漂亮，皺著眉頭才是漂亮。所以訂出一個像西施的標準，結果是天下的東施都失去她的性格。當我們訂出某一個標準，以這個標準去要求每一個人的時候，很可能的一個問題就是：讓每一個人失去他自己。而這樣的要求、這樣的標準叫牽引，變成不是他叫沉落。我們有時候對自己最喜歡的人都不大敢講心裡的話，婚姻的結果就是我不再是我，所以我們當然對婚姻有怨言，因為它讓我一生本來的美好完全失去。婚姻是不是牽引？對啊！你喜歡我，我喜歡你，攜手走進禮堂，是牽引，但此後便同歸沉落。所以「正復為奇，善復為妖」，不是它本身變壞了，而是在人生的流程中，被外在很多的標準、很多的要求逼得你只好變成不是你。這樣，老子要問：學術文化有什麼好？政治法律有什麼好？剛開始都說那是愛，結果卻都是害。立正道，有為，愛百姓，都說是愛，但是結果是害，因為讓每一個人都不是他自己。世界上還有比讓他不是他更大的傷害嗎？那是全盤否定，等於自己都沒有了。那可不是無身，無身是不要執著自己，這個是失落了自己。不要執著是好的，失落卻是不好的。前面我說流落天涯，這邊說沉落；流落是在外面漂流，沉落可是掉下去了。

通過「正復為奇，善復為妖」的意思，我們才了解「以正治國，以奇用兵」為什麼不好，為什麼「以無事治天下」才好。所以老子要說「絕仁棄義」，就是把仁義絕棄，絕棄就無掉；仁義有心，絕棄就是無心。「絕聖去智」，就是要無掉你的聖智有為。因為你的聖智會逼得別人變成假的，你的仁義會讓天下人變成假的，所以你要絕棄你的仁義，絕棄你的聖智。無心然後無為，無心無為，百姓就無不為了。

「我無為而民自化」，絕棄的時候是「其政悶悶」，民自化是「其民淳淳」，絕棄就在不表現你的功業彪炳，天下百姓都可以活得很好，你還有什麼不滿意的？《論語》說：「百姓足，君孰與不足？」如果天下百姓都很富足，君王怎麼會不足呢？君王的足是建立在百姓的足之上的。孩子足，媽媽怎麼會不足？學生好，老師怎麼會不好？我們應該這樣來看這個問題。有些帝王就喜歡功業彪炳，長留史冊，但是跟著他的百姓就受苦受難了；「一將功成萬骨枯」、「可憐無定河邊骨，盡是春閨夢裡人」不正是這樣的寫照嗎？所以你自己絕棄，放開自己，天下百姓都好起來了。從這個地方，我認為前面說的「以正治國，以奇用兵」是對的，因為我得到《老子》第五十八章的支持。

人心迷失在奇正、禍福的追逐間

底下說：「人之迷，其日固久。」但是天下人民沒有這樣的覺醒，他迷於他的福、他的禍，迷於他的奇、他的正；他以為這些有分界線，什麼是善，什麼是美，什麼是福，什麼是禍，他覺得他抓得很穩。所以天下人民迷於此中，其日已久了。迷於此中會產生什麼問題呢？就是製造了很多假的人，受苦受難的人。但是他只從正面看，都沒有從另一邊看；道家就在儒家從正面說的時候，站在反面說：你真的確定嗎？老子問在位者：你怎麼能堅信你所做的是對的，「是以聖人」要怎麼做？因為聖人總是要治國的，正道逼出奇變，善德轉成妖惡，要避開這樣的自我否定。人間很多正面的都會自我否定，因此事先就要化解走向反面的可能性。

所以我們要有道家的智慧，不是說我們的愛就會害人，而是我們的過度堅持，甚至是所謂的擇善固執，會帶出它的負作用，逼出它的反面。所以，在「方」、「廉」、「直」、「光」的正面底下都加一個「不」，你發出的光不要去刺傷他的眼睛。你如何又發光，又不會直射對方，迫使他睜不開眼睛，這叫「光而不耀」。上面講的是正面的，底下講的就是千萬不要使你的正面變成反面。正面是正，反面是奇；正面是善，反面是妖；但我們經常掉到我們的反面，問題在此。我們一再的讓歷史重演、重蹈覆轍，一再的用我們過度的愛心去壓迫我們所喜歡的人；一再一再的，因為愛的本身就是無微不至，就是完全的給與。你忍不住要這樣做，所以要動用道家的智慧，事先把它化解。因此當我們是孔孟的時候，我們也希望自己同時是老莊，然後我們的孩子就如沐春風；他只感受到春風的溫暖，但是不會感受到愛的壓迫。

化解愛的殺傷力

我的意思是：要過濾掉愛的殺傷力。道家是一個過濾網，而愛是天羅地網，無所不在，把別人籠罩，但是道家讓愛的殺傷力變成沒有，這叫昇華，也叫淨化。我們要昇華，要淨化，不然情愛的本身是有殺傷力的。所以怎樣讓愛還是愛，但是沒有壓迫、沒有傷感、沒有遺憾才是重要的。儘管我說人生有憾，但是我們希望通過道家，通過儒家，使人生無憾。通過道家，有憾也等於沒有憾，這叫化解。化解就是把存在心中的那分遺憾化掉，沒有遺憾就不會有哀愁，沒有哀愁就沒有傷痛，沒有傷痛，人世間就不會有那麼多悲劇。所以化解很重要，而「不割」、「不劌」、「不肆」、「不燿」就是要化解，方正一定割裂，廉潔一定傷害，正直一定放肆，光照一定耀眼；加一個「不」，就叫過濾，叫淨化，叫昇華。否則任何正面都會變成反面，任何愛都會構成害。我們希望有不會帶來傷害的愛，不會變成反面的正面，那個是更高一層的正面，道家讓我們更上一層樓。不增長我們愛的熱力，但是提升了我們愛的層次，讓我們用更高層次的愛展現在每一個人的眼前。這叫境界，道家給我們境界：藝術的境界，美感的境界。

或許為人師的人會有這樣的疑問，「正復為奇」，那難道我們就不去引導學生走上正道嗎？在你的執著中變成反面，不是正的本身是反面，而是你對自己的正的執著變成反面。譬如說我是正，我執著我的正，我就會有優越感，會有英雄氣。而不必要的英雄氣、優越感衝出來，從這個地方正面就會變成反面。不是我們否定了「正」本身的純粹、美好，而是說你對本身的正過度的自信和執著，一方面壓迫別人，另一方面也成了你自己很大的負擔，使你不能被擊敗，一被擊敗就站不起來了。女生不太會被擊敗，因為她陰柔；男生的陽剛很容易斷折，所以一垮全部垮。就像颱風來的時候，小草不會斷掉，都是電線桿、大樹幹斷掉；小草隨風搖擺，颳颱風如此，春風、秋風吹也一樣。所以女生的壽命比男生長，這是有道理的，她的放開比較強，而執著比較少。所以正面可以引導正面，我們不能否定，老子也不反對，但是老子告訴你：在你顯發正面的過程中，你會不會為了好強獲勝，而激起了執著和英雄氣呢？會把人間最好的愛當作爭逐的利器嗎？最好的朋友有時候也會為了競賽去追同一個女孩，兩個人不見得都那麼喜歡那個女孩，只是為了比一比到底誰比較強。你看這英雄氣是不是害人？所以說道家的意思是就執著來說愛會害人。

天地為什麼可以長久，因為它沒有封限自己

第七章說：「天長地久。天地所以能長且久者，以其不自生，故能長生。」一開始先說天長地久，反映出人間是沒有長久的，只有天地才長久。因為天地是自然的，所以它是長久的；人世間都是有心有為，所以不長久。你有心就會執著什麼，但是這個什麼很快就會過

去；譬如我喜歡今夜，今夜是最美的，但是我們知道今夜會過去的，所以這幾個鐘頭一過去，就馬上要面對無邊的落寞和哀愁。但如果我是無心，今夜過去，明夜一樣好呀，後天也是一樣。長久不是可以活幾千年，而是不會覺得世界好像老是在變動，自己好像永遠在不安感裡面被拖著走，那個叫短暫。總是看別人的臉色，總覺得他好像又不一樣了，他怎麼又對我不好了？好像別人不再那麼喜歡我了，這叫短暫。如果我無心，便覺得每一個人都一樣，每天都同樣美好，這叫長久。老是想著別人是否跟昨天一樣的對我好，學生還歡迎我嗎？同事還敬重我嗎？長官還賞識我嗎？每天都在問這個問題，這樣的人叫短暫。所以老子說：只有天地才長久，人間都是短暫的。

底下問：天地何以能長久？老子說：「以其不自生，故能長生。」就因為天地沒有自己，它不把「生」定在自己的身上，而是開放給天地萬物。如果它只是為自己而生，那很難長久；天地之所以能夠長久，是因為不自生——不以自己的生為生，不把生封限在自己身上，然後它才能夠把生命開放給天地萬物，讓天地萬物有生的餘地。就像天下媽媽以其不自生，故能長生；因為媽媽不把生命封限在自己，然後她才會為她的子女留下生的餘地。所以天地何以能夠長久？因為它沒有自己，它才能長久；它無心，它才能長久的生下去。

聖人把自身放在最後面，反而會被推向最前頭

所以底下說：「是以聖人後其身而身先，外其身而身存。」把自己的身、自己的生命放

在最後面，才能夠在最前面；把自己的生命放在最外面，他本身才能夠在最裡面。外其身是把身忘掉、放開的意思。這到底是什麼意思呢？依照我們搭公車的經驗卻是相反的，因為排在最後面，每一次都上不了車的。「後其身而身先」，哪裡會身先？「外其身而身存」，自身已在外面，哪裡有身存之地？你們先上去好了，我讓一讓，車子開走了，自己還在外頭。所以老子的話是違反經驗的。

聖人之所以是聖人，是因為他底下是百姓；就像老師的底下是學生，父母的底下是子女。後其身、外其身是說他本身，身先身存是說他的學生跟子女。百姓足，君王怎麼會不足？孩子、學生好，老師、父母怎麼會不好？所以身先身存千萬不要套在他本身說。聖人之所以為聖人，是因為他為百姓想，不然怎麼配稱聖人？中國人講的聖人就是要治國平天下的人，為什麼我們把聖人看得最高，不只是他自我的修養高，而是他成為天下的典範，讓天下人都得到美好，那才能叫聖人。所以「聖人後其身」，是他沒有自己；他把生命都給他的百姓，叫「身先」。百姓都生了，等於聖人生了。所以聖人的先，是因為百姓先他才先；聖人的存，是因為百姓存他才存。譬如你是將軍，帶三萬人出征，結果自己一個人回來，那算什麼將軍？你並沒有存，因為你的三萬部隊沒有了。所以外其身是自己把自己放開，放到最外圍、最不重要的地位，結果自己反而存在；因為這樣百姓都存在了，豈不是證明你在嗎？百姓都先了，就是你先呀！

這邊是說「後其身而身先，外其身而身存」，前面則說「我無為而民自化，我好靜而民自正，我無事而民自富，我無欲而民自樸。」無為、好靜、無事、無欲，就是後其身、外其身；自化、自正、自富、自樸，就是身先、身存。天地沒有自己，不自生，才能讓萬物長久生下去；天地有自己，萬物就不大有機會跟空間了。

一個沒有自己的人，才可以成就他自己

接著說：「非以其無私邪？故能成其私。」不是因為他沒有自己，他才能成就他自己嗎？成就他自己是成就他自己的理想。自己的理想可能是生百姓、生萬物、生兒女、生學生。所以老師無私，沒有自己，就可以成就他自己；因為沒有自己才會關心孩子，而孩子有成等於你有成，這叫成其私。因此不要把身先身存放在我們自己來看，否則老子的這句話是不合乎經驗的檢證的。不是說老子的話都要這樣曲折的解釋，但至少這些要這樣理解，不然就講不通了。

所以一個老師沒有自己，才會長久教學生；一個父母沒有自己，才會長久的生養孩子；一個聖人沒有自己，才會長久的去帶百姓；天地沒有自己，才會長久的生萬物，這才叫長生。如果你有自己，你會有挫折感，會有傷感，會感到不值得，會覺得我為什麼付出這麼多，而回報這麼少？這一來你就不願意再生了。所以老子告訴我們：天地何以能長久？是因為天地沒有自己，天地無心，所以萬物才長久。如果我們能這樣想，就不會逼著我們所喜歡的兒女、學生，跟我們互相牽引，同歸沉落了。一方面我可以長久生下去，再來我對他們的好就不會形成壓力；因為我沒有自己，我是無心的。我可以昇華，可以過濾，可以淨化，我

的愛只是美好，沒有壓迫，然後人生就不會短暫，我們可以跟天地一樣長久；因為我們的心跟天地一樣，我們無心，我們不自生，所以我們長生。

沒有自己，就不會以正帶出奇，以善帶出妖，而可以無事的平治天下；沒有自己，就不會挫折傷感，而可以長久的生萬物，生百姓。沒有自己，就不會相互牽引，同歸沉落，而可以相互放開，同歸成全。

之四　讓每一個人回歸他自己

何以要讓每一個人回歸他自己？
因為人生的困苦是由於我們流落天涯；
而流落天涯則是人我之間的相互牽引，
且在相互牽引中同歸沉落。
所以要避開那份由牽引而來的沉落，
解除我們流落天涯的困苦，那只有一條路可走，就是：
我們不要把別人拉引出來，大家擠在一起受苦受難。
所謂人生的常道，或許就在讓每一個人回頭走他自己的路吧！

攝影：鄭明禮

信仰的路，可以依靠上帝；修養的路，要靠自己做主

第十六章是很重要的一章，是老子的修養功夫，問題就在「道法自然」的理想怎麼可能實現呢？我說哲學總是要生人家，所謂的生人家就是生天地萬物，而那個生的動力在哪裡？怎麼可能生？我們要去開發生的動源——動力根源，沒有根源動力就生不下去了。所以哲學一定要把生的動力開發出來。天地萬物是我們信仰的天道、天理、上帝、玉皇大帝所生出來的；通過上帝或天道來生這個世界，這樣就解釋了那個生的問題。而且上帝可以幫我們做主，所以要「生」還要「主」，他可以做為一個主宰，決定一切，拯救我們。

除非我們走信仰這一條路，另外的一條路就不是這樣了，那是修養的路。我們自己修養成跟天道一樣，當我跟天道一樣，那我豈不是也有生的力量，而且可以做主了嗎？我可以幫我的家人做主，幫我自己做主，幫人間做主，這樣豈不是可以救人救世了嗎？在中國的傳統，我們沒有走上宗教信仰的路，而走了修養的路，但事實上修養跟信仰並不是那麼分得開的。如果你沒有信仰，你也不會往修養的路上走。如果我們對人間的人格，對所謂的愛沒有一點信念，那為什麼要修養呢？為什麼讓自己變成好人呢？所以修養還是要肯定天道、天理，然後再讓自己修養到天道、天理那個境地。只是這一段歷程比較遙遠，孔子說：「五十而知天命，六十而耳順，七十而從心所欲不踰矩。」他五十歲的時候才知道天命在哪裡，天命是什麼；他知道天命了，所以六十而耳順。通過天命看人間，整個人間都可以包容；因為用天來包容人間，當然無所不包容。平時我們會拒絕別人，因為我們只是人，會抗拒另外一

個。但哪一天能夠「下學而上達」，達到天那個境地，通過天來看人間，就好像你突然變成父母，看每一個孩子都很可愛了。

所以我最近有一個主張：小時候他提攜我，做我們的爸爸；等到他老了，換我們扶持他，做他的爸爸。父親老了，我們正當中年、最強的時候，我們回過頭來照顧他，這樣就產生一個人生最美妙的循環。人漸漸老了，就是回到童年：童年是美好、天真的，老年也美好、天真。我們說當他的爸爸，事實上就是替代天道來愛他——當爸爸的人就是天道。但是那個愛只是與生俱來的，範圍很小；我們永遠無條件的像天道一樣愛我們的子女，但天下有更多的人，所以我們就要修養到跟天一樣才能愛所有的人。

只有天道愛所有的人，我們總是只愛自己的家人。當然我們也愛天下所有的人，但和天道是有層次之分的；我們無條件去愛的只有我們的家人，其他的要靠社會的福利政策、救濟制度，我們沒辦法同時愛天下人；因為人只有一個，回家也只是回到一個家。這個時候有一個辦法：我們修養讓自己跟天道一樣，不再是人間的某一個人，這樣就能像天道一樣的愛所有的人；這條路叫修養的路。這條路比較遙遠，比較漫長，因為我們畢竟不是天，僅僅是人；所以修養要在每一分鐘進行，稍微不修養就墮為凡人，一修養就是天使。人生的保證在哪裡？在每一分每一秒都修養，這一條路是「造次必於是，顛沛必於是。」所以孔子說：「君子無終食之間違仁。」你不能夠有片刻停止，也不能放假；一放假就跌落到世間，在相互牽引中沉落。只有修養，你才能讓自己變成天道，像天道一樣愛每一個人。天道是沒有家庭的，也沒有膚色，沒有階級；天道不屬於中華隊或古巴隊，而我們只喜歡為中華隊加油，所以我們還是差一點。

為什麼說信仰的路比較不會那麼艱苦、那麼難呢？因為可以依靠上帝，以上帝的愛、至善全能來做我們的保證，於是我們的責任卸下來了，一切交給主。把人間最艱苦的交給上帝，當下就得到了解放，不用再肩負那麼重的擔子、那麼大的悲苦了。所以走上宗教的路，事實上是比較簡易的。我們不曉得為什麼歷代先賢就是要走修養的路，走這一條路，要靠自己來做主，而這個主就是修養以後，你的良心、你的人格就可以做為保證。平時我們不是靠良心和修養的，而是靠名利心和權力欲，靠優越感和英雄氣，一下子飆出去的。所以修養只有一個保證，那就是你的良心和人格，這一條路是比較難。儒家、道家都講修養這一條路，儘管儒家有儒教，道家有道教，但是仍然是靠自己修持、修鍊的。佛家也是一樣的。我們就是在儒道佛三大教的文化園地裡成長，走向自我開發的道路。這點剛好跟基督教、天主教、回教形成一個對照，因為他們是把人交給最高的上帝來做為最後的保證；而我們是努力讓自己變成天道，變成道的生、道的主、道的無所不在和無所不包容。這樣，世界就有生的力量，人就可以自己做主了。

心虛靜如鏡而照現天下

我們在第三章講到：「虛其心，實其腹；弱其志，強其骨。」在第二章講到：「處無為之事，行不言之教；功成而弗居。」這些話所以可能成立的修養功夫都在第十六章說的：「致虛極，守靜篤。」我們的心要致虛至極，守靜至篤。就是：虛其心，弱其志，處無為之事，行不言之教；還是要行教人間，還是要處天下事。但是所處的是無為的事，所行的是不言的教；這就是虛。虛其心，弱其志，就是要把它虛掉，我們的心要去虛掉我們的心，虛掉什麼心？虛掉心的執著。心執著什麼？名利權勢、英雄事業、才學優越。要去掉這些執著，讓自己心裡面沒有名利，沒有權勢，沒有優越感，沒有英雄氣，也沒有自己。要虛，是因為我們的心會執著很多東西，擺在我們的心裡面。

心擺了這麼多的東西，就不清明了，因為它只想到事功、名利、權勢。所以有時候我們會聽不到對方講的話，因為你在想自己的事情；兩個人相對中，突然間你彷彿有幾分鐘處在空白狀態。那不是空白，而是你心裡面正在想什麼英雄事業。而且心裡面有很多東西，再去看別人，事實上是把你心裡面的東西加在他身上：看看他對我的名利心有沒有幫助？他對我的權力欲有沒有構成支持的力量？他對我的優越感有沒有對抗？對我的英雄氣有沒有傷害？我們事實上是通過心裡面的東西去看別人，這樣的結果就是你永遠沒有看到他。所以有朋友做一生，夫妻做一生，都沒有看到對方的。你跟他結婚是懷有目的的，你永遠通過你的目的看他，所以他是達成你目的的對象。這一來對方變成工具，對方不是主角，不管事業或婚姻，就失去了平等對待的關係。有的人把先生當跟班，妳買東西他付帳、他提；有人把太太當作花瓶，使自己的聲望、身分因為太太在身邊而得到更大的肯定。很多人反對中國小姐選拔，大概是因為很可能往這條路上走吧。其實在暴發戶的社會選美，是不大好，庸俗而且帶著不很正常的眼光，不是對美的一種觀賞，對美的一種肯定。

所以要把心虛掉，虛掉那些執著；虛掉了，你的心才開始有去看別人的能力。不然你的心充滿了名利、權勢，你就看不到別人了。就是去看也不是看，只是把你的名利和權勢加在他的身上，來衡量他有沒有功利的價值罷了。平時都不跟人家握手，一到競選期間就開始握手了，為什麼？因為選票呀！對方有一票，這叫「工具價值」。我們卻希望每一個人都是一個目的——目的價值。現代化社會最大的問題就是把物當作工具，所以不是真愛物；中國傳統講「親親，仁民，愛物」，我們真的喜歡那個物，才有藝術。是藝術才會好好去畫花卉、畫山水，因為山水是目的。如果把山水當作功用，那就沒有藝術了，變成開發，要開推土機去了。推土機可以推倒城牆，才不管什麼幾級古蹟。站在功用的觀點，古蹟就完全無用；我們說它是古蹟，是因為它是目的，它是一個價值。但平時我們的心一執著東西，就會以這些來衡量其他，於是其他東西都變成我們利用的對象。所以美感一定是從現實利用中跳出來才有的，如果選美是為了宣揚國威，這恐怕不是好的心態。萬一國威沒有宣揚成功呢？人家來台灣剛好發現台北的髒跟亂呢？這豈不是賠了夫人又折兵嗎？所以我覺得真正的美感是沒有現實的利害，那才能發現美感。這樣，一方面看到別人，別人也不會成為我們的工具。

所以「致虛極，守靜篤」，就是心虛了才會平靜。「不尚賢，不貴難得之貨。」賢是名，難得之貨是利；「不見可欲」，就是不把這些名利的欲求拋給對方，這樣民心才不會亂。對人民來說，你不給他名，不給他利，他就虛了；他一虛，心就平靜，不會亂了。所以致虛極，就可以守靜篤，一方面虛，一方面就是靜。把心知虛掉，生命就平靜了。我們之所以亂，是因為心裡面想要很多東西；而這些東西又面對現實的條件，面對人我之間的對抗；因為你想要的，別人也想要，這一來心就很難平靜了。

懂得割捨，才是一切可能的開端

有一次演講，有人問我對買股票有什麼意見？他明知道我是外行，但是因為我講緣與命，以為我可以給出一個明牌。我的想法是：買股票可能獲利，但是或許要付出更多的代價——心不虛靜。心不虛，生命就不平靜；這樣我們付出的恐怕比我們得到的更多，所以我連對獎的那種想望都沒有。因此彩券、股票市場，對我們這樣的人來說，一點都沒有吸引力。這大概代表我們不大現代化，現代人應該有經濟、投資方面的常識，但是我們完全割捨，就是因為相信道家；天下沒有白吃的午餐，老師每天去買股票，書一定教不好；因為你的生命在股票那邊發光。一個人的精采就是生命的所在，所謂生命在那裡，就是全副生命、全副的心凝聚在這個地方。我們不可能每一個地方都是優越，都是美好的，人生的有限性就是：我們只能把我們的心、我們的愛集中在某一點，這叫「行行出狀元」。只有這樣，每一行我們都是天才，每一行我們都是精采。什麼都要，剛好什麼都顯不出光采。所以我才說：懂得割捨才是可能的開始。全世界那麼多吸引我們的東西，我們一眼看去，都沒有看在眼裡；我們只看到我們可能的那個東西，然後我們一生就在這個地方。所以你能夠凸顯你的據點，凸顯你所站的角落，凸顯你一生的行程，因為你沒有旁觀，沒有分心到其他你不可能的領域，這樣也算是一個靜。所以「致虛極，守靜篤」，這個篤就是真切，守靜要到最真切的境地；致虛要到極致，極致就是整個心是空靈的。空靈就靈動，就感動，感動就有動力。

人本來自己是可以做主的，只因為捲進了太多的名利、權勢，突然間我們對自己失去信心，靈沒有了，法力沒有了。本來我們都有法力的，有人格、有愛心，就有動源、動力，就有感動；因為心會感受到他人，有一個情意，有一個理想。愛就在你的眼神中流露出來，怎麼會不感動人？而我們就是因為和人永遠在相互牽引中同歸沉落，所以靈不見了。若是人失去了自我的信心，不管陽神陰神亂拜，怪力亂神無所不來；最嚴重的問題就是失去他自己。現在我們希望他回歸他自己，恢復他的靈，他的功力，他的法力，那來自於人格、來自於修養、來自於愛心、情意跟理想的靈。那樣靈感流動，由空而靈，由靈而感，由感而動；我們才是有動力的人，有動力才能生人。

心致自己的虛，心守自己的靜

所以「致虛極，守靜篤」，心要變成虛靜。那麼誰來致、誰來守呢？我自己致，我自己守。我是誰？是心！心自己致，心自己守，沒有另外的人可以來幫你致，幫你守。你不能要求老師幫你安一個心。那老師就說：你把你的心拿給我看看，你拿出來我幫你安好了。心又不是零件，怎麼安呢？心感到不安，要自己讓它安，這就是《論語》說的：「我欲仁，斯仁至矣。」我一想要仁，則仁德就來了。你為什麼會想要仁？因為你發覺心不安，覺得不安生命定不住，所以你會從不安而求安。昨天說了一句重話，今天跟他道歉就安了。那誰去道歉？你自己啊！那誰讓你感覺到不安？你自己啊！心不安的時候會產生一個動力，讓你去跟他道歉，跟他解釋，希望我們還是和諧，還是感通；這樣叫「仁」。

在老子來說，心本來是空靈的，是虛靜的，因為心本自然。現在因為你執著了名利跟權勢，所以開始複雜起來，不平靜，沒有感動力，沒有悠閒，沒有餘地可以容受別人，看到天下。所以，要致虛，要守靜，才能接納別人，觀賞天下。問題是誰來致，誰來守？心，心自己致，自己守；致自己讓它虛，守自己讓它靜。中國人講人生修養一定通過心來說，因為心是自己的；上帝、天主雖然最高，但那不是我。我是通過自己的心出發的，通過修養，心就可以跟天道一樣的寬闊，一樣的無所不愛；然後再回頭來，用像天道一樣的心來對待朋友和家人。功夫一定要在心上做，所以我們稱道家的心為「虛靜心」，就是從這個地方來的。而儒家的心叫「德性心」，叫「仁心」，是愛心；和老莊講的心不一樣。心虛靜，可以把艱苦悲愁都忘掉，用全新的面貌來對待我們的朋友和家人。你一定要把悲苦化掉，不然會一直積累，時間一久，臉上的清新、美好都沒有了。所以我們一定要化解，把那些執著虛掉，把那些塵垢汙染洗滌。塵垢汙染在心靈裡面就像一面鏡子被灰塵蒙住，那些灰塵附著在鏡子上，我們的心就不能發光，就沒有觀照的能力；所以一定要把灰塵清除掉，要讓「身如菩提樹，心如明鏡臺；時時勤拂拭，莫使惹塵埃。」（神秀偈子）六祖惠能的偈子卻深進一層：「菩提本無樹，明鏡亦非臺；本來無一物，何處惹塵埃。」前者的體會限於「有」，後者的體悟則在「無」，所以六祖惠能承傳衣缽。本來無一物，哪裡會有灰塵呢？不過我們要了解致虛守靜就是「時時勤拂拭，莫使惹塵埃」，到那個時候，心就本來無一物了，也就變成清明如鏡了。

鏡可照叫觀照，心虛靜以後，就平靜像一面鏡子；鏡子若不平靜，就是凹凸鏡了，看到的人不是扁平就是拉長的。心有時候會扭曲變形，因此看到的世界是扭曲的，看到的人是變形的、可怕的。既然扭曲變形讓人受不了，便只好逃開，以酒精、藥物逃避於迷幻人間，如此不太可愛的世界也變成可愛了，不能講的話也可以講了，不順眼的人也可以馬馬虎虎看一看了。但這些都不是辦法，真正的辦法要像道家式的：把心裡面的扭曲取消，人間就不會變形了。所以虛靜心的靜就是像鏡子一樣，可以觀照。

我們真正的看到別人是通過虛靜心看的，平時我們看不到，因為我們都是用名利心、權力欲來衡量對方，把對方當工具，當成自己的啦啦隊。所以我們的心虛靜了以後，雙方就可以互相照，我照你，你照我。觀照就是照現，明照顯現。像你的先生或太太跟你結婚後，臉上總是有悲苦和憂愁；你如何照現原來美好的他、真實的他、沒有煩惱的他？這是人生的重大修養。因為被我們拖累，在牽引中同歸沉落的就是我們的家人，首先是我們的先生或太太，其次就是我們的父子家人。越是跟我們親近的人，如果你沒有虛靜的修養，他受害越大。

我們經常受到親近的人傷害，因為他才可能牽引你，這叫流落天涯，為我們所愛的人流落天涯。只有最愛的人才會把我們困住，而讓我們受苦。儒家看到感情和親情的美好，而道家卻是感受到親情和感情對我們的牽累與壓迫。所以我們要做一個有道家智慧的儒家，一方面有親情、友情的美好，但是又沒有親情和友情所帶來的那種牽引與困苦。

所以觀復是在虛靜心的觀照之下，每一個人都可以回到他自己，叫「吾以觀復」。我用我的虛靜心來觀照他，讓他回到他原來的美好，還是天真可愛，臉上永遠有笑容，生命裡面永遠存全生機和情趣，這就叫觀復。

「並作」是相互牽引而同歸沉落

那麼中間的「萬物並作」是什麼意思？因為如果沒有萬物並作，我們就不會想到要去修養，要去虛，要去靜，要去觀他。所謂萬物是我們身邊的人，世界上的萬物都在我們的心發出邀請、呼喚、期許、約定的時候並作；並作就是流落天涯，大家一起來。有人誤解老子這句話，以為是我致虛守靜，萬物都生動起來了。其實，這個並作不是好的意思。「作」不是生長，而是造作，都生動起來，為什麼又要觀復呢？所以「萬物並作」是說：我們每一個人有心、有為的時候，就會帶動人家從他本身走出來。所以萬物並作是大家一起流落天涯，一起人為造作，這個叫相互牽引。

那麼怎樣才能夠不並作呢？「致虛守靜，吾以觀復」；我用虛靜心來觀照他，讓他可以回到他自己。所以每一個人不用離開自己的家，去奔赴天涯的約會；每一個人都可以回到自己的家，就像解甲歸田一樣。天下太平，大家從戰場退下來，每一個人回到自己的鄉土，日出而作，日入而息，這叫「吾以觀復」。每天就陪著家人，在農村，在田園，伴著山水，看藍天白雲，這是道家比較喜歡的一個生命型態。我花了很多時間講這幾句話，因為它是關鍵，你是否懂老子，就看你是否懂這幾句話。

人生的問題在哪裡？在「萬物並作」。並作就是牽引中的沉落，就是我們的困苦。並作是通過我們心知的執著帶出來的，「天下皆知善之為善，皆知美之為美」的知，「尚賢，貴難得之貨」的尚和貴，「可欲」的可都從心來，心去知善知美，在知的時候就執著它：執著我是美，我是善，執著我的身分、地位、學問；而且去尚我的賢德、我的才情，去貴我的身分、我的地位。這一來，漸漸把人生變成一種競賽，人我就拉引出來了。因為它轉成心知執著所發出的生命訊息，人生就此奔競權勢爭逐名利，所以痛苦就由萬物並作而來。

那怎麼化解呢？因為是心執著來的，所以要在心裡面去做功夫。心每天要去致去守，致自己的虛，守自己的靜，而這樣的致和守的功夫要下到極和篤：要極致，要真切。那時心就虛靜如鏡，可以明亮照人，照出世界的真，照出人間的美，這叫「吾以觀復」。此時滿天陰霾的「萬物並作」就沒有了，這個世界又是陽光普照，那就叫「朗朗乾坤」。所以人間的不好不是無可救藥的，不要覺得無力感，不要覺得世界會一直往前衝，再也回不來了。

看過金庸的《笑傲江湖》嗎？有一次幾大劍派都困在一條地道裡面，大家看著自家派別留在壁上的武功招式，一邊學，到了如醉如痴如狂的地步。突然間燈光完全熄滅，造成了極大的恐懼感，每一個人都拿起刀劍揮舞來保護自己；偶爾碰到別人，別人就反擊，結果變成六大劍派的互相砍殺。那個時候顯然大家都有危機，沒有光線，看不到對方是誰，所以連令狐沖都憂心極了，因為他所愛的人不曉得在哪裡？還好那位姑娘很聰明，都不出聲。後來有人就喊：「大家放下武器，坐在原地不動！」這個好！因為整個問題就是懷疑來的，人人惟恐自己被砍傷，所以先舞劍來防衛自己。從現在開始，全部的劍放下來，大家坐在原來的地方不要動，突然間「致虛極，守靜篤」了。整個地道儘管沒有光明，但是也沒有凶險，沒有並作。這需要大家都有這份修養才行，因為修養儘管靠我自己，還要靠大家一起無為才能發揮效果。所以我們要推廣老莊，大家一起致虛守靜，「萬物並作」就可以停息；吾以觀復，整個世界人生就能回到原來的真實美好。

在芸芸中歸根，在歸根中復命

底下說：「夫物芸芸，各復歸其根。」為什麼講芸芸？因為經過並作以後才芸芸的，芸芸就是困擾、爭端，人際關係裡面產生困擾，而且彼此間有一種不諒解，有緊張，有疑慮，於是爭就出來了。有時候爭不是形式的，好朋友之間的爭最厲害，夫妻的爭最厲害。依照曾昭旭的說法，張艾嘉演的電影《最愛》就是爭得最厲害的。有時候我們爭，但是不落在形式上，而是一生的爭。所以通過並作以後，萬物間就開始產生紛擾、有爭端了。現在經過你的觀，就「各復歸其根」了。所以「並作」就是「芸芸」，「觀復」就是「歸其根」。歸其根就是回到生命的根本，生命的根本就是童年；就是復歸於嬰兒，回到嬰兒一般的天真。

接著又說：「歸根曰靜」，每一個人回到生命的根本，回到天真的童年，回到成長的鄉土，把武器放下來，因為不需要防衛了。回到你的本來，沒有什麼好隱藏，沒有什麼好武裝；所以我們喜歡回到鄉土，回到童年，這叫「各復歸其根」。而「歸根曰靜」，什麼叫靜？

靜就是發覺一切都停下來了；戰鬥停下來了，壓抑平息了，困擾都解消了；那樣無比的美好、融洽、和諧，就叫靜。平靜是因為和諧，和諧才是平靜；所以「歸根曰靜」，回到生命的根本，一切就放下來了。

「歸根曰靜，是謂復命。」從歸根來說復命；歸根就是回到道的根本，復命是回到生命的真實。生命的真實在哪裡？就在道的根本。歸根是回歸天道的根，就是回歸自然。回到道的根本，當下就是復命，就是回復生命的自我，回到生命的真實；沒有隱藏，沒有偽裝，沒有武裝，沒有戰鬥，沒有自我防衛，沒有城堡，沒有圍牆，「雞犬之聲相聞，民至老死不相往來。」這是開放性的自我獨立，讓人心生嚮往的道家理想。現在我們為了避開鄰居的困擾，就把自己的圍牆加高，不希望別人進來，以此維護自己的獨立性。但是維護了獨立性，也變成了封閉性。老子的意思是開放式的獨立，開放但又獨立。開放是「雞犬之聲相聞」，獨立是「民至老死不相往來」。

所以歸就是復，一個是歸到天道那一邊，一個是復到生命這一邊。歸根就是復命。歸根是靜，靜就是一切放下來，一切放下來不就是回到生命的真實了嗎？一切放下來，就可以把真的給他人看；我們平時不敢給人看，就是因為怕對方傷害，被對方嘲笑，我們的假都是因為要保護自己。所以我們也是逼迫別人假，然後我們誤以為這是對他的愛；而愛的結果是逼他作假，因為他要保護自己。所以一放下來，大家都真了。你虛靜、放下，他就不必回應你的呼喚，不必迎接你的邀請，不必面對你的戰書，不會一生都在對抗。所以我們放下來了，大家都真，回到天道的根，回到生命的真，那麼彼此間都是靜。一切都放下來，你就可以放心的把真給他看，沒有隱藏，最內在的隱痛、困苦都可以對人說了。老實說，最好的夫妻、最好的朋友都應該做到這個地步，才不會有寂寞感，才不會有遺憾；但是有時候因為太親密了，就害怕對方瞧不起自己，所以成長過程的難堪、內在壓迫的陰影都不大敢講出來，以致那個陰影越積越大。我們真的需要朋友，所以大家一定要找到一個一生可以談心、無須隱藏的朋友。

人人復命就是常道，而常道在明照中開顯

底下又說：「復命曰常，知常曰明。」第一章講：「道可道，非常道。」什麼叫常道？每一個人都是真的，就叫常道。什麼叫可道？就是你定出某一個模式，讓很多人在這個模式裡失落他的真，變成假的，這叫可道；也就是定出一個標準來，就逼得很多人流落天涯，逼得很多人沒有他自己。我們是在可道中迷失，而在常道中找到自己。所以每一個人都有生命的真，叫常；人人活出他自己，叫常道。道是道路，這樣的人生道路讓每一個人都有自己，就叫常道，天地的常道。

那麼要怎樣開出這個常道呢？明，什麼叫明？「知常曰明」。這個知不是執著的知，而是照現。前面提到，虛靜就如鏡，鏡可以照；因為鏡是明的。所以講到明又回到先前的「致虛極，守靜篤」了。那麼明從何處來？明從致虛守靜來。所以明可以知常，就是虛靜心可以觀照，開顯世界的真、生命的真、人間的常。

因此，道家式的生很特別。儒家是用愛、情意和理想來生人，人文教化、道德實踐，愛心、情意都給人，這是儒家式的生。道家式的生是：我不執著你，也不期許你怎麼樣，我只是虛靜而已。我用虛靜心來看你，就好像你站在鏡子面前看你自己一樣，結果你就可以照現你真實的自己；因為在鏡子裡面你不用偽裝而擠出笑容，你會擺出一個最自然的姿態給自己看，不必裝任何表情給別人看，不必應觀眾的要求，不用去塑造自己的形象，那是最真實的我。最真實的我就是實現我，就是生我。太多的人際關係，太多的想望會讓我們「生」不了，因為來自各方的期許責求，使你有壓力，有虧欠感，不免要全力以赴，去感報知遇之恩，你是為別人衝上街頭而失落自我。

鏡子看到了誰，就生了誰

漸漸的你就不再是你自己了，那個時候等於沒有生。所以當我們虛靜以後，就像一面鏡子，然後照別人就生別人，照人間就生人間，照自然就生自然，照我就生我；這叫道家式的生。這個生不是創造；基督教和儒家的道是創造的道，道家和佛家則是觀照的道。基督教和儒家比較接近，佛教和道家比較接近。基督教和儒家都是用愛去創造，就像上帝創造人間，天道、天理實現人間；他們的背後都是愛，像父母造小孩，老師造學生，都是通過愛。道家則是通過照，自己要像鏡子一樣；人在人間迷失以後，回到家照照鏡子，突然間就覺得自己又回來了。我自己在，也我自己得，不是別人的掌聲讓我在，也不是名利、權勢支持我站在這個地方。我們每一個人都站在鏡子的面前，我自己在，我靠我自己活著，並不是靠在別人的身上，我自己得，不是靠外面虛幻的名利、與起落的股票而得；因為那些都是會動變的。所以無常感在股票市場、樂透彩最明顯，暴起暴落，那是靠不住的。現在我自己在也自己得了，儒家叫「頂天立地」，道家叫「自在自得」。頂天立地是靠你的愛，靠你的理想，挺在那個地方。道家是說我擺脫了一切，什麼我都不要，我的心已經虛靜了，我像一面鏡子照我自己，我靠我自己挺立人間，我靠我自己得到一切。

生命的內涵不從外面來，是我自己來的，我自在自得；在講「寵辱若驚」(第十三章)的時候，已經講到這個意思了。從「五色令人目盲」(第十二章)到「寵辱若驚」，都是患得患失，我們在人間的短暫感就是因為得失感，得失感則是因為執著；像期許它漲價，結果它跌落。因此執著才有得失感，有得失感才有不穩定感，才有無常感。現在我們不要那些，就可以自在自得；我自己在，我自己得，這不是我的生嗎？我們在生自己，在生人間，在生這個世界。所以這一段又回到原來的「致虛極，守靜篤」，關鍵就在虛靜明照。虛靜明照就是前面的觀，我們要具備觀的能力；我們總覺得神可以觀，神媒可以看，有法力的人屈指一算，就知道你過去怎麼樣，未來可能怎麼樣。其實我們只要能夠虛靜明照，也會有靈感的，你的明就可以看到你自己的未來。因為我們有太多的期許：希望有奇蹟，有突變；所以給自己很大的壓力，然後到最後又痛失所望。我無執著，不患得患失，因為我本來就是這個樣子，這叫常。我自在自得，所以我的人生就不會暴起暴落，不會跌停板；我不讓自己跌停，也就沒有漲停。平凡如昔，但是也美好如昔，真實如昔，人最好走這條路。

照現是「生」，妄作則凶

底下說：「不知常，妄作，凶。」人不知常，就會妄作；就像我剛說的，你有一個超乎常情的期許，就會妄作，違反自然，背離自然。本來是沒有的，是虛妄的，硬要去造作出來就叫妄作。不知常就是心不明，心不虛，心不靜，那你就沒有明照的能力。不知常就會人為造作，人為造作就是妄作。本來不是我們可以有的，在儒家講是本分，在本分之外，就不應該去作。而道家認為：本來是自然，但是你硬是「吹皺一池春水」，去造出什麼權力圈，什麼名利場，然後就在那個地方追逐；但名利是空的，是虛妄的，硬要去追逐就叫妄作。「妄作，凶」，凶就是人生的不幸，人生的困苦，流落天涯，而在相互牽引中同歸沉落。

知常是明，不知常就妄作，凶。所以底下又講：「知常容，容乃公，公乃全。」本來原文是「公乃王」，但歷代有的版本是「王」，有的版本是「生」。根據考證是那個「全」字掉了，掉了一邊變成生，掉了另外一邊又變成王，剛好有一個文字逐步脫落的軌跡留下來，這在考據上很有意思；而且全跟天押韻，王跟天則無押韻。知常的人就明，明就是虛靜，虛就會大；而執著就會狹隘，因為執著就會用你執著的去對抗，不符合我所執著的條件的人，你就會不要他。現在我虛了，就無條件，既是無條件，是誰都可以進來了。所以知常是能包容的。虛靜一方面可以觀照人間的美好，去掉人間的煩惱；再來就是它可以有包容的能力。就像我不執著學生的成績要有多好，每一個學生就都在我的心裡面，都可以進來了。

「知常容，容乃公」，知常能夠包容，也就可以公平；「公乃全」，全就是可以普遍，可以周全，不會狹隘，不會只是特別喜歡那一個。又包容，又公平，又周遍，就是天了，所以「全乃天」。天是無不遮覆的，老天從來沒有選擇只是照哪些人，遮覆哪些人；既然天無不遮覆，就是「天乃道」了。知常就可以包容，包容就可以公平，公平就可以周遍，周遍就可以像天道一樣無不遮覆，沒有狹隘。「道乃久」，我們的虛靜心就會等同天道，像天道一樣的長久。

什麼叫長久？人生還不是百年嗎？總不能像天道千萬年這樣活吧！所以道家的長久不是從數量講，後來道教誤解老莊的意思，以為老莊是要長生不老。其實所謂的長久就是沒有人間的短暫；人間很多是短暫的，譬如股票市場，昨天漲停板，會帶來成就的喜悅；不到一天又跌到谷底，這叫無常，這叫短暫。人間的短暫是來自情意理想的挫折，且欠缺保證。而道家講的長久是從天道自然，從人生的自在自得來講的。自在自得就是沒有突變，不會漲跌不定，不會暴起暴落，所以我們就覺得人生的每一當下都是恆常又是長久。

跟天道一樣長久

底下又說：「沒身不殆。」沒身不殆就是終其身不危殆，不會有自己的地位、身分、美好隨時會跌落的那個危機。危殆是來自於動變感、不安感，漲落不定的就會危殆。自在自得的人不會危殆，他在他得的人才有危機。他在他得叫他然，自在自得叫自然。道家講自然是這個意思，不是指自然界。自然是在我們心裡面的，不在山水田園；山水田園只是象徵，因為在那個地方比較能夠好好的過活。所以自然是對他然說的，外在的條件讓我如此，外面的社會讓我如此，叫他然。我講「緣與命」的緣就有這個意思，佛家叫「緣起性空」，本來是空的，但是我們經常把它當真的；本來是假的，也把它當作是真的。這樣做遊戲是可以的，抱著藝術的心情、觀賞的心情也可以；認真就恐怕不太好了。但是感情可以這樣嗎？所以我才說緣分，男女本來是緣，但緣分不只是緣，緣裡面還得有情分，這就從男女到婚姻了。事實上你要完全靠機會、靠緣，那就是他然，靠不住的。顯然光講緣是定不住的，所以佛家說「緣起性空」，緣是空的。中國人卻說緣不會空，因為緣有分；用分來定住緣，分就是儒家的愛心，婚姻的約定。

而道家卻說：我們不要落在他然，我們要在上面的自然，我自已如此，我自在，我自得；不是他人讓我在，他人讓我得。他然就是投靠，自然則是獨立自主；投靠別人就要看別人的臉色，今天是否在，是否得？人生最艱難的問題就是每天都要海誓山盟，要他做出保證，這叫每天茫茫天涯路。每天茫茫天涯路，望盡天涯路，就是因為你是他然。所以為什麼儒家道家都會往這條路上走，就是希望人生定住，希望它長久，而不要在浮動中，在奔波中，在流浪中，在漂泊中。所以孔子說：「顛沛必於是，造次必於是。」顛沛造次就是顛沛流離。顛沛流離也等於沒有流離——如果你心裡有數的話。你的仁心知道你在作什麼，儘管面對人生的變局，對你也等於沒有變局。因為你恆恆如常，你還是你，仁當家做主，顛沛流離就等於沒有了。

無心自然，沒有弱點

第二十七章說：「善行無轍迹，善言無瑕讁，善數不用籌策。」會走路的人是不會留下痕跡的；但這不是說練輕功，能踏雪無痕或水上飄。會講話的人是不會有毛病讓人家指責的，瑕是斑點，就是有語病；讁則是責難。剛開始中國人占卜是用蓍草去算的，後來把單數變成陽爻，雙數變成陰爻，於是變成《易經》的陽爻陰爻，卜卦用的蓍草就是籌策。所以會算的人是不用籌策來算來計數的。這三句話的「善」，在道家是指自然無為。儒家是要有心有為，愛心救人叫善；道家則認為無心無為，自然無為才叫善。所以這裡是無心的行，無心的言，無心的數。因為無心就不會在心裡面留下一些刻痕，就不會在心裡面執著，不執著就不會有錯失。我們會有錯失，是因為我們想要什麼才出錯的。我們不抱很多的期許，沒有很大的想望，那種自毀的悔恨、懊惱就不會常常出現。無心就不用籌策，事實上它是無心的行，無心的言，無心的計，無心的算；無心，所以不會留下痕跡，不會有過錯，也不會形成壓力。

吳澄的注解說：「以不行為行，以不言為言，以不計為計。」所以善行就是不行，善言就是不言，善計就是不計。但這不行、不言、不計易生混淆，所以我用無心的行，無心的言，無心的數。因為無心，所以在心裡面不會留下來，留下來就變成執著了。執著就變成壓力，有壓力就會患得患失。

不可開不可解，無須開也無須解

底下又說：「善閉無關楗而不可開，善結無繩約而不可解。」善閉是不可開的，為什麼呢？因為它根本沒有關。譬如每天把大門窗戶都打開，唱空城計，小偷就是闖進去了，也等於沒有開，因為我根本就沒有關嘛。這樣的想法不要把它當作是阿Q，因為對我來說我不必關。關楗就是拒門木，老式的房門是兩片門板關起來，用一根木頭橫梗在後面就推不開了，那個叫關楗；沒有關楗就是不關了。善閉是不關的，不關所以不可開，不可開就是不必開。善結是無繩約，等於沒有結，所以當然解不開，因為不必解了嘛。無繩約就是說善於做結的人是不用繩索，不用約束，所以沒有人可以解開他的結。事實上他就是不結，因為不用繩索、約束，豈不是沒有結嗎？沒有結，誰能夠解開那個結？所以我說：我們沒有防衛，就是防線永遠不可能被突破。我天真，就沒有人可以用話來刺傷我；因為我天真，就是一面鏡子，誰能夠傷害鏡子呢？他把一切的傷害還給你自己，這叫觀復，叫反照。所以我說我們的鏡子是有保護自己的能力，不會讓醜陋闖進來的。對兒童來說，沒有人可以傷害他們，人間一切詭詐、陰險，進不了他的心中；他所看到的如同鏡子反照，完全還給成人的世界。

前面提過，以正治國才會引起以奇用兵，你一放開就大家無事，無事就天下太平了，這就是「以無事取天下」。所以這裡告訴我們，「善行無轍迹，善言無瑕讁，善數不用籌策」是：他不行、不言、不數，他不關，他不結，所以你就不可開，不可解了。但是在我的了解，最好的意思是無心；我無心就沒有得，也沒有失。失是從得來的，現在沒有得也沒有失，沒有生也就沒有死。所以死生問題、是非問題、得失問題，就在人間隱退。沒有死的問題，不是人生長久了嗎？沒有得失的問題，人生就不會短暫了。道家從這邊說：人家可以把我們打敗，是因為知道我們想要的東西，這就形成我們的弱點，於是他通過這個弱點把我們打敗。現在我不想要什麼，就沒有人可以打敗我。這叫不可開，不可解。

以每一個人本有的善救他自己

底下說：「聖人常善救人，故無棄人；常善救物，故無棄物。」聖人要救人，要生人，他以常善來救人，所以沒有棄人。常善就是本有的善，聖人以他本來的善去救人，這個世界才沒有人被拋棄。試想：我們能救多少人？用某一個方法，某一個標準去救人，永遠只是救出那個方法、那個標準下適用的人，對其他的人就救不了。而且不只如此，採取了這樣的標準，就會造成和此標準相反的人的失落；這叫「知善之為善，斯不善已」。說他是善，就得罪更多的人。所以道家的方式是一起救，宗教家一個一個救，能救多少？老莊是要通過每一個人的自己，去救他自己，不是把對方救到我這邊來，不是要求對方達到我的標準才叫救他。把標準定在自身，會製造許多天涯淪落人。所以用他本有的善去救他，才能夠沒有人被拋棄，沒有物被拋棄。

事實上，就是回到他本來的善，叫「常善救人，常善救物」，不是去把他救到我們這個地方來。因為把對方救到自己的地方來，已經是否定他了，等於說：你那邊是不行的，你是不好的，所以我把你救到我這邊來。在老子的反省，這樣已經是傷害他在先了；而且這樣的一個一個去救，能夠救多少人呢？老子的智慧是要一起救，而且是大家自己救。宗教一定要講救人的，我說哲學要解釋兩個問題：第一個是生，第二個是主。誰生我們的？所以講「生而不有」；其次是人生的主宰在哪裡？所以講「長而不宰」。不管是生還是主，都是為，所以講「為而不恃」。講哲學一定要講到我們「生」的力量在哪裡？人生是誰來做「主」？不管是去生他，或是做他的主宰，都是救他。所以我們都會有救人的行動。救人的行動第一個是讓他有生的力量，第二個就是不要讓他茫茫無主。那麼事實上在道家或在儒家來說，我們每一個人與生俱來都有他的真、他的德；在儒家叫性善，道家叫本真。常善就是每一個人都有的本來的善。我們就他本來的善來救他，那天下就沒有人需要被救了。

魚在江湖中相忘，人在道術中相忘

每一個人走他自己的路，那又何必救來救去呢？這是莊子說的：「魚相忘於江湖，人相忘於道術。」魚在水中，何必救來救去？在水裡面，每一條魚都擁有自己的世界，所以彼此可以相忘；我忘了你，你忘了我；我不必救你，你也不必救我；「穿池而養給」，在水中穿來穿去，自然養分就很充足。所以「常善救人，故無棄人」，就是要我們好像魚在江湖中，千萬不要想翻到岸上，以證明自己了不起，能上岸開創自己的世界；結果翻到岸上就變成兩條魚乾，並排躺在那裡，互看對方真是可憐！然後這個吐一點口水給他，另一個分一點水氣給他；即「相呴以溼，相濡以沫」（《莊子・大宗師》）。雙方口對口，給對方水分，但總是難以逃離變成魚乾的命運。在道家的反省，人救來救去，就好像兩條可憐的魚乾互相吹水泡，然後說：我給你水分，你給我潤澤。其實只要回到自然就好了，回到江湖裡面，就誰也不要救誰了。在水中穿來穿去，每一個人的養分就可以自給自足，活得很好了；這叫「無棄人，無棄物」。

《莊子・大宗師》說：「魚相造乎水，人相造乎道。相造乎水者，穿池而養給；相造乎道者，無事而生定。故曰：魚相忘乎江湖，人相忘乎道術。」生定是生命自定、人生自在的意思。老子的常善救人、常善救物，用今天的話來說就是不用救；甚至在道家的想法——人生的問題可能就出在很多人想救人。本來他活得好好的，你卻跟他說：你那裡是落後地區，突然間他覺得自己好可憐，落腳落後地區。於是每一個人都擠到大都會地區來，只是大都會區沒有江湖，也沒有道術，因為大家都離開自己的家了。所以到大城市來，你救我，我救你，互相吹水泡；但還是寂寞，還是荒涼，因為沒有鄉土的情感。他只是來這邊打天下，來這邊工作。所以「常善救人，故無棄人；常善救物，故無棄物」，是以他本來的善救他自己。老子特別加一個常，代表他的善是跟儒家不同的，他的善是永不變壞的善。儒家的善，跟別人一比，就會發覺自己好像比別人差一點，所以自己的善就動搖。本來工作得很好，但是看看別人，好像他比我好，突然間自己的善動搖了，就不能生定，於是羨慕別人，總覺得自己不太行，所以那個善是靠不住的。而老子說他的善是永不動搖的，叫常善。常善只有自然的善才可能，人為造作的善都在動搖中。所以老子要以他本來的那個善來救他。

虛靜觀照照現每一個人

底下說：「是謂襲明」，襲就是因、順任的意思，我們通過我們的虛靜心去照他，去看他，這樣鏡子就可以照出他本來的常善；因為在鏡子面前，每一個人都會顯現他本來的個性和精采。如果我們通過考試來看，那每一個學生都不一樣，每一次考完排名就不一樣了。我兒子理化考了五十七分，拿回來呈現在我的眼前，我都不敢表現出一點失望的神色，趕緊說：一定是考試題目太難。兒子說：不是，有人考九十七。那麼誠實的孩子，騙騙爸爸也可以，他偏偏說有人考九十七，存心讓我黯然神傷。我再說：是，那個九十七的大概在老師那邊補習，考試的題目剛好跟他補習的內容一樣。你看看，想像力這麼好，為的就是不讓孩子的常善失落，不要覺得考這種分數，好像就變成天下第三等人。所以我就要「襲明」，用鏡子來看他。

但會不會我們天真，在這個社會反而被人家騙了？實則我們天真，人家想騙我們都沒有意義。我都把一切當成真的，你騙我有什麼意義呢？你自己知道那個是假的，而我那麼當真。就像你逗孩子玩，孩子好快樂，但你一下就累了，因為你是逗人家玩的，並不是真的快樂呀！他是真的享有你逗他的那種喜悅，那種美好，滿心真實；而你是逗人家的，你就會累死。我所說的天真不是幼稚，是天生的真實。或許有人會懷疑：我們天真，會不會被人家逗得團團轉？其實哪一個人轉是很難說的，也許是他轉，不是我轉。莊子說：只要你生命真實，你就像圓周裡面的圓心一樣，別人轉，你不轉。這叫「道樞」，又叫「得其環中，以應無窮」。圓心叫圜中，圓環的中心，又叫道的樞鈕。站在那個地方，大家團團轉，你不轉；你站在中心來回應流轉動變的人間萬象。我想天真就是這個意思吧，我們不要把它解釋成幼稚；那是很高明的智慧，只是我們用天真來說就是了。所以襲明就是順任我的虛靜心來照他，一照就照到他的常善，然後我們就以他的常善來救他，這在孔子叫「因材施教」；孩子喜歡音樂，就給他音樂；喜歡繪畫，就帶他走繪畫的路；這是「因材施教」，也是「常善救人」。

師生相互照看，老師不高貴自身，不以學生為資藉

底下說：「善人者，不善人之師；不善人者，善人之資。」善人是不善人的老師，不善人是善人的資藉。善人在那個地方，不善人看到他就像看到一面鏡子一樣，可以看到自己；而不善人是善人去反照的對象。這裡善並不代表優越，自以為可以做別人的老師，而把當老師當作一種優越感。當老師只是人生過程中的一個關連而已，在那樣的處境，那樣的場合，是有老師跟學生之分；但那只是一個特殊的場合跟處境，人跟人之間都是平等的。教書本來就不是一種優越，因為我們也是別人教出來的；然後我們再把自己的體驗、心得教給學生。在善人與不善人之間，善人是不善人的老師，意思是不善人會從善人的身上看到自己，也許是比較荒涼的自己，比較落寞的自己，但並不是善人站出來批判他，只是不善人從善人身上看到了自己而已；而不善人又是善人用鏡子去反照的對象。所以接著說：「不貴其師，不愛

其資。」

最重要的就在這個地方：不要以師為貴，就是沒有優越感；不愛其資，因為他是我的資藉，萬一他不當我的學生，那我教誰呢？所以我們會不自覺的喜歡孩子不長大，學生永遠依靠我們；這樣我才能永遠當父母、當老師，才能夠永不寂寞。所以「不愛其資」，就是不想抓住學生；襲明就是你無心、我也無心，我們互相對看；但是師不貴而資不愛，我發現有神父特別喜歡不大好的學生，像性格比較軟弱，有時候會表現生命幽暗的學生，好像很得到神父的喜愛。我就想是否神父總是要救人，所以他發現那個他可以救的人，就會特別喜愛；而不需要他救就可以活得很好的人，他就有一點自然的反應，不會特別去關注他們。我覺得連愛人都會陷溺，我們會陷在愛別人的幻夢裡；當對方那麼好，那麼堅強時，我們突然覺得自己的愛有了挫折。道家這方面真的反省深微，我們不一定如此，但是有時候也要往這個地方去反省。他是你的資藉，是你反照的對象，但你不應該愛其資，因為你可能就是喜歡他的軟弱、他的幽暗，以致永遠需要你的陽光，你的熱力和光照，來顯現你的價值。這樣你會不自覺的喜歡對方永遠長不大，永遠依賴你。所以老子說：「不貴其師，不愛其資。」這個貴和愛就是前面說的知善知美的「知」，尚賢、貴難得之貨的「尚」和「貴」，不見可欲的「可」，也就是我們心中的執著。要自然的互動，自然的對看、反照，但是不要執著。不要執著自己的優越，不要執著對方的軟弱。

底下的「雖智大迷」，應該說：否則雖智亦大迷。你迷失在你的高度智慧和能力裡，因為有能力才可以當別人的老師，才可以救別人。但儘管你很有能力，很高明，你還是大迷惑；因為迷惑在你的貴和愛。最後說：「是謂要妙」，要妙是至要不煩的妙道——只要回到自然，就不必花很大力氣，事少而功多。因為常善救人，常善救物；而無棄人，無棄物。那麼我照你，你照我，彼此觀照，相忘於江湖，相忘於道術；沒有人認為當老師是高貴的，也沒有人去執著自己的學生，否則雖有智亦大迷。儘管你有那個愛人的能力，愛人的心，但是你會迷執自己這樣的愛，自己這樣的高貴。如果能夠不貴不愛，就叫至要不煩的妙道。

老子道，就是自然的道，取消人為造作，以虛靜心觀照天下，那每一個人就可以回歸他自己的真實，也就等於以他自己的常善救他自己了，道是老子的大智慧，這樣的救，是無棄人無棄物，沒有人被遺忘，沒有物被拋棄，堪稱救人有道了。

之五

嬰兒永不受人為的傷害

人生的困苦，由心知執著加上人為造作而來，
致虛就不執著，守靜就不造作，
既不被困住，又不必受苦，
生命就此從天涯流落中回歸他自己的真實，
此天真一如嬰兒，就可遠離人為的傷害了。

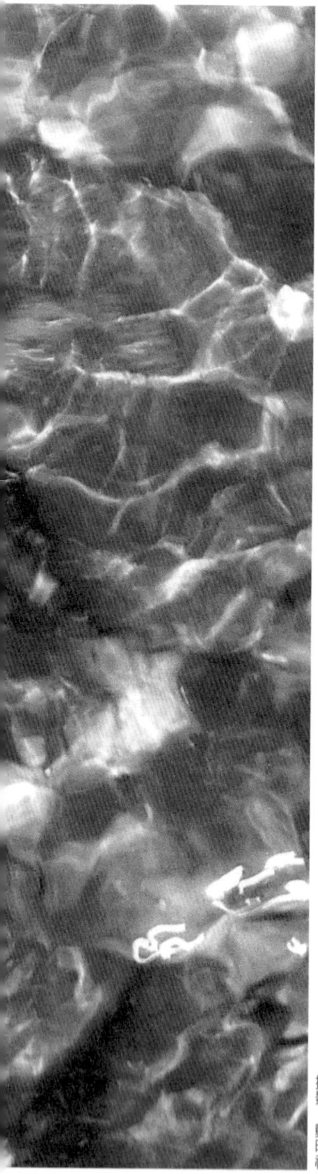

攝影：鄭明禮

天真本德在流失中

《老子》第五十五章說：「含德之厚，比於赤子，蜂蠆虺蛇不螫，猛獸不據，攫鳥不搏。」他說我們要讓自己的生命深厚，像去讀宗教、哲學、文學、藝術……這些書會讓自己的生命深厚起來。道家是用人生的某一個階段來做為象徵，說我們生命要很深厚，深厚到像一個孩童（赤子）一樣；赤子就是嬰兒，因為嬰兒生命的深厚還沒有任何的流失、散落。依道家的省思：人的真實都在人生過程中逐步的流失和散落。

以好萊塢的一部功夫影集為例，兩個少林小和尚下山去買米，結果都只剩一條短褲回來，因為強盜假裝病痛搶了他們。他們奉師父之命下山買米，看到有人躺在路旁叫肚子痛，就趕快救他，這一救就變成兩條短褲回少林了。老和尚也不責罵，只問他們感受如何？一個小和尚說：以後再也不相信人了，我救他，他竟然搶劫我。另外一個小和尚說：以後我要先觀察人，可以相信的才相信，不能相信的就存疑觀察。於是老和尚就把那個說永遠不相信人的小和尚送回家了，說他實在沒有慧根，只因為人生某一次的遭遇就對整個人性失去信念，這樣怎麼能夠活下去，怎麼能夠普渡眾生？這個影集最後拋出來的問題就在：人的天真是否一去不復返？一個強盜就這樣傷害了一個小和尚一生對人性的信念，這叫天真一去不復返，就像我們在成長的過程中逐步的剝落、流失、散開，本德漸漸在消失。所以在經歷了人世間的滄桑之後，性情變得很涼薄，對人生的說法都很負面，常說人生不過如此而已，不過互相利用罷了。我聽到太多人講這些很荒涼的話，好像生命沒有什麼靈動，人際關係沒有什麼溫暖，人間沒有什麼價值；這就是「德」逐步的剝落，天真在消失中。

所以我們含德的深厚要像童真一般，但這只是個象徵，「復歸於嬰兒」，不是真的像嬰兒，只是像嬰兒一樣的天真，一樣的真實，這叫「含德之厚，比於赤子」。赤子是蜂蠆虺蛇不螫——昆蟲毒蛇不會咬他；猛獸不據——猛獸不會傷害他（「據」是兩虎相抗的姿態）；攫鳥不搏——鷹鳥不會凌空下擊來抓取他。如果你的生命像嬰兒一般，所有的昆蟲爬蟲野獸飛禽都不會來傷害你的；這個當然也是象徵的話，它的意思是說：嬰兒永不受人為的傷害，天真是不受傷害的。所以我有一個感受：最好的防衛是沒有防衛，我不設防，別人怎麼傷害我呢？這樣的進攻是沒有意義的。太強才會引來抗爭；太聰明才會引來惡作劇。若每一次都上當，那跟你開玩笑有什麼意義？不管真假，你都當真，對方就沒興趣玩了，所以最好的防衛是沒有防衛！

嬰兒無心不受人為傷害

但是這幾句話不能當作一個現象經驗來處理，而要把它當成是一個精神的修養、人生的純真來解釋。《老子》這裡說的那些蜂蠆虺蛇猛獸攫鳥都是指人間的陰謀詭詐，人我之間互相對抗傷害的手段。一個人生命如果夠深厚，別人都不能打擊我們。只要我們很真實，我們不會受到傷害的；不管怎麼樣，我都真實。你怎麼樣對我說，套我的話，猜疑我、觀測我，我都很誠懇、誠實的回應你。人間最容易講的話就是真實的話了，因為我們不必隱藏，不必掩蓋，不管是誰，我都是這樣子，因為我是真的。對方老唱獨腳戲，就唱不下去了。所以人生沒那麼複雜，又何必去算命？事實上，相命是從面相神情算命，要看你的人是否還有柔軟度，還有靈動、純真；因為這樣的人生命比較深厚、比較長久。我們把算命的那些道理還歸到精神層面來解釋，也有道理。所以嬰兒「骨弱筋柔而握固」，孩童跌倒沒有事情，但一般大人或許就經不起。

不知男不知女不缺另一半

底下說：「未知牝牡之合而全作」，這句話有些注解和道教的書把它當作男女之間的修鍊來講，那是不對的。這句話是說，嬰兒不知道男，也不知道女，他沒有分別，所以也不用求合。所謂青春期就是人往男人的或女人的路上前進，讓自己成為真正的男人或真正的女人了，就會發現另外一邊自己沒有，這就是人生軟弱的開始。嬰兒是兩邊都有，所以全作——生命全幅的展現。對嬰兒對孩童來說，他是沒有缺憾的，他沒有缺少什麼的問題，他不會覺得自己是否不夠溫柔或不夠陽剛，也不會覺得自己不太像女生或太女性化，他沒有這個問題，這叫「未知牝牡之合」。牝牡是男女，他無須證明自己是男人或是女人，他根本就沒有男女之分，也不必求合。我們講追求另一半是有道理的，因為我們都缺少了另一半。我們想要求全，但對嬰兒來說，他未知牝牡之合，所以生命本身就是全幅的展現，此謂「精之至也」，精就是生命的精純。

第二十一章說到：「孔德之容，惟道是從。」孔德是指大德的人，容當「搈」講，是指生命的動向；大德之人的生命動向總是遵從道的，也就是人生的方向往天道那邊走。而「道之為物，惟恍惟惚」，道是無形的，所以用恍惚來解釋，因為你看不到它。但「惚兮恍兮，其中有象；恍兮惚兮，其中有物」，儘管它是恍惚的，但是有象有物。又說：「窈兮冥兮」，窈冥是深遠而不可知，但「其中有精」，精也是看不到的，然而「其精甚真」，怎麼確定它真的呢？因為「其中有信」。現在我們把信和物合在一起，叫信物，信物是精象的表象，精象就是天生的本真，天真之德無法拿出來給人看，但是它是真的。所以信和物位階等同，精和象也是位階等同，精象與信物本來是由「道」而來，天道內在而成精象，這叫德，像「孔德之容」的德，和「含德之厚」的德，都是指精象說的。所以一個孩子不流落在人間的對抗過程中，就可以保全他生命的精象，也就是天真、常善、常德，所以說「精之至也」。生命最精純的時候，就跟天道是一體的，這叫天真，你的真就是天，我們最真的時候就是天的表現。當我開始去猜測、去算計、去武裝、去裝扮，這個時候就不是天真，而是流入人為了。

生命由真實而走向和諧

底下說：「終日號而不嗄，和之至也。」精是指生命本身的精純，像一個赤子一樣，不知男女，但是他的生命是完整的；他還沒有分別，所以也就沒有缺憾。他每天都號哭，聲音卻不啞，因為他的哭就好像太陽升起落下一樣，是大自然的律動和脈搏，所以哭整天聲音都不啞。大人哭個十分鐘就覺得很傷神了，因為我們哭是傷心，嬰兒並不傷心，他自然啊！他越哭越起勁，哭得理直氣壯；而我們一哭就是莫大的傷感悲痛，所以他是「和之至也」，就是他的哭也是跟自然結合在一起的，因此和諧。在人際關係的和諧裡，我們不太會累的，有幾個相知的朋友，沒有距離，說什麼對方都了解，非常融洽，一點都不累。但是和諧的前面應該是真實，真實才和諧的；真實的和諧才是真的和諧，虛偽的和諧是假的。所以先講「精之至也」，再講「和之至也」。嬰兒本身是真的，他跟別人都有真實的感應，所以是「和之至也」。

《老子》講「精之至，和之至」，在《中庸》則講「中」跟「和」——「喜怒哀樂之未發謂之中，發而皆中節謂之和。」《中庸》是儒家的經典，但是它在精神上和《老子》顯然有可以相通的地方。人最真實的狀態就是「喜怒哀樂之未發」，喜怒哀樂還沒有發動的時候就叫「中」；而在《老子》是說「精」就是不知男女，沒有分別，所以不必求合，整個生命是精純、整全的，所以「精之至也」。這個「精之至」相當於《中庸》講的「中」。儘管未發，但真性情總在身上，真性情一發動，而發出來皆中節，就是合乎人文禮節；喜怒哀樂還是可以顯發，但是要通過禮樂文化的管道來表現，這叫「和」。而《老子》講的是：一發出來的表現都是自然的，這叫「和之至也」，包括哭都是和諧的。現代醫學說嬰兒哭是運動，不是真哭，千萬不要一聽他哭就抱起來安撫，要讓他有哭的機會；我想有一點道理，那大概是屬於自然的躍動。

常道在整體的和諧

老子又告訴我們：「知和曰常」，這句話很重要，因為在第一章講：「道可道，非常道」，常是一個恆常的道，永恆不變的道。永恆不變的道在哪裡？這裡告訴我們：永恆不變的道在每一個人都真實，且由真實而走向和諧，這才是天地的常道。所以常道就是每一個人都有自己，而且人跟人間有一個感應，有一份交感，有一份會通，沒有距離，沒有猜測，沒有武裝，沒有傷痛，沒有虧欠，沒有委屈，這才是真正的天地常道。知和曰常，「常」在哪裡？在和。但我怎麼知常呢？「知常曰明」，知常要通過「明」，明就是虛靜明照，就是「致虛極，守靜篤」；用虛靜心來照，每一個人就可以回到自己了。每一個人有自己，就會產生整體和諧，這叫常。所以「知和曰常，知常曰明」。第三十三章也說：「自知者明」，這個「明」一方面可以照出自己的真實，一方面可以照出整體的和諧，這都是道家的核心價值。

底下說：「益生曰祥」，增益有為叫益生，生命本來是自然的，你希望增加一點什麼，好讓它豐富，讓它多采多姿，這就是增益；祥是反訓，就是不祥。故意要讓生命高貴，要讓它崇高美好，這個反而不好。所以過去有人會把孩子送給農家去養，因為擔心孩子命太高貴，恐怕保不住。或是把小孩的名字取得很鄉土，譬如取作牛糞，既是糞土，鬼神就不會猜忌，不會來搶人了；太美太好，會遭天忌。所以我們就用後天的姓名學來化解天生的高貴，這叫土，天生的高貴，叫金。

就拿緣與命來講。金水木火土不是相生相剋的嗎？金生水，水生木，木生火，火生土，土生金。金是高貴的，也很銳利，要是你是金，你怎麼辦？太高貴，大家都想要。如果是泥土，人家就不來搶了。所以為了要保住這個金，就要讓它土一點。知道自己的性格太尖銳、太鋒利的人，只有一個辦法——讓自己土一點。我常自覺的要讓自己土一點，因為我的性格比較接近金，講話厲害一點，所以最好不要講，要沉默，不能講太多。金容易發光，而且銳利，銳利是會有殺傷力的，或許講得對，但是太銳利就傷到人了。這個時候我們只有土生金，讓我原來的金埋在土裡面，這樣我原來的金才能保存。所有的金屬原都從礦山開發出來，我們現在把它藏回去，這叫收斂我們的光芒。為什麼名字要取得很鄉土，就是這個意思。所以「益生曰祥」就是試圖增益它，讓它高貴，結果反而是不祥的。

心不介入氣，物不求壯大

底下說：「心使氣曰強」，心介入氣，心鼓動氣（現在叫雄心壯志），這叫強。道家認為這樣不好，因為氣本來是自然的，心加進去就不自然了。那個強是逞強、好強，而好強就是我們最大的包袱；所以我常說：放開自己，就不用背負天下了。我們把天下攬在自己的身上，每天都很苦很累的，當你放開自己，就是「及吾無身，吾有何患？」沒有我自己，我就不用打天下了。不要自己，放開自己，就叫「專氣」——讓氣只是氣，讓優越感和英雄氣退出我的世界，我只是自然天地中一個平凡的人而已。我們無心自然、專氣就能柔和了。我們大人都把自己的心加進氣，所以原來的柔和度、軟實力在減弱中，變成剛強；為了要證明自己是強者，結果反而讓自己很脆弱。我們會脆弱就是因為好強有為，越好強的人越容易受傷，尤其是男生，所以男女平均壽命永遠差五年；差五年就是因為不夠柔軟所付出的代價。專氣是讓氣回歸氣，讓生命回歸和諧，所以心使氣是不好的。

底下說：「物壯則老」，物要求自己壯大就容易老。物就是氣，壯是壯大。物專氣就柔和，柔和就好；但你偏要氣壯，那要鼓動氣才會壯，這一來就容易老化了。「謂之不道」，就是違反了自然，自然從來不要求壯的，悖離天道自然，會加速走向衰老之境，所以說「不道早已」。自然為什麼不要求壯？因為自然是和諧的，和諧是最柔軟的。諸位看看，颱風不都是一兩天就過去了！暴風雨很快會消失，而世界終究還歸和諧。

第二十三章說：「希言自然」，希言是無言，無言就是自然，代表無心無為。底下說：「故飄風不終朝，驟雨不終日。」飄風是強風，就是颱大風；驟雨是強烈的雨。飄風颳不了一個早上，驟雨也下不了一整天。底下問：「孰為此者？」風雨是誰作出來的？天地呀！儘管是天地作出來的，「天地尚且不能久，而況於人乎！」天地之所為尚且不能長久，何況是人之所為呢？所以不要希望人的力量可以改變世界，天地都不能改變世界，何況是人！風雨是天地造出來的，但是很快就沒有了，它還是要回到它原來的風平浪靜，因為風平浪靜是柔和，柔和才是常道。狂風暴雨都不會長久，因此在人世間我們不要去追求某一個短暫的精采，只有平凡才是長久的。所以不一定要說「人定勝天」，那個說法恐怕今天的人都漸漸放棄了。像台北過度開發，失去生態平衡，基隆河就氾濫了，這是台灣快速發展所付出的代價，因為我們違反了自然的道，自然要給它時間來調整，但是我們只是在索取，在開發，結果它來不及調整，來不及再生，這一來我們就要付出很大的代價了。

第六十章說：「治大國若烹小鮮」，治理一個大的國家就好像烹小魚一樣，烹小魚最重要的一點就是不能炒！那個魚是要用蒸的，因為小魚一炒就沒有魚了。所以老子告訴我們：治理一個大的國家就好像去烹小魚一樣，烹小魚就是要無為的。這句充滿智慧的名言，老子將之做為平治天下的原則，意思是做大事不要表演得轟轟烈烈，最好是讓人家不知道。這句話違反了現代政治學的原理，今天政令宣導要事先溝通，讓大家都能夠有心理準備，覺得可以接受了，然後施政才有效果；這是一種推動改革的技巧。老子講的不止是溝通的技巧，而是執政、決策的智慧。事先的溝通，建立共識，那是必要的過程；這邊講的是決策的智慧，治理一個大的國度要好像烹小鮮一樣的自然無為。

天下有道，鬼神失去威力

底下說治國的三個歷程，這三段很精采，展現老子的高明智慧。第一個是「以道蒞天下，其鬼不神」；治大國若烹小鮮，是國事繁多而自然無為，但是要能自然無為，當然是有智慧的人才做得到，這就是「以道蒞天下」——以道來臨天下，以道來治天下。如果能順著自然來治天下，就「其鬼不神」——天下的牛鬼蛇神都沒有它的威力了！

一個時代，如果大家迷信鬼神，我覺得這個時代是有病痛的。一個沒有希望的時代，大家才去飆車和玩大家樂，我寫過一篇短文，解釋飆車、大家樂的心態，是對自己的未來沒有信心，飆車就是一切豁出去了，只要搶先；大家樂是大家碰運氣。有自信的人知道自己要什麼，怎麼樣才做得到，所以絕對不會做這些事。我分析大家樂、飆車背後的文化病痛，為什麼有人去玩大家樂？有人去飆車呢？是否對他們能給出一點同情？青少年飆車，市井小民大家樂，越需要錢的人越不懂得珍惜，越需要生命的人越不懂得保護自己，這是人生的悲劇。而這樣的論調卻被誤以為我是在支持飆車和大家樂，不求甚解至此！我們是在講人生問題，你以道蒞天下，自然無為，天下的牛鬼蛇神就不會有威力了。為什麼牛鬼蛇神都沒有威力？因為人心中沒有鬼，沒有弱點，就不用求牛鬼蛇神，牛鬼蛇神就闖不進我們的心，甚至傷害我們了！

所以底下說：「非其鬼不神，其神不傷人。」並不是鬼神沒有威力，鬼神就是有威力，也不能傷害人；靈異是在我們生命最弱的時候才出現的。為什麼生命會虛弱呢？會感到缺憾、會有空隙呢？「非其神不傷人，聖人亦不傷人。」這段話真的是很精采，又回到原來的地方了。也不是它的威力不能傷害人，而是根本上聖人是不傷害人。這是什麼意思？我們都受到聖人的傷害，因此要去求鬼神，去卜卦、問未來，希望得到靈異的支持，希望得到超人的力量；所以關鍵在「聖人不傷人」，聖人不傷人就是「以道蒞天下」。於是繞了一圈又回到開頭了。

所以不能以自然的道來治天下的聖人，是會傷害人的；前面講「常善救人」那一段時，說過救人有時候是會傷害人的，就是這個意思。道家為什麼講無心無為，根本的反省是：我們流落天涯，是因為我們是被逼走的；這個社會的價值標準、排行榜讓我們找不到立身之地，只好自我放逐。在人間流浪，又無力安頓自己，只好去求鬼神，去通過靈異的力量來支持自己。因為人有弱點，才要依靠鬼神呀！有了弱點，鬼神才能傷害人呀！所以根本在「聖人不傷人」。

內心真實無憾，沒有人可以打敗我們

所以如果我們這個人有缺憾，上帝也救不了我們的；如果我這個人沒有缺憾，圓滿無缺，外面任何牛鬼蛇神的怪異力量都不能把我打垮了，這叫「以道蒞天下」，這叫「聖人亦不傷人」。本來孩子可以過得很好的，他本來天真，本來美好，那什麼時候開始活不好呢？因為每份考卷都不及格。他突然間覺得自己是沒有前途的小孩，對不起父母，對不起老師，好像是要被社會淘汰的人，這個時候他就開始走向牛鬼蛇神的道路了！所以這是不是我們在愛我們的學生、兒女的過程中，先傷害了他們？「聖人亦不傷人」，老師亦不傷人，父母亦不傷人，這樣我們叫「以道蒞天下」，如此外面的黑社會、一切怪異的現象，對他們都沒有吸引力了；因為他的家那麼好，他的老師那麼好，他為什麼要去參加那些不好的活動？所以人生最重要的就是：讓我們的生命圓滿無缺。圓滿不是很高的成就，只是問心無愧而已，自然坦蕩而已，做真人講真話就是了！這也就是我們講的「嬰兒永不受人為的傷害」，嬰兒是一個象徵，一個生命人格精神的象徵，事實上就是一個有修養的人，沒有缺憾的人，這樣的人就永遠不受傷害。

所以底下說：「夫兩不相傷」，兩不相傷就是鬼神不來傷，聖人也不傷。聖人傷了人以後，鬼神才有機會的；聖人跟鬼神都不來傷害，「故德交歸焉」，這樣每一個人因聖人跟鬼神失落的德，就可以回歸自己的身上了。因為我們不需要投靠聖人和祈求鬼神，就可以擁有一切的美好！兩邊都不傷害我們：正道的聖人不傷害我們，邪道或黑道的人也不傷害我們，每一個人就能活出自己了，這叫「德交歸」。本來我們的德會被他們拉走的，生命的天真，本來的美好，會因為聖人的責求、鬼神的靈異，擾亂我們的心。所以只有一個辦法：我們只是表達敬意，表達真誠，我們拜孔子、拜關公，都不要求保佑，只是敬重他是一位聖賢，一條好漢，但願跟他一樣，走他的路；這樣才是宗教信仰的真義。所以我說：我們向上帝祈禱，或拜菩薩，只有一句話：請保佑人間的好人。千萬不要把自己說得很多，只要保佑我就好。我想我們總是應該為天下每一個好人求好報，這樣才是「德交歸焉」，不然，不論你走正道或走邪道，都會傷害別人，更傷害自己。

柔弱是生命力的自我隱藏，而堅強引來抗爭

第七十六章說：「人之生也柔弱」，人剛出生時是很柔弱，人在活著的時候也是很柔弱的。「其死也堅強」，但等到我們死的時候就很堅強了，老子是反諷，故意這樣說的。所以柔弱才是一個生命的狀態，堅強則是走向僵化；僵化就是不能迴旋，不能靈活，這樣就是死的狀態，所以說：「其死也堅強」。接著說：「萬物草木之生也柔脆，其死也枯槁」，草木死

的時候是乾枯的，但它活著的時候很柔軟。通過人的生命現象和自然現象的考察，老子得到一個結論：「故堅強者，死之徒；柔弱者，生之徒。」生之徒、死之徒是指生那一類的人、死那一類的人。越柔軟的人，他生命的活力越強；因為柔軟的人承受力比較強，生命具強度、韌度。就像颱風來了，一定是樹幹或電線桿斷掉，很少小草斷掉的，因為小草柔軟，它隨風搖擺，它還是它；而電線桿要挺立自己，對抗強風，結果就斷折了。

底下說：「是以兵強則不勝，木強則兵。」只靠軍事武力強大是很難獲得勝利的，我們以前在大陸不也是軍事潰敗，那時中共還是以弱者的姿態出現的。所以這個地方有「哀兵必勝」的意思。「木強則兵」是說樹木一強就會被砍伐，兵是砍伐的意思；因為可以當棟梁，可以當木材，才被砍伐。底下說：「強大處下」，就像樹根樹幹比較強大，所以它處於下；而「柔弱處上」，那樹枝很柔弱，但是它永遠在上面隨風搖擺。老子是說：人生，改變一下態度吧！不要那麼自信，那麼勇往直前，那麼想扮演強者的角色；我們是否應該要柔軟一些，反而強韌一些呢？

不光適應，還要提升

今天心理學講「適應能力」，其實適應能力不光是技巧的問題，也是生命有沒有柔軟度的問題。心理學告訴我們要溝通，問題也不在溝通的技巧，而是有沒有開放的心靈。其實天下最無聊的話就是情人之間的對話，你注意聽，都是沒有意義的話；但是他們兩個人都覺得很好，為什麼？因為他們用形而上來感受，馬上就被提升，那些最世俗的話，他們聽起來都是天籟。為什麼？因為戀愛的人都是天上的人，所以他把人間的庸俗完全化為天上的美好。不是他們的對話好，是天上好。但是結婚以後又從天上回到人間了，才覺得那個人怎麼言語無味？當初為什麼聽起來那麼好？這就是當初和現在的重大轉換。所以我們知道溝通還是要有值得溝通的內涵，就像要有兩個天上的人，才會有人間。心都沒有，還有什麼人間？人的本身都立不住，人跟人之間有什麼意義？講適應社會，如果你生命沒有柔軟度、沒有包容力的話，怎麼可能適應？

所以儒家讓我們的人生有價值，每一個人有價值，然後人跟人之間才能顯發人際關係的價值。而道家讓我們有柔軟度，有包容力，然後我們才能夠承受人間一切的苦難。我們要柔軟，只因為我們要承受更多。

之六 不為死亡留下餘地

生死的關卡，對人生來說是最後的大關。

因為人際關係講的親疏利害，

與人間街頭的成敗得失，都只是一時的，

可以平反，可以敗部復活，

而死生卻是不可重來的，且無可補救的。

死亡是黑洞，宗教解答生死的奧祕

但是我們現在要講的問題不止於利害關係，利之最大是生，害之最大是死，所以一個國家的法律是否要廢除死刑，是很重要的一個決定。有些地方已經廢除死刑了，但是廢除了死刑，一些亡命之徒怎麼樣規範他呢？所以生死的觀念已經不是停留在利害了，它變成在或不在的問題，有或沒有的問題了。我這個人是否繼續存在於世界上？是否世界還有我這個人？因為人死了就沒有了，從擁有一切到沒有一切，這是很重大的轉變，很強烈的衝擊。在中國來說，像儒家、道家這麼重要的思想，也只能夠化解生與死之間的困苦；而歷史永遠只是解釋人生從生到死的流變，和人類文化的累積進程。但是生之前如何？死之後如何？沒有人知道，那個就像黑洞一樣，無限的幽遠。

我從什麼地方來？我到什麼地方去？這要問到究竟，如果這個答案找不到，我們是不會安心的。從這個地方來看，中國的主流思想，像儒家、道家都不能夠解答這一方面的問題，因此就比較難以產生宗教的功能了。所以儒家、道家要說是宗教，最多也只是「人文宗教」——通過我們的人文，我們的心靈，我們對生命理想的一種追尋，找到一個情意、生命的安頓；它們也可以像一般宗教一樣有宗有教，但就是不能解答生前死後的問題。宗是宗主天上，教是教化人間；假如儒家是宗教的話，我們就要講祭祀、祖宗牌位等一些問題，但這還是在一個人文的領域；所以我們不願意停留在道家，要往道教那邊講。因為道教才能夠講長生不老，而能夠長生不老，那就把生之前、死之後的問題都取消了。因為我這個人永遠在，永遠有，所以講道家就一定會講到道教，一定會講鍊丹、符籙、打坐、練功夫，就是希望能找到長生不老之方，來解決人面對死亡那樣的一個不安定感，甚至是一種幻滅感，於是道家就往道教的路上走。

那儒家呢？他們講祭祀、祭祖、祭天，希望能夠透過這些找到一個生命的安頓。所以生之前、死之後的事，我覺得它是屬於宗教的領域。生之前，我從哪裡來？死之後，我回到哪裡去？佛教講三世的因果，基督教則是講天國；人死了到哪裡去？到天國呀！人死了還有什麼？還有西方的淨土呀！當然有些話是象徵的語言。我說是象徵的語言，自然是站在中國人的人文宗教立場說的；我想就一個宗教信徒來說，他們是真的認為有天國、有淨土的。我覺得這真是一個大問題，如果我們的生命強度夠的話，不會覺得是一個問題，但是當我們的生命強度在減退的時候，就不一樣了！

像我的媽媽，我想就開始有這問題，在她的人生行程中沒有深層宗教的體驗，也沒有那個機會去碰觸基督或佛的信仰，她只是一個人，不管一生命好或命不好，反正現在已年老力衰了。她眼前看到的是她的孩子跟孫子，當然內心也有一份充實之感，但顯然孩子有孩子的世界，孫子有孫子的世界。我家兄弟姐妹共九個，這個家族人丁顯然很興旺；但是生病的時候她還是一個人，在病痛、恐懼的時候，在承受壓力的時候，還是沒有人可以取代的，親人再多，也只能夠陪伴在身邊，但是沒辦法分擔來自她個人的那種恐慌跟寂寞。所以我現在就有一個壓力，我不曉得怎麼樣把我講的儒家道家說給我的媽媽聽，如果她懂這些，是不是可以化解一點老來的落寞和傷感？但是什麼時候我才能夠從第一章「道可道」講到第八十一章

「為而不爭」？所以現在我才感受到宗教信仰的意義了。

我自己沒有宗教信仰，因為儒家、道家本來就有安頓生命、化解苦惱的功能。為什麼佛教要講淨土宗？他只讓你唸六個字，因為事實上要人人唸佛經也不是那麼容易的，所以唸「南無阿彌陀佛」，人就可以從信仰裡面得到力量。像我們則是要靠人生的理想和自己生命的強度，所以我覺得儒家、道家是屬於知識分子的宗教，而廣大的群眾還是要落在民間信仰，大部分是儒家道家佛家加在一起的民間信仰，像一貫道就講五教合一，「吾道一以貫之」；也有人跨越教派，又皈依，又受洗，因為覺得幾個大教都有道理。

這裡主要講的就是生死觀，不管儒家道家，都有他的生死觀；生死不光是一個狀態，而是有沒有生的動力的問題。人活著的時候有沒有生的動力？我們能否避開死亡陰影的籠罩，或死亡對我們的壓力？所以生死觀第一個要解釋我們生的動力在哪裡？像宗教就是你信仰了，就可以有生的動力，不僅如此，你死了以後還有一個可以去的地方！在那個地方，很多朋友等在那裡，所以死就沒有那麼可怕了。人生是一個旅程，換了一個地方，還是家人朋友。所以宗教可以給我們生的動力，也給了我們一個將來可以去的地方。

《老子》第五十章第一句就說：「出生入死」，告訴我們人生就是出生入死，我們從生中來，回到死中去。那生之前怎麼樣？死之後怎麼樣呢？如果是宗教的領域要往前追，就要講生前，要往後問，就要講死後；但是儒家講修養，道家講化解，都是在中間那一段，前後是不處理的，只是告訴你人生是出生入死而已。

生兒育女是生生不息

其實在儒家的觀點，要問生之前、死之後，也可以回答的；生之前是祖宗，死之後是子孫，這是儒家的答案。我的生命從我的父母親來，而我的生命又流到我的子女身上去。子女是父母生命的再現，子女好像另一個我，讓人生的歲月重新來過；再過一個童年，再過一個青少年，又走在另一段生長的軌道。你看著他成長，就好像另外一個你再重新走一趟人生的行程，你可以避開過去的錯誤，而彌補你的遺憾；這真是人生很美妙的事情。所以我的父母親在哪裡？在我啊！那我呢？我在我的子女。這叫「承先啟後，繼往開來」，這叫「不孝有三，無後為大」。所以中國人的智慧是不同於西方的，要不是現在有所謂的小家庭，中國人很少有老來寂寞的。我常說老年是「滿園豐收的季節」，兩個老人，一個祖父，一個祖母，看著他們兩個人變成幾十個，就像孫悟空化身無數，怎麼會覺得寂寞呢？他有更多的我出現，這叫綿延，家族的綿延——時間拉長；也是繁衍——數量增多。所以我們不大有老年的焦慮，沒有失去依靠的焦慮，沒有覺得自己走向人生終結的恐慌，為什麼？因為家人一直在一起。所以我們真的要建立一個觀念：子女就是另外一個自己，然後讓人生歲月重新來過。在儒家的觀念，生前是祖宗，死後是子孫，中間就是我。很自然的一代傳一代，從來也沒有碰到那個問題，形成一個家族的生命，家族的傳統，歷史文化的傳統，香火不絕；這是儒家的解答。

另外，在《論語》中子路曾問過：「敢問死？」他請教老師死的道理怎麼樣？孔子說：

「未知生，焉知死。」儒家就是用生來處理死的問題，只要我不斷的生下去，人間就不會有死了；譬如我們一般都要求人生有一個保證，但我們也會問：萬一我失敗怎麼辦？儒家說：你只要一直追求成功就不會失敗了。我不斷的生下去，每天都有理想，有情意，有朝氣，有生機，有情趣，生命蓬勃的流行，這樣哪裡還有時間去想幻滅的事情，事情都做不完了。那麼多的理想，那麼多的美好，等待我們去摘取，去分享，所以這個時候心中就充滿了動力，只有生；滿心是生，那個死就不會闖進來了，也根本沒有時間想到那些問題。所以有的人說忙得沒有時間生病，那個話是對的。死是生命力停下來，你一直生，怎麼會死？

莊子也說：「不死奚益」，在〈齊物論〉裡面，他說：如果我們人生不再有理想，不再有真實，每天就是被時髦、新潮拉著走，那麼這樣就算不死，又有什麼好處呢？我們總說「生活」，活著就是要生的，如果人生行程沒有生的動力，不能關懷人間，不能給出愛心，那我們活著有什麼意義？所以說「不死奚益」。中國人好像都是用價值來處理死的問題，怎麼樣面對人生的死亡？就是好好的活這一輩子。我們對死亡最大的恐懼是有遺憾，所以我們追求「雖死無憾」，那怎麼樣面對死的問題？就是讓此生沒有遺憾；在活著的時候對每一個人好，千萬不要來不及道歉，來不及跟他說我對他的愛。所以我有一個觀念：我們的孝道要在父母生前去做，千萬不要在他們死後才行孝道。把所謂三年之喪移到前面，好好陪父母親幾年，這樣我們就沒有遺憾了。我們為什麼要活下去？因為我們覺得很多事情沒有交代好，很多事情猶未完成，那我們就做好它，完成它，這就是用價值來取代死的問題。

求生太厚反而掉落死地

那麼老子怎麼處理這個問題？他說：「出生入死」，人生是從生到死的行程，所以老子把人生當作出入，而莊子是把生死當來去；出入是進出那一道門，來去是走一段行程。說「來去」，因為去了還是要來，來了還是要去，這是雙向的。這裡又分兩方面來說，第一個就是：「生之徒十有三，死之徒十有三。」

我們說「出生入死」是人生的行程，而「生之徒」是屬於生的方面的人，就是生之類、正在生的人，「生之徒十有三」；另外「死之徒十有三」。老子把出生率和死亡率大概看成相等，就是在每一個時刻都有人誕生，而在每一個時刻也有人死亡，就像花開花落一樣的自然，這是自然現象，是自然的人生行程。老子要反省的是第三個情況：「人之生，動之死地，亦十有三。」他說人為了求生，結果適得其反；太想活下去了，結果嬌生慣養，被保護得太厲害，反而失去適應社會、在人間存活的能力。

女兒考上高中後，上學公車不能直達，我主張讓她搭計程車上下學，然而身邊的朋友都覺得我這樣做不對；說年輕小孩應該讓她去磨練，做爸爸不要這樣保護。我對她的保護是儒家，但是說真的，我們能永遠陪她一起走過這樣的行程嗎？不能永遠的。

「人之生，動之死地」，是人太過於想要活下去，反而得到一個相反的結果：掉落在死地，這才叫人生的悲劇。我們講「終其天年」，天年就是指前面的「生之徒，死之徒」，自然的叫天年，就是我天生擁有的歲數，擁有的人生歲月。什麼叫「中道夭」？夭就是應該有的卻沒有。所以什麼叫壽？什麼叫夭？要從那個人的天年來說，不能定一個標準，因為每一個人的體質、生理狀況等各方面不一樣，所以在道家或儒家都講「安享天年」，天年就是天生的年歲，遺傳基因決定的，這是自然的。而「中道夭」是指「人之生，動之死地」，沒有能夠安享天年，應該有的歲月你反而沒有了。老子主要的反省就在這裡，那個「動」是人為造作，因為人為造作，反而讓本來自然的人生歲月受了傷損，這才是一個大問題，所以他說這個也是十有三。

有的人生，有的人死，這本來是自然的，像花開花落，冬去春來。問題就是「人之生，動之死地」，這個「人之生」的「生」是指有心的生，有心就動之死地。動是有為，有心有為，剛好適得其反；因為破壞了自然，破壞了生態，妨害人的免疫力，干擾了生理官能的自然運作，這就叫「人之生，動之死地，亦十有三。」道家的反省就在此。

底下說：「夫何故？以其生生之厚。」這裡是反省第三個「十有三」。老子說：那為什麼呢？道理在哪裡呢？因為太人為造作了。「以」是「因」的意思；生生太厚是求生太過，養生太厚，上面的生當動詞用。儒家講的生生，意思就不一樣，是一代傳一代的意思，是不斷的讓自己的生命動力發出來。生生是通過修養來開發：你有修養，你的愛心就在那個地方，你的生命就像太陽會發光、發熱，但是陽光可能被烏雲遮住，所以我們要不斷的撥雲見日。有修養，生的力量就會不斷生出來，這就是生生；「天地之大德曰生」，「生生之謂易」。天地的大德在生，能夠不斷的讓它生出來，就叫生生。所以我說：儒家是通過生生來處理死的問題；只要不斷的生，死就不會散發它的壓力了。

「不遇」是不會碰上，「無所」是沒有弱點

這裡老子說的生生是執著生，是求生太厚，養生太過，干擾太甚，適得其反，這叫「愛之適足以害之」，叫「生生之厚」，所以生生之厚是為「動之死地」找到一個答案。「生生之厚」是指我們的人為造作太甚，愛，反而造成害。下一句說：「蓋聞善攝生者」，一個真正懂得養生的人，他會怎麼做呢？要注意這個善不是人為造作，它是無心自然的意思。底下說：「陸行不遇兕虎，入軍不被甲兵。」真正會養生的人，走在陸上不會碰上猛獸；在兩軍對壘中，不會被兵器砍傷。再伸進一層說，就算遇上了兕虎跟甲兵，「兕無所投其角，虎無所措其爪，兵無所容其刃」，「無所」是它們也找不到可以攻擊的所在，沒有地方、沒有弱點可以攻進去。

最美好的東西就是傷害我們最深的，因為你最喜歡它，所以它最具殺傷力。兕的角、虎的爪和兵刃都很銳利，也可能碰上，問題是它找不到可以攻擊的地方。沒有人可以攻擊無形的存在，我不會成為攻擊的對象，好像裝備了自動防衛系統，或是具有人體的免疫力，或戴上防護罩一般。那有沒有兵器？有沒有兕虎？都有。那麼它們有沒有角？有沒有爪？有沒有刃？也有。那它們會衝過來嗎？衝過來了！問題是它找不到我！在現代客觀化的思考是：他怎麼進攻，我怎麼防衛；這叫對抗。而老子不通過客觀說，道家式的化解就是：我要具備不被傷害的能力，像孩子的天真。不過這些都是象徵語言，不是真的有兵刃、兕的角、虎的爪劈過來了，而是名利如兕虎，權勢如甲兵，你要名利權勢，就等於兕虎、甲兵衝過來、砍過

來。

真正傷害我們的是外頭的名利和權力嗎？不！是我自己的心，因為是心把名利權勢深藏在自己裡面的。名利心，權力欲，你有那個心，人家才能傷你的心；你沒有那個心，他怎麼傷你的心？你根本沒有被傷害的可能。我無心，誰傷我的心呢？我不要名，不要利，誰能夠用名利來壓迫我呢？我不要權勢，誰能夠用權勢來恐嚇我呢？而權力欲、名利心在哪裡？就在我們的心裡呀！是你執著了名利，名利才反過頭來傷害你的；你執著了權勢，權勢才能夠來迫害你呀！如果我心裡面不要名，不要利，不要權勢，那些再鋒銳的兵刃，再凶猛的虎爪或兕角，怎麼能傷害我呢？所以最厲害的殺傷武器原來是在我們心裡的執著，然後我們才為敵人留下可以攻擊的餘地；我們等於對全世界宣告：歡迎大家來傷害我，因為我什麼都要。什麼都要，就是什麼都可以傷害我；變成不設防的城市，整個人間社會的汙染塵垢，可以如入無人之境的在我的生命中縱橫來去，而且來去自如。

沒有魔鬼只有天使

所以怎麼樣讓自己不被傷害，是很重要的修養。這個社會再怎麼凶險，但是在我這個地方沒有凶險；在我的生命中，這是天國，這裡沒有魔鬼，只有天使。什麼叫天國？無心呀！我的生命是淨土，因為沒有塵垢，沒有汙染；所以外面的那些東西進不來。道家的心靈像一面鏡子，把一切人間的醜陋反射回去，讓它們進不來。我們拒絕任何醜陋的闖入，而且我們拒絕讓塵垢停留；另外有一個好處就是：我們不必背負人間的滄桑，因為我們的心不是底片，所以沒有那麼多的傷感和執著；我們的心只是鏡子，把一切照回去，當下過，當下忘，當下完成，沒有遺憾。有那種遺憾感，才會產生我們心靈的傷痛，所以這叫「無所」，無所是通過無心來的。為什麼「有所」？因為有心，你的心為權勢、名利都各留了一個角落，人家就可以衝進來。

所以當孟子講大丈夫的時候，他說：「富貴不能淫，貧賤不能移，威武不能屈。」為什麼富貴貧賤不能夠動搖你，威武不能夠使你屈服呢？因為我心裡面什麼都不要啊！所以孔子說：「無欲則剛」，你無欲，生命就顯現跟天地一樣陽剛。沒有人可以傷害天地的，你每天對天地吼罵，他一點都不傷感，天地亙古以來就是這樣的自然，這樣的真實長久。嬰兒也一樣，你對他罵，他不在乎，不過他稍微懂事就不是這樣了。因為他開始懂得什麼叫母愛，他知道他要依靠母愛，那個時候他就感受到媽媽對他可能的威脅了；人的不安全感，可能就在他開始懂事時就漸漸產生了。所以道家的修養就是要回到像嬰兒那樣什麼都不知道的情況，無心，無知，完全像天地一樣的自然，老子要我們修養到那個地方，那個地方就變成「無所」，「無所」就沒有人可以傷害我們了。

不為死亡留下餘地

「夫何故？」為什麼可以做到這個地步呢？不是很神妙嗎？「以其無死地。」只因為他從來沒有為死亡留下餘地。千萬不要把這句話理解成「他沒有可以去死的地方」。「以其無死地」是因為他的心靈，他的生命從來不為死亡留下餘地。是否我們可以不為傷感留下餘地？不為挫折留下餘地？所以說「嬰兒永不受人為的傷害」，道理在此。我們從來不為傷感留下餘地，人家便沒有可以傷害我的地方了。

道家是不講堅強的，他講柔弱；儒家一定要講剛強，講大丈夫，無欲則剛。道家剛好相反，他講柔，像水一樣，你拿刀去砍水看看，你永遠也沒有辦法把水砍斷的，所以道家的真傳是柔。儒家講陽剛，道家就講陰柔。但反正都是長久，都是天地，都是天道；但是他們的體會不同，修養的進路不同。前面說「夫何故？」答案是「以其生生之厚」；後面的「夫何故？」則是「以其無死地」。所以我們的弱點是在「生生之厚」，我們轉弱為強的關鍵在「以其無死地」。生生是在心裡面「生」，無死地也在心裡面「無」，所以關鍵在我們心靈的修養。「無」就是「致虛極，守靜篤，萬物並作，吾以觀復」，我們就有那個觀照、照現的能力，如果我們去執著很多東西，好像可以把很多東西帶回家，結果那些東西都成為我們的壓迫和負擔。在百貨公司特價期間，往往買得太多，家裡面都沒有行走的空間了。因為沒有為人留下餘地，家不像家，變成了貨倉。

第五十章的內容分成兩邊，結構很好，都問「夫何故？」「以其生生之厚」，「以其無死地」。它主要的反省並不想改變有生就有死的問題，事實上也不能改變有生有死的生命現象；他要轉的，可能轉的在「人之生，動之死地」。為什麼「動之死地」？因為你要生生，本來自然的生就好，人之生是自然的，他卻要生生，卻要益生，結果反而動之死地，反而不祥。那該怎麼做呢？「以其無死地」，那樣就不會生生之厚了。不求生太過就無死地，不執著，不造作，這樣就無死地。所以死地在哪裡？是我們自己找來的，這叫「天下本無事，庸人自擾之」。人生多少煩惱是我們自己帶回家的，是我們自己找來的，我們好好想想：不是我們找來的，它怎麼會闖進來傷害我們？

在不執著中成全生命的美好

這裡有一個問題：如果心裡面沒有執著，那人生是否會變成沒有理想？沒有目標？這樣生之動力從哪裡來？其實道家這樣說，還是有理想，有情意的，我們是不喜歡冷冰冰的世界，但我們也不會為了避開煩惱就把生命取消。人生在世，沒有情意，沒有理想，怎麼叫人生？生在哪裡？不是都空了嗎？生就是不斷的給出情意和理想，道家不是要你把它取消，只說不要執著啊！就在不要執著中，成全生命的美好。

譬如說我今天得第一名，但是我不執著第一名，這可以啊！所以儘管我是第一名，但是沒有得第一名的壓力。什麼叫第一名？就是全班最不快樂的人，全班承受壓力最大的人，因為其他人都可能超過你。什麼叫最後一名？全班最快樂的人，因為他也沒有什麼好損失了，而且贏得每一個同學的友誼和尊敬——還好有他，不然最後一名就可能落在我的身上；每個人對他都充滿了感激之情。所以我特別強調道家不在實有層講話，他只是化解的作用。他不是要把原來的人生美好取消，我們想要去關心別人，去愛別人，去救別人，這樣的一個生命還是在的，只是心不執著而已。「不貴其師，不愛其資」，我們還是有師有資，但只是不貴跟不愛而已。

當孩子獨立，長大成人了，不再需要你了，你會有一點迷惘，感到傷感、落寞。如果你不執著，就算他獨立成人，你也不會覺得難過了。難過在你發覺他一天天的堅強，而你卻一天天的衰弱了。所以老子只是說不貴和不愛，不是要取消人間那個師和資的生命互動；還是有老師，還是有學生，但老師不要自以為優越，自以為高貴，而把學生當作自己的產品，當作愛的資藉，所以捨不得他離開，而且不讓他離開。那叫「貴其師」而「愛其資」，就會把學生當作我們自己的啦啦隊。我們還是當老師，還是有學生，只是老師沒有優越感，而且不執著學生；讓那個人際關係在愛裡面，在情意理想裡面，但是沒有人為的造作，這叫「作用層」的化解。一定要把這兩方面分別清楚，然後我們講老莊的時候才不會有那種內心的不安感。

忘了對人家的好才顯現美感

為什麼一講到老莊，很多人一開始會覺得很難接受的困惑？因為儒家講的都是人性的常理，你要對人家好，那是很真實的，而突然間變成我們不要對人家好，這個就令人很難接受。其實不是不要對人家好，而是要忘了對人家的好。對人家好是儒家，這叫實事實理，每一分每一秒都要做的。而道家所說的就是忘了對人家的好，忘了，就是不要執著對人家的好；只是說不要執著，而不是說不要。所以我們可以又是儒家，又是道家。我每天對人家好，然後我每天忘記對人家的好，那個好才是真正的好，這叫盡善又盡美。你對人家好，那是儒家的盡善，再通過道家，放下對人家的好，那才是盡美。忘了對人家好的那種好，才是有美感的好。

很多人對人家的好都讓人受不了，因為他讓對方永遠覺得虧欠，永遠覺得承受不起，還報不完。在接受你的好的時候，他就矮了一寸，再對他好，又矮了一寸，到最後變成沒有身高的人；他就覺得你的愛是在把他一直往下壓，如果你能夠忘了對他的好，他就不會感到慚愧，會覺得跟你是平等的。他能夠跟你平等，才會一生感激你，真正的對你好。你總是讓他矮一截，他就要想辦法來反抗你，因為他要成長。所以不要把「儒」跟「道」放在同一個界域，然後在那邊產生衝突。你要知道儒家是要對人家好，而道家所講的是忘了你對人家的好。所以那邊叫「生」，這邊叫「不有」，就是「生而不有」。你忘了對天下人的好，然後你才能夠放得開。當對方不再屬於你的時候，才不會傷感；而且對方接受你的好，也不會感到虧欠。所以我說：愛的美好是沒有人委屈，也沒有人虧欠。這些都是道家義理，只是我們轉換成生命的語言，不說「老子曰」就是了。

沒有人委屈，也沒有人虧欠；這要雙方都無心才能做得到。雙方都把心給出來，以心對心，把情意理想給出來；這是第一個層次。儒家功夫做完了，再進一步做道家的功夫，雙方忘掉對對方的好。所以這裡有兩層，一個是實有層，一個叫作用層。就如同鏡子，鏡子在那邊照人，但是你走開它又沒有了。你在它的面前，它馬上照你；你一走，它也回歸虛靜。而儒家這方面問題比較大一點，就是他要創造；而道家只要觀照，他是虛靜觀照，不是實事實理，他是虛用的智慧，因為虛靜如鏡才能照現啊！

儒家說我要有，才能夠給，這叫實有；而道家是說我沒有，我才能照，這叫虛用。有了就是有心，沒有了叫無心。無心是可以觀照的，有心是可以創造的；有心可以愛人，無心可以照人。這個「照」很重要，因為我們經常走在人生路上都看不到對方。我們希望把這兩層分開，而且儒家、道家我們都要，這樣的一個義理，要有貼切的體會跟把握，才不會唸了《老子》之後，一方面領受他的好，一方面又承受到內在的不安——因為跟一路走來的生命自我好像產生衝突。我們現在是要多一個，過去是儒家，已經擁有了情意和理想，現在是來學習如何把它忘記。本來是人家給出他的好，你卻看不到別人的好，現在你要看到他的好，同時又放下自己的好，如此才能盡善又盡美。

自知自勝知足是無為，知人勝人強行是造作

第三十三章可以分作兩兩相對的三組。「知人者智，自知者明」，顯然老子肯定的是「自知者明」；「勝人者有力，自勝者強」，老子肯定的是「自勝者強」。底下的兩句在我的想法也是如此，我認為「知足者富」是他肯定的，「強行者有志」則是負面的。傳統注解說後兩句都是老子所肯定的，我則認為不是。

我們應該自知和自勝，因為你知人、勝人，就是被牽引流落了，為什麼我們流落天涯？

人生的困苦何在？因為你要勝人來證明自己是一個強者，是一個有力人士。既然是要打天下，所以你把所有的人當成假想敵，還要去建立檔案，這叫「知人者智」。人生總是在相互牽引中同歸沉落，這就是所謂的「知人者智」、「勝人者有力」、「強行者有志」的必然結局。就在這樣一個牽引流落的過程產生我們的困苦，我們的負累。那麼人生的道路要怎麼走呢？在於讓每一個人回歸他自己，這就是「自知者明」、「自勝者強」、「知足者富」。不打天下了，不執著天下了，不要跟人家對抗了，所以從天下回歸自我。當然我們希望老子的思想理論，能夠還歸人生來檢驗，解釋我們所有的難題，但有時候也不見得那麼樣的恰到好處。

對一個教師來說，我不會執著對他的好，我可以忘記對他的好；問題在我老是希望學生好，請問該如何化解？其實這不要化解呀！希望他好不能化解的，你一化解就沒有真誠善意了，就動搖到儒家的實有了。所以我覺得這方面我們不要化解，因為我希望他好，不會帶來困苦吧？當然你會說：還是苦呀，因為他不好啊！我想你希望他好，希望他考一百分，結果他考差了，這個地方就產生一些傷感、挫折了。於是開始責難他，說他不堪造就，就算責難的話沒講出來，整個表情神色也會表現出來，孩子會感受到壓力的。我想我們所要化解的就是那個執著，因為那個執著會跟你過不去，它會變成一個關卡，你很難通過，很難忘記；我們可以期望他考好，但不要讓他覺得自己考不及格，就永遠對不起父母親。我所謂的化解是指這個，不要說我化解「我希望他好」，而是化解「我希望他好」的強烈執著。另外我們再想一想：每個人都有命，他天生對那一方面沒有才情、沒有天分，你責難太過、期許太深，他事實上還是做不到。他不是不為也，而是不能也，這叫命。如果他能而不為，那叫緣。所以我們要進一步分析，到底問題出在哪裡？不要光從道家所說的執著來化解；這其實也會涉及到事實問題，不只是我心裡面有沒有執著的問題，而是天生的性向、才情高下的問題，那是有個別差異的。對於個別差異，你如果執著，就會忽略掉，而不尊重他的性向才情，不尊重他的選擇，不諒解他的苦衷。但是老莊沒有從這邊講，老莊只讓我們做一個真人，他的觀照只是破解執著所帶來的困苦。

我對他好，我希望他好，這是儒家實有層的真誠善意，這個地方不要化解。要化解的是我把對人家好當英雄志業，當作打天下，因而變成自己過不了的關卡。他天生就不喜歡讀書，怎麼考都是不及格，他坦然面對；生氣的是你，有挫折感是你。所以問題不出在他，是出在我們，是你預期他怎麼樣，是你預期的想望產生了問題；而事實上就那個人來說，是沒有這個問題的。

不投靠才可以走向婚姻

有個聽過我演講的女學生問我：結婚好？還是不結婚好？這個我不能給答案，但是我有一句話：要真的喜歡，真的愛，才可以走向婚姻；千萬不要為了怕別人緊張，看到別人焦慮的眼神，就想我結婚算了。那是不是可以單身，說單身是貴族？或許如此，但是你不要執著單身的高貴，不要預設一定要單身才會高貴，所以叫單身貴族。我們不排斥單身的可能性，但是也不要立定志願非單身不可，如果有了預設，就叫執著了。

我不一定非結婚不可，也不一定不結婚，我沒有這個執著，這個是道家的無心，這樣我們才說隨緣。隨緣就要看生命是否感應，是否自然美好？隨緣不是說：算了吧！就結吧！這算什麼隨緣？那叫流落，隨緣是不流落的。所以佛家講「隨緣不變」，「不變隨緣」；儒家也講不變（仁者安仁），但道家只是說不要執著，不要以為那是高貴，不執著高貴，才是道家。

由情愛走向婚姻的時候，你不要執著，不要說非要不可，那叫投靠。所以我說：不要婚姻的人才可以走向婚姻之路，這是道家義理。這句話很奇怪，你既然不要婚姻，還結婚做什麼？這是兩層的意思，婚姻是實有的，我除了有實有層的情意和理想，另外我還有一個作用層的。可以化解對婚姻的過度期許，過多的依賴。過多的期許和依賴，會給對方壓力的。所以你越表現你的獨立，對對方越具有吸引力。越投靠的人越不會發光，因為投靠的人變成對方的陰影，而人都不太喜歡自己的陰影；很少人走在路上看自己的陰影，他看另外一個走在他身邊的人，跟他互相發光的人。所以我才說：不要天下的人，你才可以把天下託付給他。不投靠婚姻的人，才可以走向婚姻之路；這個是在作用層說的，這可是智慧。

不投靠是指作用層，走向婚姻之路是實有層。當然我們也不必說實有層或作用層，只要說這句話是站在孔孟的儒家立場講的呢？還是老莊的道家立場講的？儒家是實有說，道家是作用說；儒家那邊叫愛心，道家這邊叫智慧。智慧是空靈的，空靈才是智慧；執著的人很笨，因為他死守原則，當然沒有靈活的智慧。道家是無心，所以不大死守原則的，那叫空靈，靈感靈動。怎麼靈起來呢？因為他是無，他才靈起來的。執著的人，就是放不開的人，哪裡會有靈感？那叫束手束腳，束手束腳的人就不大有靈感，不大有智慧。智慧不能夠創造什麼，但可以化解問題。實理可以創造善，給出善，而智慧可以化解煩惱；智慧不能創造善，但是它可以存全善，才不會因為善的壓力而產生雙方的緊張，所以有智慧的人就不會讓人際關係緊張。

由此看來，知人、勝人、強行，都是牽引流落，都是困苦，那麼我們惟一的可能性是讓每一個人回歸他自己，走的是「自知者明」、「自勝者強」、「知足者富」的自在自得之路。

自我的照現才是真正的智慧

知人的人最多只能說他很有見識，有很多的檔案資料，有很多的江湖歷練，擁有世俗的精明。但真正的智慧是了解自己的人，能夠自知的人才是高明的智慧。老子說：「知人者智」，這個智不是我所說的智慧，而是權謀算計的精明。所以不要把這兩句話當作是平列對分，說這邊是知人的人，另外一邊是自知的人，這樣講就不對了。這樣講反而變成知人的人應該高明一點，因為他知了很多人，包括天下人，而你只知道自己。用當代數量的標準來看，「知人者智」才是第一流的，「自知者明」則是封閉性的。知人好像是開放式，把自我的生命投入天下。其實那個不叫開放式，那個叫迷失。所以千萬不要這樣分，說這邊是多，那邊是少。

假定人間的情愛也以數量取勝，那就很麻煩了。在情愛世界是以純一為貴，而不能雜多的。上帝是純一，人間是雜多，情愛的世界也一樣。所以什麼叫「知人者智」？就是在人間牽引流落的心。什麼叫「自知者明」？就是回歸天生本真的心。用現在最通俗的語言來說，叫天上的心跟人間的心。天上的心很純一，很清明，他一眼就看到；不一定有很多的江湖閱歷，但是很快就能跟對方感通。而那個很會講話、很有外交手腕的人，老實說，每一個人都會覺得他很遙遠；真是相識滿天下，問題在知心有幾人？不是有幾人，一個都沒有。我們是「自知者明」，因為我們的心沒有執著，沒有成見，所以對每個人都很親切體貼。

我們都覺得鄉下人可愛、單純，任何人到了他們的地方，都親切以對。城市裡是連對面鄰居都陌生的，互相猜測、懷疑。都市很富有，但是沒有同情，沒有信任，左鄰右舍不大敢來往；如此雜多的豐富並不能帶來美好，那是「知人者智」往外追逐，而鄉下則是「自知者明」知足常樂。就像嬰兒，嬰兒哪裡有很多知識？卻跟每一個人都可以有感應，他跟這個笑一笑，跟那個也笑一個，都那麼美好，嘰哩咕嚕對每一個人講兩句，那個語言特別天真可愛，真是天籟。他沒有成心，沒有「知人者智」，但是一講起話，每一個人都喜歡。不是因為他讓我們回到天真的童年，所以我們才覺得很喜歡，童真是那麼直接的讓生命立即有感應的。

《論語》跟《老子》是很單純的，講的是天上的心，而這邊是人間的心。什麼叫人間？就是在人間流落呀！在牽引中同歸流落！天上的心是什麼？是每一個人回歸他自己，回到童年的天真，回到鄉土的素樸，那樣的感覺是不一樣的，所以探親之旅是回到天上之旅。

「知人者智」是彼此間對抗，互相看不到對方，互相猜測對方，建造自我防衛的壁壘，不願意跟對方溝通。「自知者明」是回歸自己，回歸自己的人才是能夠跟天下沒有距離的人。讓自己在人間流落的人，是跟天下距離最遠的人；生活很單純的人，反而跟人間距離比較近。能跟人家會通，對人親切、體貼，是真心的人，而不是智多的人。

自我的超越才是真正的強者，自我的完足才是真正的富有

第二組也一樣，「勝人者有力」是打遍天下無敵手，證明自己有夠力而已，只有每一個人垮了，他才站得住；但那個是無窮無盡的，因為更多的人會爬上來，甚至還有新生的一代。所以「自勝者強」，真正的修養是能夠克制自己的人，能夠克服自己弱點的人才是真正的強者。這個超越自己的人就是無知無欲的人，沒有弱點的人，無死地的人。前者叫「以其生生之厚」，後者就是「以其無死地」。哪一個好？「以其生生之厚」，到處暴露自己的弱點，到處要跟人家對抗，要打倒天下人，才能獲得自己的安全感。但「自勝者強」是不讓自己成為問題，要在什麼地方自勝？在不要名，不要利，這個就是「自勝者強」；當我不要名、不要利的時候，我才是真正的強者。而名利在什麼地方？在我自己的心呀！所以我自勝，就在「致虛極，守靜篤」，勝人者不過是以力量壓迫人，能夠克制自己、化解自己執著的人，才是永遠的堅強，因為他「以其無死地」。他不會為傷感，為挫折，為死亡留下餘地。

第三組是「強行者有志，知足者富」。強行是不可為，而還是勉強自己去闖蕩，去爭

逐。儒家的觀念是要「直道而行」，因為是道，所以你可以直道而行。強行只是奮不顧身，那是很危險的。「強行者有志」，又第五十五章說「心使氣曰強」，「強行」由「心使氣」而來，所以才要「虛其心」，要「弱其志」。所以第三章的「虛其心，弱其志」是由這一反省而來。傳統注解肯定「強行者有志」是正面的，我認為那是老子所否定；因為他還是對外打天下的心態，而且一意孤行，剛愎自用，以為可以闖蕩過去。而「知足者富」是什麼意思？是知道自己內在本來完足的人才是真正的富有。知道農村擁有一切的人，才是真正的富有，我們以為農村好像欠缺，到了都市才明白原來農村是很富有的；富有什麼？人情味呀！親切感呀！它是一個鄉土的認同，是一個成長童年的歸屬感。現代人最大的欠缺就是我們變成一無所有的人，我們變成無根的人，沒有認同感，沒有歸屬感，沒有親切感，沒有生命直接的關懷和體貼；我們擁有的都是一些沒有感情的東西，財物、器物，似乎用這些來彌補我們在感情上、人際關係的缺憾，事實上我們知道物質是不能取代人情的。所以知道生命自然本來就完足的人，才是真正的富有，為什麼？因為你就不會向天下去求取；凡是向天下求取的人，都是貧窮的人，而且天下是靠不住的，它是會變動的。所以這兩句，前者是衝出去打天下，後者則是回歸自我。

前面講過「無所容其刃」、「無所投其角」、「無所措其爪」，所以比較容易了解最後這兩句話是什麼意思。老子說：「不失其所者久，死而不亡者壽。」「所」是指道根德本之所。《道德經》認為道德就是我們生命的根源，每一個人都有德，而我們這個德是從道來的，所以德是我們的本，道是我們的根，我說它叫「道根德本之所」。如果走離了這個地方，叫流離失所，有時候我們活不好是因為離開了那個地方。本來道家的不執著是讓我們可以四海為家的，但是我這個講老莊講了十幾二十年的人，一想到離開家，就有點流離失所之感。就是因為離開「所」，而有顛沛流離、無家可歸之感。所以我說中國人有一個家，就叫道根德本之所，那個家是傳統的家，文化的家，鄉土的家。今天我們普遍活不好，就是因為開始失落我們文化傳統的家，我們變成無家可歸的中國人，在西潮東漸中流離失所。這是所有中國人的命感，在當代漂泊流浪。

童年鄉土總是長久

所以「不失其所」的人才是長久的，回歸童年，回歸鄉土，我們才有根，才有本，才覺得長久。人在都會地區有無根的感覺，生命好像在浮動中。我們一定要了解到，那個「所」是價值的意涵，我們可以安身立命的地方就叫「所」。我們要有這個所，而且這個所是指天道自然，你不能夠失落那個地方，一失落那個地方，你就落在一個剎那生滅的人間短暫中，好像你置身在股票市場，你的世界每天都在變動，永遠沒有安全感，隨時會失落。如果我們回歸生命的根源之地，就可以「如如常在」——永遠都是真的、恆常的世界。第一章的「道可道，非常道」，講真常，就是只有真實才會恆常，才會長久的。

如果你有執著，你會發覺世界一直在變動，譬如你預期股票市場會漲到四千點，但是它卻一路滑落到二千五百左右，這叫剎那生滅，這個是短暫，每天都不一樣，你所擁有的一切，第二天可能消失。如果我沒有這個預期，沒有這個執著，或者甚至是我解消執著，可以用道家的心走進股票市場，人家在傷感，在焦慮，你不會。你在觀照，有美感，你的頭腦會比誰都清明。有時候我們都失去判斷力了，張皇失措，人際之間要看哪一個人最冷靜、最穩得住，或哪一個人先亂了方寸、亂了手腳，這是成敗的關鍵。人執著「生」，才會有「死」的陰影跟壓力，我們一說生，你才會感到另外一種形態是不一樣的，不一樣的形態你就會覺得它是幻滅。所以道家式的心就是說：不管在哪裡，你不要執著，你就可以「不失其所者久」。

就好像我們在鄉土裡面不大感受到什麼變動，管他紐約、東京、香港、倫敦的股票市場起起落落，就是大地震動，你也一點都沒有感覺。在那個地方沒有執著，就沒有變動，所以「死而不亡」。

從人的自然現象來說，人是有生有死，但「死而不亡」是說：你心裡面根本沒有亡的這個問題；我不執著，我並沒有期求長生不老，我為什麼要害怕死亡？死亡只是換另外一個形式存在，換另外一個地方活下去而已，本來這個世界也沒有我呀！我來了，然後我又離開了，怎麼會有什麼恐懼呢？不過理論上是這樣說，但是生死還是一個大問題的。對道家來說是「死而不亡」本在「不失其所」，不管久或壽，都是指長久，指恆常不變的意思。

老子要我們回到天道自然之永不變動、永不毀壞的世界，而不要讓自己掉落在一個牽引流落、讓我們困苦而且變動中的世界。我們應儘可能讓自己不要有太大的變動，也許在股票市場可以賺很多錢，但是若失去生命的清靜與整個家庭的和諧，那就很不好了。因為人總是會緊張的，所以我總覺得失去的會比我們擁有的多，而且最重要的是：你掉落在一個短暫的、剎那生滅的、外逐流落的世界中。如果我們不想去得到那種利益，我們就可以回到固定薪水的日常生活，就是「如如常在」，每天總是這樣，有一定的收入，過一定的生活，知道自己要做什麼，可以擁有什麼，人生的前程都看得很清楚。如果突然間發大財，你整個世界就都變動了。

所以「不失其所者久，死而不亡者壽」，都是指我們生命自然的永恆世界。人生的悲愁困苦、牽引流落，就是我們處在一個通過我們所執著的「知善知美」、「尚賢貴貨」、「見可欲」那樣的世界，那樣的世界就是要爭，要盜，那樣的世界是對抗決裂的世界，大家緊張，也受到壓迫；不如我們從那裡跳出來，回到天真的自我。

越過生死大關，不生也就不死

我常用童年、鄉土作象徵，你們不要以為我真的只喜歡童年，只喜歡鄉土，我只是把那個當象徵，嬰兒、童年、鄉土、傳統，都是生命的象徵。人生在那些地方才有永恆可說的，才是長久；既然長久就沒有死亡的問題了，死是人間的問題，短暫才有死的問題；我們立在一個永不變動的世界，就沒有死的問題了。所以道家說：人如何不死？就在不生！你不執著生，就不會有死的問題。所以道家的「不失其所」，是超越在死生之上的那個世界，在《莊子》叫進入「不死不生之境」。有生才有死的，你如果沒有生，就沒有死，就進到「不死不生之境」。所以原來生死是事實的問題，對一個真人，有道家智慧、道家理境的人來說，是沒有這個問題的。就好像一個有修養的人可以超乎成敗、得失、是非之上一樣。

就像我們每天不聽股票市場的起落也可以睡得著一樣，我們只是關心國內的整個社會形態，才去聽股市的狀況，這是關心，我們本身不會去碰觸的，因為我們要給出關懷。你離開那個地方，你就進入到「不死不生之境」，不然你就在有生有死之境，這是兩層的世界。我們一定要有這樣的思考，才能進入哲學或宗教的世界；如果我們還是只會說極左派、極右派，黨內、黨外，只是這樣分，我們就變成人間只有數量了。事實上我們要問的是，請問所有的人：你天上純真的心還在嗎？我們有沒有失落天道自然的永恆世界，而掉落在一個世俗人間的變動世界裡？我們要有共同的關懷，如果有，上面那個叫「形而上者謂之道」，底下這個叫「形而下者謂之器」。我們要走「道」的路，不要光走「器」的路。

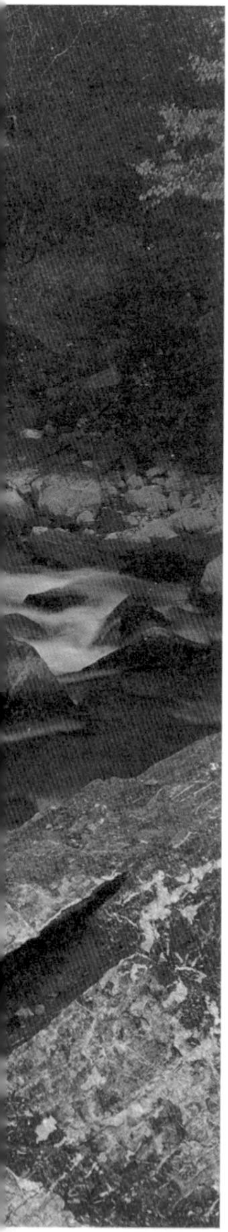

之七　水的高貴就在它承擔卑下

人的生命要回歸嬰兒天真，
人為的傷害不會闖進他的生命中；
人的心要虛靜如鏡，死亡的陰影也進不去。
我們放開執著，就不會形成負累，
如同「上善若水」，水無心，
水不知自己往下流，不會跟萬物計較，
所以才能永遠的利萬物，永遠的生萬物。

儒家穩立如山，道家靈動似水

《論語》說：「仁者樂山，智者樂水。」仁者喜歡山，智者喜歡水；仁者喜歡山是代表儒家的性格，智者喜歡水是代表道家的性格。中國有儒、道兩家就好像世界有山有水一樣。我們喜歡講「挺立」，說人格要挺立，生命要可靠，就像山頭一樣坐鎮在那個地方，是不動的。山可以做為一個典範，它是可以依靠的，它總是在那個地方，所以儒家講道德，講人格典範，講文化理想，這些東西就像山一樣，山是我們可以去投靠的地方，它不會動搖。

但是光有山又好像缺乏一份靈氣，所以山的周圍總是要有水漂流。水是流動的，流動不居，代表人的靈感，人的生動。山是靠得住，而水可以應變；所以山水要在一起說，山高水長，山總是要有水的環繞，水的靈動，使得山不光是可靠而已。

所以中國人有儒家，就代表我們的生命人格有一個典範，有一個方向，我們希望自己站得很穩。但是我們又希望像水一樣，可以有靈動的智慧，不然生命會僵化，就像山老是在那個地方不動一樣；還好，周圍的水總是周流不滯，不滯就不會滯陷，不會滯落。所以，我們若要為儒家、道家給出一個性格的判定，便要說：儒家是山的性格，道家是水的性格。道家很靈活，很生動，它代表一種智慧，有智慧就不固執，不死守，不呆板。這個世界已經在變動，而我們還死守在那個地方，那是不能夠因應。人事在變遷，人生在成長，所以我們也希望有道家靈動的智慧。通過虛靜心，你看到一切都在動變，因此要有一種靈感、一份生動來帶動它，引導它，所以在道家來說，最好的生命人格是像水一般的。

為什麼最好的人格像水一般？老子說人的生命人格要像山谷，「谷神不死」（第六章），還有第四章說：「道沖而用之或不盈」，講道像山谷一樣的空虛，山谷是虛的，但是萬物都在裡面長成。他喜歡用山谷來比喻一個理想的人格，也喜歡用嬰兒，所以我們說「嬰兒永不受人為的傷害」（不是真的嬰兒，是指修養之後，人的心境永遠保持像嬰兒一般天真的人格）。水到底有什麼好？我們來看道家的解釋，老子本身的解釋。

水利萬物且不跟萬物爭

「水善利萬物而不爭」，水為什麼高貴？水為什麼是好的？因為它利萬物。水支持萬物的成長，萬物沒有水的滋潤會枯萎的。林黛玉的前生是絳珠仙草，因為缺乏水的潤澤，快乾枯了；而有一塊女媧補天剩下的頑石，就是賈寶玉的前生，他是無材可用，所以變成天地的棄材，這顆頑石也是個靈石，因為本來要用來補天的，結果他在世界中東飄西蕩，看到那株絳珠仙草就要乾枯而死了，於是拿甘露來灌溉她。所以林黛玉的命裡面欠了賈寶玉一份情，人家給她甘露，她一生要以淚水還報。這展開了《紅樓夢》賈寶玉和林黛玉一生的情愛世界，而這個情愛世界命裡注定是悲劇，所以用淚水還報。甘露就是水呀！是生命的甘泉！

所以水是可以利萬物的，但是這樣還是沒有把水的性格講出來。重點是它利萬物而且不爭，道家性格就在「不爭」中顯現。因為我們誰不利萬物呢？諸位想想看，我們多多少少對世界有點貢獻，至少我們讓別人不寂寞。人生道上，總是有人與你同路走。所以我說：我們要永遠感激身邊的每一個人，如果沒有他們，不就一個人踽踽前行嗎？所以不管是誰，我們或多或少，總是在利萬物的。

但是問題不在我們有沒有利萬物，問題出在我們有沒有爭。因為大多數的人是以利萬物來跟萬物爭的，我們在利萬物裡證明自己的優越。所以我才說：有時候我們人生會變成愛的競賽，看誰比誰犧牲更多？兩夫婦之間如果這樣就很嚴重了，這叫「自苦為極」——讓自己受苦來代表生命價值的極致。因為我把一切都給出來了，我一生都為你活著，我什麼都沒有了！沒有天下，沒有天國，沒有家，沒有我，就像墨家俠客一樣。

要說古今中外具有最強烈宗教性格的人，恐怕要數墨家俠客。因為宗教徒有天堂，他連天堂都沒有，但畢竟是俠客生命，熱血揮灑，「自苦為極」，越悲苦越能到達生命的高峰。他是不是利天下？孟子說他「摩頂放踵，利天下為之」，這是墨家的行誼。他從頭頂到腳跟為天下人磨損，只要對天下有好處，他們義不容辭；「直道而行」，義無反顧，慷慨悲歌，從容就義。很多宗教徒愛我們是因為他還有天國；墨家俠客沒有天國，沒有家室子女，沒有天下，沒有自我，真的是乾乾淨淨，但是他是「利天下」，一定全力以赴。

不過這樣的「為」是一個「爭」，所以《老子》最後一章特別說：「天之道，利而不害，聖人之道，為而不爭。」我們的為是一個爭的方式，我們的利，同時對別人說來是一種害。為什麼是害？因為爭嘛！愛之為什麼會變成害之呢？因為我是用愛你來跟你爭的，這是一個愛的馬拉松賽跑。所以為什麼愛得越多我們越承受不了？因為他的愛背後是爭，我們感受到他那個愛的鋒銳。用愛的方式來爭，我們都沒有抵抗的能力，因為他真的對我們好。所以那個愛進來如入無人之境，因為我們都沒有想到面對愛要有防線；到你發現的時候，你的生命已完全陷落，變成淪陷區，對方就是以愛來掌握你生命的主導權。

道的智慧在解消「爭」而避開「害」

當然我們這樣解釋並不是很好，很多時候我們的愛並沒有害，那就代表我們有道家精神；但是很多時候我們也會不自覺的用愛做為武器，所以我們是以「為」去爭。為他做事情當然是利，「利天下為之」，利天下的事我都做，但是這樣的為是一個墨家俠客行道人間的英雄式行徑，他完全豁出去了，沒有自己，一切為別人；但是這個讓我們承受不起，所以我們很怕別人為我們犧牲去當烈士。我們希望每一個人都有自己，都有家室子女，都有天下，同時也擁有天國（或者叫淨土、世外桃源、人間的理想國等），而不要什麼都沒有，一生的使命就是「我為你犧牲」。

所以老子說：他的道是為，但是不爭；他是利，但是不害；他保全他的好，而避開他的不好。不然很多的好都是兩面刃，一邊對你好，一邊砍傷你。所以每一個愛的當下，又傷害我們一下；既承受他的恩情，又背負他的人情；既承受愛的美好，又承受愛的壓力；有了愛的支持，但是同時承受了愛的負擔。所以水的好是因為它利萬物，但是它的利要去為。「摩頂放踵，利天下為之。」你要去為，你要去利，但是這樣的利如果背後隱藏一個爭的念頭，它就是害。因為你事實上是用為去爭的，用利萬物去爭的，而這樣的爭，讓對方沒有抵抗的可能空間。

水的高貴是因為它利萬物，它不只利萬物，它還是不爭的。所以我們再問：為什麼它可以不爭呢？因為它善。這裡是理解道家思想、道家生命人格的關鍵。我想老子對水一定有很多觀察，很多的體會和感受，在那樣的感受、體會裡面，讓他體現了天道的無限性。

我們希望每一個人都能夠利萬物，彼此間有愛的溫暖，愛的光照，愛的熱力，愛的支持，有這樣利萬物的情懷。但是老子馬上追問：你有沒有把利萬物當作是一個爭的方式？如果是一個爭的方式，它不是利，它可能變成害，「愛之適足以害之」，這叫愛的扭曲變質。原來愛會變質，愛本來是利，但是會變成害，所以你一定要不爭，「利萬物而不爭」，不爭才會無害。接著再問：那怎麼可能不爭呢？水怎麼會不爭呢？因為水是自然，是無心的。水從來沒有立志要利萬物，它甚至不知道自己在利萬物，所以它沒有優越感，沒有英雄氣。水天生利萬物，它這麼自然的利萬物，所以它沒有犧牲，也沒有奉獻，而承受它潤澤的萬物，也不必有虧欠感。

因此在我們每一次對別人好的時候，永遠要感激接受我們好意的人，因為他讓我們有自我實現的機會。人生總是有愛的，愛要在人間展開，別人有一份真誠善意，他才會接受我們的愛，接受我們的好意，所以我們就覺得對他充滿了感激之情，這個叫情分。不能夠說我扮演一個犧牲者的角色，擺出優越者的姿態，還有一份英雄氣的豪情，這就不好了。

所以水之所以能夠不爭，是因為它完全無心，完全自然，它在自然中利萬物，是無心的利萬物，它自己甚至不知道在利萬物，萬物接受它的潤澤，不會有任何負擔。因為它無心，無心就不會給對方壓力。所以我們做一個好人，給出關懷與愛，像山一樣的可靠，不過，還要有水一般的靈動，不執著，不陷落，利萬物而不與萬物爭。不爭是因為水無心自然，而且最重要的就是如此才會長久。我們有時候也會利萬物，也做得到不爭，但是總不能長久。這是因為你有心，感受到你在犧牲，你在奉獻。事實上我們一定要體悟到：所謂去愛是自我的完成，而且自我的完成一定要在人間完成，所以儒家叫「成己成物」。我在成己中成物，也在成物中成己，所以我沒有犧牲，對方也沒有虧欠。這兩個加起來才是愛的美好，愛的美好就是沒有人委屈，也沒有人虧欠。給出愛的人不委屈，接受愛的人不虧欠，這樣叫同時完成。我跟他同時完成，大家一起好，這叫完善。

儒家出乎人性，道家本於自然

這裡要講一段孟子和告子辯論「義」是內還是外的問題，義就是仁義，到底它是內還是外呢？孟子說是內，告子說是外。此如同莊子與好朋友惠施，沒有惠施，莊子就沒有罵人的對象；同樣，如果沒有告子，孟子的哲學不會講得那麼精采，因為孟子的哲學都在批判告子的時候表現出來，而莊子都是跟惠施辯論的時候顯發他的靈感。告子說義外，就是義是在外面的。這樣有一個問題，我們人生是要去做仁義的事情的，如果仁義的標準是外在決定的，就變成我們講的道德美善，是外在的標準壓迫我們，而所謂善是傷害人性的，所以孟子一定要說：「非由外鑠我也，我固有之也。」仁義禮智，那些道德，那些善，並不是從外面加進來的，是我本來就有的。所以當我做好人的時候，是自然的做好人，不是接受外面的教條所以做好人，那太苦了。且做好人的結果就是我的人性受到壓迫和傷害。外鑠是外面加進來，來鎔鑄我的，它不是「我固有之也」；這是很有名的仁義內在說。告子是仁義外在說，所以孟子罵他，認為告子這樣的理論會導致一個結果——講道德是傷害人性。那天下人為什麼要講道德？

現代人反抗道德，就是因為他認為道德是外面加進來的。青少年反抗父母的權威，他不知道這個不是權威，而是人性本來有的。人都應該完成自己，每一個人都一樣，這不是老師或父母加在兒女、學生身上的權威，這是在呼喚人性最高貴的品質，希望那個最高貴的品質在老師父母的引導之下，能夠在你一生的行程中實現出來，這樣又是善，又是自然。但現在人把道德當作外在的，好像做好人是為別人做的；因為是外面加進來的，所以他會說是幫你讀書。那不是幫我，是幫你自己呀！儒家認為人性就是仁義禮智，人性就是善，做一個好人不是壓迫你的人性去做好人，而是實現我的人性做好人，這樣道德跟自由是合一的。如果道德要付出不自由的代價，那不自由毋寧死了。所以告子的義外說不對，孟子的義內說才對，就在這個地方我們找到答案。

儒家給你道家看你

儒家說做好人是人性本身就是如此，道家則是說我無心，我忘掉我的好。儒家說我的本性就是仁義禮智，我就從我內在發出來去做一個好人。道家再進一步，他不是說我天生是善、人性是善，而是說：我忘了我的善。所以我們要有儒家的人性修養論，還要有道家那個來自於我們心靈的化解功夫，這樣，你的利萬物，你的不爭，才會長久的。有時候我們也不爭，只是想對他好，但是不能長久，這是因為你沒有忘了你的善，所以你會覺得：為什麼一直都是我在付出，而他沒有呢？

這不是天下的夫妻最喜歡問的問題嗎？為什麼都是我？為什麼不是他呢？這是公平性的問題。但不管做多做少，家庭結構或家事的分配怎麼樣，有一點很重要，就是你不能計較，你要忘掉，那樣才會長久，這是道家。如果說要公平，要在法家講，把制度規則訂好。去做的時候則是儒家的道德理想出來，很盡心做，情意都給你，這個家庭有光又有熱。然後是道家，我們同時忘掉自己的好，不要一邊做，一邊訴說自己的辛勞。

所以第一個，公平性問題，請用法家，立制度定結構。第二個，把愛和真情意帶出來，不然那個結構是死的，制度是死的，是空的形式，你要把實質給出來，要有真的感情、真的理想進來。第三個，再把它化為空靈，忘掉我的好，這樣你才能夠像水一樣，所以水的善在此。儒家可以做到第二層，墨家做到第一層，道家做到第三層。道家像鏡子一樣，鏡子沒有辦法給出愛，鏡子只會忘掉而已，它照了人，但是它忘了。我這樣講不是說道家的境界比儒家高，我是說：第一步，要像墨家一樣，我們可以利萬物；第二步，像儒家一樣，我們是自然的、人性的自我完成，很自然的把我的愛帶到人間，不是跟他爭，我只是愛，無代價、無功利、無條件的愛。第三步，像道家一樣，我甚至把這樣無條件的愛都忘了。第一層是墨家。第二層進到儒家，人性的自然，我不是跟你爭，只是在實現我自己，完成我自己，我們同時完成，誰也沒有委屈和虧欠。第三層，我再把我的美好忘掉。這樣一說已經講了中國三家——墨家、儒家、道家，還多說一個，建立制度的法家。

水自然的往下流，越卑微越顯現高貴

底下說：「處眾人之所惡，故幾於道。」前面說水的「善」是「利萬物而不爭」，那個善是自然的、無心的，水永遠自然無心的往下流，它流到最低下、最卑微的地方，它站在生命的根部底層，才能同時去利天下的萬物。很多人利天下是高姿態的，他是站在最高的地方救濟，惟恐天下不知，那是不好的。應該「為善不欲人知」，若是成就你的善，而讓那些接受救濟的人暴露在被人憐憫的、無所逃於天地之間的窘境，你到底是利他，還是害他？這很有問題的，因為那種為是一種爭。

水是採取低姿態的，它流到這個世界最低下、最卑陋的地方，而在那個地方去做人間最高貴的事業，就是利萬物。水的高貴就在它承擔卑下，這是老子的體會，老子看到的水是往下流，流到眾人所厭棄的地方，支持所有在它上面的萬物，這是很動人的。

武訓是中國的一個乞丐，他沒有自己，沒有家室子女，跟墨家性格很接近。他跟每一個人下跪，但他不是為自己才向別人下跪，而是為對方向對方下跪，當代中國哲學大師唐君毅先生說：這個就是代表上帝向人間下跪。武訓的心靈世界很簡單，他只是曉得自己受了沒上學的苦，所以不希望對方跟他一樣苦；他對學生家長下跪，懇求他們讓子女來讀書，只因為要學生好。上帝已經夠偉大了，跟人下跪的上帝更偉大。我覺得了解武訓就可以更了解水的高貴，武訓不曉得他在做好事，他完全無心自然，也不覺得自己有什麼了不起，他站在最卑下的地方，做人間最高貴的事業。所以我很喜歡那一句話：代表上帝向人間下跪。上帝是最崇高的，為什麼下跪？因為最高貴的愛就在最卑下的地方，在《莊子》叫「每下愈況」。人家問莊子道在哪裡？他開始說道在昆蟲，在飛禽走獸，一路講下來，越講越不像話。莊子說：是啊，道在瓦礫，道在屎尿。洗尿布是最卑下的地方，卻是母愛最高貴的表現。

什麼叫「每下愈況」？就是在越卑下的地方越顯出道的高貴。道不會為了證明自己高貴，永遠站在最高的地方讓你看，他會到最低的地方跟你在一起。天道的可貴就是，它永遠站在最卑下的地方，跟所有受苦受難的人走在一起；你看耶穌、孔子跟釋迦，永遠跟受苦難的人一起，所以他們才是聖人。站在最高的地方來看人間，那不是最了不起的人，那是英雄豪傑，大家崇拜的人。偉大的人是不要人歌頌的，他就在你的身邊，不過現在許多人「每下愈況」都說錯了，講成「每況愈下」，意思也變成是情況越來越不好。莊子原來的意思是越卑下越高貴，現在人是用錯了莊子的意思，反正已約定俗成。

在儒家來說，孔子認為「君子惡居下流」，為什麼君子不要立身下流之地，因為「眾惡皆歸焉」(《論語》)，我們罵人說你這個人很下流，下流就是很多醜陋、汙穢聚集的地方，所有的垃圾不是都往下流去嗎？所以「君子惡居下流，眾惡皆歸焉」。他說商紂王其實沒有像歷史所記載的那麼惡劣，但是我們把天下所有的不好都記在他的身上，他是最壞之人的代表，所以孔子這樣警告他的學生，不要居於下流。但是老子說：「處眾人之所惡」，他卻認為這樣是高貴的，所以這是不同的體會。儒家講陽剛，道家講陰柔，陰柔是以柔為道，所以越卑下越高貴。在《論語》裡，孔子講水是：「逝者如斯夫，不捨晝夜。」他看到水的健動不已，生生不息，「一江春水向東流」，永遠是滔滔不絕，這代表天理流行，宇宙的生機不斷。但老子看到的水不一樣，我們引用《論語》來對照一下，為什麼叫「眾人之所惡」？因為「惡居下流」。而道家認為：在那個卑下的地方，剛好是最高貴的地方。所以底下說：「故幾於道」——所以它最接近道。老子是通過水來詮釋天道，天道無所不在，它跟所有的萬物在一起，才能夠支持萬物成長。山谷也是，山谷是空的，萬物才能在它裡面成長。所以像這樣的人是接近道的。通過它「近於道」，所以才說它「上善」。

天高皇帝遠給出寬廣的自在空間

底下說：「居善地，心善淵，與善仁，言善信，正善治，事善能，動善時。」這幾個善字都是自然無為的意思。「居善地」意即：居處於自然無為之地。儒家講「里仁為美，擇不處仁，焉得智？」你不知選擇仁人的鄉里來住，那算什麼智者？一個有智慧的人就是要選擇仁人的鄉里來做為自己的鄉里，所以「里仁為美」。但是在老子來說，「居善地」是居處於自然無為之地，什麼地都可以，這是講人生修養。而老子這邊講的自然無為之地，是「無入而不自得」，居處於任何地方都可以，你可以「結廬在人境，而無車馬喧；問君何能爾，心遠地自偏。」（陶淵明詩）「心遠地自偏」，這叫「居善地」。

「心善淵」，心守於自然無為之淵。為什麼說淵呢？因為心是空的，像山谷，像深淵一樣，心像山谷像深淵就無所不包容。我們的心是虛的，所以草木在裡面生長，所有的人都可以進來。

「與善仁」，這句話很多人覺得不對，老子明明講不仁，怎麼「與善仁」？這個善就是自然無為，就是不仁，第五章講「天地不仁」、「聖人不仁」。所以「與善仁」是與人相處於自然無為之仁。什麼叫自然無為之仁？你還是仁，還是愛，但是你是無心的愛。老子並不反對愛，只是他多加了一個：請你無心自然。

「言善信」，言語於自然無為之信。什麼叫自然無為之信？老子說：「信者吾信之，不信者吾亦信之，德信。」（第四十九章）一般我們的信就是人為，人言為信，要去責求對方做到，希望能寫下契約，還要找人擔保。老子的意思是那個信是自然無為的信，是不責求的；第七十九章說：「聖人執左契，而不責於人。」講不責求的相契，而不是要求履約、要求去實行盟約。

「正善治」，政治於自然無為之治。這個「正」是政治的政，就是一切的政事要治理於自然無為之治。這個老子講了很多，像「太上下知有之，其次親而譽之，其次畏之，其次侮之。」（第十七章）太上是指最好的政治，底下的百姓僅僅知道有政府而已。「有暇各勤爾業，無事休登此門。」以前的衙門都有這個對聯，意思是有空暇你不要打官司，大家去士農工商各自勤奮你們的事業。而讓人民覺得可親而且讚美的政府，在老子的評價中是第二等。

第三流的就是百姓害怕的政府，第四個就是百姓害怕而最後起來反抗的政府，「侮之」是侮慢、看不起。下面又說：「信不足焉，有不信焉。」政府的信不足，百姓才有不信。今天我們就出現這個問題，公權力衰退，公信力消失，這個要快速重建才行。底下說：「悠兮其貴言」，悠兮就是很悠閒，貴言就是不隨便發布命令。政府不要隨便說話，少說多做。「悠兮其貴言」就是「處無為之事，行不言之教」。然後說：「功成事遂」，做好了一切叫「功成事遂」，事情都做好了，但百姓不知道，百姓以為是他自己這麼好的，這就叫「百姓皆謂我自然」，他不曉得過得這麼好是有一個政府在推動，這才是最好的政府，這樣的政府就叫「正善治」。你的政要治於自然無為之治，自然無為之治就是「太上下知有之」的政治，是「百姓皆謂我自然」的政治，而不是「親而譽之」的政治，「畏之，侮之」的政治。

「事善能」，事盡於自然無為之能。我們希望事情能夠展開它的功能，但這個功能，不要太大的預期，不要太大的執著，只是自然無為之能，人無為而自然無不為的妙用。

「動善時」，動宜於自然無為之時。所謂的善，事實上就是居不求其地，心不守其淵，與不定其仁，言不責其信，政不為其治，事不盡其能，動不擇其時。不擇可以無入而不自得，莊子說：「是接而生時乎心者也。」（〈德充符〉）與物接而心生春意，這叫「才全」，存全人天生的本真。

最後，「夫唯不爭，故無尤。」因為它本來就沒有抱著跟萬物爭的念頭，它是這樣的無心自然，「為而不爭」，「利而不害」，所以無怨亦無悔。人間的怨都是從恩來的，人間的恨都是從愛來的；如果我無心去愛，不自覺自己有恩於人，「為而不恃」，相對的也就沒有怨，沒有悔了。

知其雄之道在守其雌

第二十八章說：「知其雄，守其雌，為天下谿；為天下谿，常德不離，復歸於嬰兒。」我們都要「知其雄」，就好像我們有一個方向，一個標的。雄代表剛健，代表有為；我們希望擁有，希望實現，希望把握，希望抓住。但老子告訴你要「守其雌」，你要守住這個雌。雄代表陽剛，雌代表陰柔，我們要有正面的、陽剛的理想，知就是隱然指向這一個方向，但是怎樣達到這樣的理想、這樣的目標呢？你的進路在哪裡呢？就是要守著你的自然無為。老子也說：「無為而無不為」，「知其雄」就是無不為，但怎麼做到無不為呢？要通過無為去做。雄是有，怎麼樣去擁有？怎麼樣去實現有？去把握那個有？他說：你要通過無。所以「守其雌」的無為就是一種作用。

我一直說，道家是一種化解的作用，不是實有；通過這樣的作用，就可以保存那個實有。那個實有也許是我們的事業、感情、婚姻……，而我們總是要「知其雄」，要實現它，要保住它。但要通過什麼方法？它不是通過制度。法家說通過制度來，儒家說通過修養、通過愛來，道家則說通過化解來。你要無為才能夠無不為，老子不是講「生而不有」嗎？你要不有才能生；「為而不恃」，要不認為是有恩惠，你的為才是真正的為；「長而不宰」，要不以為自己是主宰，你才是真正的帶他長大。所以老子說，道家的功夫是每一個人都「知其雄」，但是你要「守其雌」。

「知其雄」，一般人都以為是以陽剛去奮鬥，以智慧、才學、能力去對抗；老子說不是，以無為。所以「知其雄，守其雌」，守住這個雌，就好像你做為天下的谿谷一樣；谿谷平靜的守在那個地方，但是天下的水都流過來，所以能守住其雌的人，就是「為天下谿」。天下谿是天下的水都流來了，這不是「知其雄」了嗎？萬川之水匯歸谿谷裡、大海裡，它們不是很卑下嗎？不是很安靜嗎？雌是很安靜、柔弱的，但是所有的東西都匯歸到它那個地方，這叫「常德不離」。常德就是每一個人天生而有的本德。

我們的德為什麼沒有了？因為我們想去開創，去人為造作，去跟人家對抗，所以我們的天真，天生的德，就在人生過程中散落；因此我們對人的同情越來越少，我們的感覺越來越遲鈍，因為天真漸漸的流散失落了。所以能夠守住其雌的人，就不會在人間的對抗破裂中，本來的德、本來的天真因散開而失落。「常德不離」，就是「含德之厚，比於赤子」（第五十五章），那個德就是常德，厚就是你天生的德是那麼深厚，為什麼後來沒有了？因為散開了，失落了。但是如果一開始你就沒有衝出去，那麼你就可以守住你自己，這叫「守其雌」。「守其雌」就是無為；無為，我們天生的真，那個常德就不會離開我們。

化解的作用來保存人間的美好

《老子》第十章說：「載營魄抱一，能無離乎？」營魄就是魂魄，我們每一個人身上都承載有精魂和氣魄；一就是我們從天道來的德，老子說：「道生一」（第四十二章）的那個一，就是指我們的德，這叫「道生之，德畜之」（第五十一章），從天道來說叫道，天道落在每一個人身上的叫德，有時叫常德。我們都有這個一，要抱一。我們的身體都承載有魂魄，而要回抱自己的一，自己的德，自己的天真，像嬰兒一般，所以底下講「復歸於嬰兒」。「能無離乎？」你能夠不離開你的一嗎？能夠不離開你的德嗎？可見我們最大的問題就是：我們本來含德很深厚的，像嬰兒赤子一般，但是在成長的過程中逐步的流失、散落。所以他才會說：「載營魄抱一，能無離乎？」

底下又說：「專氣致柔，能嬰兒乎？」這兩句我們在講「虛其心，實其腹；弱其志，強其骨」（第三章）的時候引用過了。所以「無離」不就是「常德不離」嗎？「復歸於嬰兒」不就是「能嬰兒乎」嗎？你拿這兩章來對照著看，接著再看第五十五章的「含德之厚，比於赤子」。把各章讀熟了，就會覺得老子很容易理解，這叫以經解經；任何一章都看到另外一章怎麼說，把它們會合起來，就很清楚了。所以第十章說：「能無離乎？」、「能嬰兒乎？」，這邊說：「常德不離」、「復歸於嬰兒」。

常德為什麼離呢？因為我們沒有守，我們衝出去，飆出去了，勇往直前，打天下去了，結果天真一去不復返，童年遙遙遠去，鄉土的根也沒有了，生命越來越浮動。所以這個時候老子告訴我們，我們都要「知其雄」，我們要實現，要擁有，但是問題是怎麼可能？這就是道家的智慧了。我不反對你要實現，不反對你要擁有，但我要提醒你注意的就是：你要想怎麼可能？怎麼可能不是方法的問題，老子不從方法講，從方法講就是現在各大學講的那些技術、知識、制度、能力的問題，他不從這邊講，他從智慧講：你要守住你的自然無為。所以你無為，「雄」的志業就可以實現，那個叫無不為。

無心自然，何來權謀？

不過也有人不是這樣說的，這裡引用嚴復和梁任公的說法。他們兩位講現代化，但是也唸老子。嚴幾道說：「今之用老者，只知有後一句（指「守其雌」），不知命脈在前一句也。」這是嚴幾道的感慨；梁任公說：「老子喜歡講無為，是人人知道的，可惜往往把無不為這句話忘去，便弄成一種跛腳的學說，失掉老子的精神。」他們兩家的意思一樣，都認為一般人講老子，光強調無為，強調「守其雌」，而忘掉了它的命脈在「知其雄」，忘掉了另外一半的無不為。

但是依我的理解，命脈是在後一句；人是要無不為，但是老子認為關鍵在無為。無為的本身就是無不為。譬如說我不想升官，不想發財，這是無為；但是我突然間覺得輕鬆起來了，千斤重擔沒有了，好像天色不那麼灰暗了，人生也不那麼坎坷了，世界似乎寬闊起來，人生道路也平坦起來。所以我不要名不要利的本身就是無不為，而不是說現在我不要名不要利，幾天以後我變成天下最有名的人，不是這個意思的。在魏晉時代，天下第一流的人物都是道家的，本來道家是講無名的，要隱藏，要隱居，在《論語》叫隱者，《老子》則說：「道隱無名」（第四十一章），道就隱藏在無名中；結果到了魏晉，道家人物是全天下最有名的，老實說，那是反道家的。所以我不是說：我現在無名是為了將來更有名，我現在不要利是為了將來會得到更大的利。而是說：我不要名不要利的當下，就突然間覺得世界開闊許多，人生豐富了許多，因為不用擔心受怕，不會覺得有一道一道的枷鎖和重擔壓在身上了。當我什麼都不要的時候，我的不要就是無為，在那個時候我已經無不為了，無不為就是我自由了，沒有壓力了，一切都美妙起來；所以無為的本身就是無不為。

千萬不要說無為是為了無不為，前面無為，後面無不為，等待豐收。這樣，無為就變成了投資！不是說孔明的高臥隆中是為了有朝一日三分天下，他哪裡能算得那麼準，他真的是高臥隆中，只是被劉備找到罷了，他也不大執著，在三顧茅廬的真誠敦請之下，也就出來了。如果我們為了愛護老子，硬說他的退是為了進，這樣反而是傷害了老子；所以我們不贊同嚴幾道和梁任公說道家的命脈在「知其雄」，在無不為，事實上《老子》的命脈在「守其雌」，在無為。

水之所以能夠長久的不爭，長久的愛萬物，就是因為它是無心無為的；水從來沒有立志利萬物，它如果立志利萬物，就會有英雄氣，就會有優越感，但這些水都不知道，就像武訓跟人家下跪，他也不知道他很偉大，很了不起，他沒有那個觀念，這樣會是權謀嗎？很多位前輩先生都一直把老子解釋成權謀，其實老子每一句話都是真的，也沒有隱藏，所以我們大可不必把他解釋成權謀，變成兵家、法家。兵家、法家應用老子的智慧，來做一種欺敵的功夫，一種偽裝，好發揮更大的應變謀略，更大的作戰力量；但是老子沒有這個意圖，他只是要大家後退，大家虛靜，大家美好。你的無為在哪裡獲致成果？就在你無為的當下。

這個觀念一定要解說清楚，不然很容易把《老子》說成權謀。老子沒有什麼以退為進，退的本身就是進。跟人道歉了以後，取得他的諒解，你就覺得心頭的重擔沒有了，你不是進了嗎？這叫「退一步海闊天空」。所以無為而無不為是同時的，就在無為的本身無不為，不是說前面無為，後面無不為，那樣會變成這邊投資，另一邊是在收成，是獲利的有效手段，這樣就變成權謀了。

底下說：「知其白」，《莊子・天下篇》講：「知其白，守其辱」，而在《老子》另外一處講：「大白若辱」（第四十一章），可見「白」跟「辱」是相對的，白是光明，辱是黑暗。

「知其白」是我們要追尋光明，但是你要守住幽暗，要光而不耀，不要老是發光，鋒芒畢露；陽剛要守住陰柔，雄要守住雌。「知其白，守其辱」像什麼？像天下的山谷，「為天下谷，常德乃足」，你能夠守住你的山谷，你的常德就自然完足。我們本來是自然完足的，「知足之足常足」，每一個人知道他內在本來完足，那樣的足才是永恆的足。如果你把足定在外面，那麼生命就開始浮動，因為外面是你不能掌握的，它在變動中，你的人生也跟著搖擺不定了。所以你要成為天下的谿谷，守住這個幽暗（山谷是幽暗的），你本來的德就是完足；「復歸於樸」，樸是沒有雕琢的原木，沒有人為造作，所以老子喜歡講樸。

體制有道永不會割裂

底下說：「樸散則為器」，樸散落了以後，經過琢磨、雕刻才成為器皿。「聖人用之，則為官長。」聖人要用這個樸，這裡「之」是指樸；「則為官長」就可以做為百官之長，百官的領導人物。百官都是器，因為百官都有器用；樸散落而成為器，每一個器都有它的器用，百官有他的專職專司，但統領百官的聖人要「樸」才好。所以聖人用這個樸，守住這個樸，「守其辱」，「守其雌」，就是聖人要無為，而讓百官無不為。

老子的「無為而治」是人不要做，讓自然做，人不要為，讓自然為；自然的太陽會上來、會下去，春夏秋冬四季運行，晝夜交替，自然就有一種秩序。人間出問題是人出問題，不是自然出問題，一樣的黎明，一樣的黃昏，一樣的日正當中，但是為什麼人間社會出了問題？是人出了問題呀！所以老子說：人，請你無為，讓自然無不為。這叫「無為而治」，叫「回歸自然」，回歸自然讓自然治，人不要做了，因為人為越做越亂。法家繼承老子這樣的想法，要君王不做，讓百姓做，讓百官做。

百官一定要有專司，要有器用，因為百官是器，像經濟部負責經濟，交通部負責交通，這個不能光講樸的。「聖人用之，則為官長。」聖人還是要用這個樸來做為百官之長。底下說：「故大制不割」，儘管分各部會，但是還是要有一個總體；不割就是不割裂，「大制」是在以「樸」象徵「道」的統領之下，這樣的制度是不會割裂的。為什麼？因為器的上面有樸有道。

其實人生無不散落，人生的各項活動：讀書，做人，交朋友，旅行，到處散落，那怎麼可能樸？我都無心，我每一個「知其雄」，都能「守其雌」；每一個「知其白」，都能「守其辱」；我又是「天下谿」，又是「天下谷」，是「常德不離」，「常德乃足」；在人生成長過程中，我都像沒有雕琢的木頭一樣，所以儘管經歷人間的動變，我永遠天真，這叫「大制不割」。我們還是會經歷人間的艱苦，經歷人間的悲愁的，但是我們仍擁有對人間樂觀的想望，因為我們沒有受到傷害，我們總是守住陰暗的地方，所以不會覺得光明不夠；我們總是守住那個雌的地方，所以不會覺得陽剛不夠；把自己放在最低的地方，所以永遠不會覺得缺陷；把自己放平，說自己什麼都不是，當我什麼都不是的時候，就沒有什麼好失落的，也沒有什麼好擔心的。我現在什麼都沒有，我現在是無，從無開始，我能夠擁有一切的有。你站在有的最高峰，任何動變你都少一分；我站在最低點，一分就是一分。人生換一下嘛，不要覺得自己老是在減一分，我們要讓自己感受到我在得到一分。

人生不是很現實嗎？對！是現實，但是你可以讓它實現。現實轉實現如此而已，把兩個字反過來，這叫扭轉乾坤。人生無不現實，但是你讓那個現實有美感，讓那個現實有情意，柴米油鹽很現實，但孩子在這裡面長大。你說柴米油鹽是現實嗎？我看起來是實現。做其他的事情也是現實的，但是我們可以讓它實現，這叫「大制不割」。

在老子的思想裡，「大」字都有道的精神，或是和道合一。一般的制度一定割裂，它是正面，有一個軌道，一個標準，一個結構，大家要按照規矩制度來，所以制度一定分得很清楚。制度的割裂就是法，但是事情一正就有一反，所以麻煩來了，因為正的一定會走向自己的反面；因此任何正面要克服自己的反面，才會變成更上一層的正面，更上一層的正面會是什麼？是道；那怎麼克服呢？加上「不」！我不割所以才叫道，才是「大制」。

克服自己的反面走向更高的正面

我們換一句說，「大愛不害」，愛的對面就是讓人負擔，給人家壓迫。愛有時候是很大的壓迫的，你越愛，對方越感到緊張，因為你的期許會越強，執著會越深；所以獨生子承受的壓力最大，因為父母親，甚至整個家族的希望都在他身上。如果兄弟姐妹很多，壓力就散開了。所以愛可能變成害，我們要讓愛避開害，就是我的愛是不害的，這叫「大愛不害」。因為我不害，所以我的愛才變成大愛，偉大的愛是不傷害人。但是愛經常會害，任何正面都會走向反面，人生很多事情都是這樣，好的變成壞的，老子所說的「為而不爭」與「利而不害」，就是要讓我的好通過那個「不」的放下消解，克服了我的反面，不去「爭」，也不帶出「害」，也就是我預先看到我的後遺症而加以避開了。

人生很多正面，在你的堅持，在你的執著之下，會走向它的反面；人生成敗的關鍵就是：讓我們的正面永遠正面，而不要變成反面。怎麼保證我們不會變成反面呢？就是要以主體修養，預先防範，預見可能的後遺症，然後避開那個後遺症，本來的正面就會走向更高層次的正面。就像「見山是山，見水是水」，你要通過「不」，「見山不是山，見水不是水」，然後才會有更高一層的「見山祇是山，見水祇是水」。

你的正一定帶出反，因為你有心，有心就會產生有心的擇善固執，有心的執著，會把自己逼到反面；所以我們要克服它的反面，才是更高的正面，這叫正反合的辯證法。我們的辯證法是唯心辯證法，只有「心」才會走向自己的反面。今天的我可以變成非我，我可以站在我的對面來說我自己不好；只有人可以跳開自己來看自己，只有人可以自己站出來反對自己的。我們經常做出很多反對自己的事情，明明喜歡小孩，但是又把他罵哭了，雖然不忍心，卻還是做了，豈不是既是你又不是你了嗎？我們是會走離自己來反對自己的，道家就讓我們不會成為自己的反對者，不會把自己逼到自己的反面，這叫「不割」。

能夠做到這樣的人，才是真正的大。大就像天道一樣，天道永遠不會成為自己的反面，只有人才會，因為人是有限的。人往往會講一些不應該講的話，傷害自己所愛的人，所以人永遠要修養。而這樣的修養，通過正反合，就是黑格爾的辯證法，他講一個精神辯證的歷程：我們都從正出發，會走向反，克服反以後，你就是更高的合；然後再從「合」做為「正」出發，又會走向反，克服這個反，又到合。人生、世界就是不斷向上升的歷程，像一個螺旋，逐步的往上升，爬到世界的高峰，那就叫「絕對精神」。黑格爾是講歷史的進化，歷史就是不斷的從底下往上升。中國哲學也有辯證法，正會走向反，現在我克服反，所以轉成更高的正，叫合。正為什麼會走向反？因為你太執著，太愛他，所以忍不住講一些傷他的話，這樣才能夠撫平自己受傷的愛。

譬如「樸散則為器」，本來木頭是樸，雕琢以後就變成器皿，當它成為一個器皿，就有它的器用，但原來的樸就失落了。就像我們要讓孩子懂事，跟他講了很多人間的風險，但這一來就傷害他的樸了，他的樸開始散落，他會想：原來人的話是不可相信的。孩子開始懂得避開人間的災害，他變成有用，能夠去對付一些社會的騙術、傷害。所以木頭本來是樸的，散開之後才變成有用的器皿。問題是，人間已不可信了，如何讓孩童既天真又靈巧呢？此外，聖人不是要治天下嗎？那就要有百官，百官要有他們自己專職的工作，就是器。但是這樣不就沒有樸了嗎？所以能夠治理天下的聖人要有那個智慧，要守住辱，守住雌，要「常德不離」，「常德乃足」，要「為天下谿」，「為天下谷」，這叫「聖人用之」，他就是用這個樸。百官制度會割裂，聖人的樸不會割裂，他用樸把那些割裂的木頭保住它的本色，這樣它就不割裂了，這叫「大制不割」。

以天道素樸統合人間的百官器用

樸或者嬰兒都是形容天道，天道像嬰兒一樣的純真叫天真。百官就是各有專職，各有器用，你可以把天下的事情交給百官，他們各自管他的專職並發揮他的器用，但是統領其事的聖人，他要永遠保住天道的樸。他永遠有這個樸，但是百官是器，所以他才會成為百官之長；長就是以樸來領導統合百官。聖人是百官的長，他憑什麼來長百官呢？憑他的總體的觀念，憑他沒有割裂的心態；那麼怎樣才能不割裂呢？制度一定割裂，因為它有規劃、結構，它一定分得很清楚，有分別性，但是總要有一個無分別的來統領它，這就是長。這樣在制度本來的割裂中才會保有「不割」的完好，不割才是「大制」；可以割裂的制度不是好的制度，不會割裂的制度才是好的制度，道的精神統貫的「大制」，永不會割裂。所以我們活在人間世，不要忘掉了我們天生的本真，在人生成長的過程中，不要失落了嬰兒天真的心情；老子就是這個意思。

之八

虛無的妙用無窮

老子對「道」的體會，
就在道體沖虛，
而虛無的妙用無窮，
妙用在一切「有」的美好，
都從「無」的形上智慧而來。

攝影：鄭明禮

「有」的根本在「無」

第十一章跟生活直接關聯，也比較容易有貼切的了解。「三十輻共一轂，當其無，有車之用；埏埴以為器，當其無，有器之用；鑿戶牖以為室，當其無，有室之用。」老子舉了車子、器皿、房子，來做為例子。車子、器皿和房子之所以會有用處，都是因為它們中間是空的。「三十輻共一轂」，轂就是安放車軸的圓木，車輪能夠轉動是因為轂中空，可以插上車軸，車軸轉動，車子才能前進；如果車輪的中間沒有一個空的地方，就不能夠讓車軸插身其間，讓車子往前推進了。車轂周圍的橫木就叫輻。就因它中間的空無，才會有車子的功能，有車子的妙用。

「埏埴以為器」，埏是以水和土，去捏泥土；埴是黏土。埏埴就是陶藝，用黏土來做器皿，這個器皿是「當其無，有器之用」。茶壺的中間是空的，所以它才能夠泡茶，就在中間的空無處，才能夠顯出它的妙用。而現在我們就在一間房子裡面，「鑿戶牖」，開有門窗；做為房子，總是有它空無的地方，才會「有室之用」。一個房間的用，因為它是空的；不然房子被填滿了，人就進不來了。器皿被填滿了，茶就進不去了；車轂被封死，車軸就插不進去，那怎麼轉動？

通過這三個日常生活中可以接觸到的例子，老子得到一個結論：「故有之以為利，無之以為用。」有之所以能夠成就它的有用，它的利用，是因為無，它才能夠有這樣的妙用的。就因為「當其無」，因為它中間是空的，才能夠產生車子、器皿、屋子的用處；它之所以成為有用，是因為它是無。所以一切有的基礎在無。不管是車子、器皿、屋子，都是人造成的，老子由此來反省思考，物被生成的原理在哪裡，物被生成是有，原理卻在中空的無。

中國人把父母當天地，天地君親師並列，是說做為父母，做為老師，還有做為政治家的人，要有天地一般的心胸、氣度；所以宰相肚裡能撐船，為什麼能撐船？因為他是天地。

天地是最遼闊的，天無不遮覆，地無不承載，任何東西都可以立足於大地，而任何存在都在天的遮覆之下。因為天地是最廣大的包容，所以既然要用父母來保證子女，用老師來保證學生，用聖人來保證百姓，這些人就不能光是人，這些人要做到天地。要準備做父母的，一定要讓自己能夠有像天地一般的心胸，不然孩子就沒有他成長的天地，沒有他存在的天地了。所以我們一定要把天地君親師並列，就是這個道理。

我們看到這一點，只有天地可以做為所有的人及萬物存在的理由，人是很難的，因為人是有限的物。我們不是天，天是天理，天理就是純理；天不會生氣，因為天沒有氣，氣是限制人的物質性，「心使氣曰強」，只有人才有氣。我們講天氣，那是指自然界；我們人叫氣質，天叫氣象，社會叫風氣，經濟叫景氣，那些都是靠不住的，凡是氣都靠不住。如果爸爸像氣象怎麼辦？晴時多雲偶陣雨，孩子在同樣的時間裡怎麼去面對這樣重大的變化？那麼怎麼樣才能夠讓孩子好呢？就要永遠一致，永遠日正當中，永遠晴空萬里，這樣孩子才能活下去呀！老師也是一樣，季節轉換不要那麼快，本來是春天，突然變成冬天，學生來不及適應的！所以孩子的一生，跟家裡的氣氛，學校老師對待他們的態度有絕對的關連，他是否能夠對人信任，是否覺得人際關係可以美好，和成長的家庭、學校是息息相關的。

萬物的「生」來自天地的「無」

所以生命要有恆定，恆定是因為只有理。氣是會變動的，人的氣質、自然的氣象、社會的風氣、經濟的景氣都一直在變動，天地之所以可以保持它的永恆，是因為天地只是一個理。道家講天道，那個道就是天理，只是道家的天理跟儒家的天理有點不同，儒家的天理是道德的，道家的天理則是自然的。這裡是通過我們的經驗講天地為什麼能夠實現萬物，天地萬物都存在，這是「有之以為利」，但它怎麼來的呢？來自於天地的「無」。天地的無才能夠保證萬物的有，父母的無才能夠保證子女的有，老師的無才能夠保證學生的有；如果你也是有，你就會跟他爭。所以你要無了，他們才有，這是道家體會出來的實現原理；你要無了，他才能進來；要這個屋子無了，人才能進來，人間多少美妙的事情在屋子裡面展開，就因為「當其無」，才有它的妙用呀！

所以一切有的利都是來自於無的用，利是實利，所有的實利都通過虛用來的（有實在的好處叫實利）。但是實利背後要有一個虛用，虛用就是你會忘記，你會放開，你會達觀，你會從容，你有一份悠閒，你有人生的智慧，你像鏡子，像水，這樣就是虛用。老子用了很多例子來告訴我們：你一定要做到這個地方，做到這個地方就做到天道，天道可以實現萬物，你也可以實現萬物。人生的問題就是：我們缺乏像天道那樣無條件的對人間的支持和關愛，人間出問題就是我們的愛背後都有條件，而且要計較，甚至用愛去跟人家對抗。老子講的水沒有，水利萬物但不爭；我們也是利萬物，卻老去爭，以利萬物來爭，實在不自然；水是善，上善是自然，自然的利萬物，所以那個不爭是會長久的；我們有時候也會不爭，但很難長久。所以「有」是一個實利，是來自於「無」的虛用；有了「無」的虛用，「有」的實利才會產生，才會實現。

對道家來說，一切的實有來自於虛無，人間一切美好的、你喜歡的都叫實有，感情、婚姻、事業、學問、友誼、道義、美感、情意都是實有，所以你能真實的感受到它；這些都是很實在的東西，在父子之間展開，在師生之間擁有；但是老子不問這個問題，他問它怎麼來的？這些實有怎麼能夠保存？怎麼能夠擁有呢？因為我們每一個人都沒有自己，我們真的是無，都放開了，我對他好，又忘記我對他的好，這樣，那個好就永遠在那個地方。什麼叫實有？好啊！什麼叫虛無？忘記！所以好之所以能夠被實現，是因為我們每個人都展現了一個放下的智慧，都有開放的心胸，這叫放得開。

我們要放得開，放得開就海闊天空了，人間的坎坷、人間的難關就一一可以化解。人生過程中的每一個地方我們忘不了，就是我們過不去；而任何過不去，都會使你現在有障礙。當前我們的人生都是從前過不去的那些關卡的累積，關卡累積太多會變成城堡，讓我們很難走出自己，去跟別人有親切的溝通。所以能夠放得開的人才是過得去的人，你能夠過得去，你原來的有才在，不然都被擋住了，因為你過不去，通不過。

所以一切的實有是來自於道的「無」，「當其無，有器之用」，像茶杯的器之用就是可以盛水，可以泡茶；人生也是，當你的心無了，就擁有人生一切的好。人生一切的好，都因為你有放得開的達觀，你有觀照的智慧，然後它才會保存在那個地方，這個就是道家要講的

「實現原理」。天地萬物是可以實現存在的價值，問題是它是怎麼來的？是什麼理由讓它存在的？這叫原理，哲學上就叫「形上原理」。

做老師的人，倘若心裡面一點無都沒有，講課就比較累一點。本來要好好上課，就應該休養生息，有休養生息才有一份悠閒跟從容，然後再來發揮「有之以為利」的教學效果，因為把自己最悠閒的心境，最清新的姿態、神采，留給我們所喜歡的人，才是人生最重大的禮貌，代表對對方的尊重；所以我要求學生在下午上課前一定要睡午覺，因為你用最輕鬆、最不累的姿態到教室來，做老師的會很感激學生，師生不就互相實現了嗎？

「實有」通過「虛用」來實現

形上原理就是要實現有形萬物，而有形萬物是依靠形上原理來實現它。有形萬物不能互相實現，因為大家都有限，怎麼實現？本來形上原理只有天道有；但事實上，天道的形上原理是每一個人都有的，因為形而上的天道已把它最好的「心」給了我們，在老子來說是把最好的「德」給了我們。它把「德」都給我們了，形上原理我們都有了，但是為什麼沒有實現呢？因為我們還有另外一個「氣」把那個原理障蔽了。

本來人都有形上原理，心都有一個小太陽、小月亮，道家叫天真；自然是真的，天道是真的，我也是真的；但有時候我們為什麼會假？因為我們有人的「物」，有一股氣，這個氣要跟人家爭，不服氣，氣再牽動心，叫不甘心，這樣的不服氣、不甘心就變成烏雲，遮住了我們天生的真，天生的月亮和太陽。所以人儘管天生有形上原理，但是還有形而下的氣，我們不精純，不是純金，而是K金；K金要煉，把雜質去掉，把氣解消，就變成純金，這叫修養。修養讓我們變成精純，讓陽光、月亮永遠照這個世界，照人生。修養之後我們就有形上原理，其實天生就有，但是透不出來，被我們天生的有限性把它遮住；所以我們就把做為一個人物的有限性化掉，這樣跟天道一樣的理就出來了，這叫形上原理。

不管是孔孟老莊、佛教、基督教等宗教或是一些大的哲學，都是在探索或開發形上的原理，然後把形上的原理引向人間，讓每一個人有形上原理，然後我們才能夠互相實現；我可以實現你，你可以實現我，我可靠，你也可靠，互相都是可靠的。如果沒有這個修養，我們只有氣，你生氣，我生氣，你對抗，我對抗，大家一起破裂，這樣就不能實現價值、不能保證存在；所以我們一定要有形上原理，那就要靠修養了，修養之後，我們就跟天道一樣了。一切的實有都通過虛無來實現它，因此實有之所以能夠保存，能夠實現，是因為虛無的妙用。

老師沒有自己才有學生

沒有讀過哲學的人，會覺得這樣的說法很抽象，所以我用父母、老師、聖人來做例子，他們都是天地，沒有個人的身分，沒有考慮到自己的前途。像爸爸的榮耀，媽媽的美貌，似乎把青春都耗在養育子女的歲月，子女長成了，但是青春也過去了，而我們從來不把它放在心上；從這個地方說我們是「無」，孩子長大成人了，這叫「有」，孩子之所以能夠長大，是因為父母的沒有自己。學生也是，如果老師是一個圖利的心態，為什麼要改作業，尤其是改作文？我們改作文的結果就是自己文章越來越像他們，本來發現學生的文章不通，改了一年以後發覺學生的文章也滿通的。我本來打桌球是男子隊，是社會組的，在一女中當校隊教練當了四年，後來只能夠打教師組，就是我的球技越來越接近我的學生，因為要打那種剛剛好她們可以打的球，我平時打的球她們打不到，那怎麼當教練？所以當教練的人就不能再當選手，因為你突然間變成沒有個性，你整個才氣、才華完全化入代表隊的學生身上，化整為零，什麼都不是，這叫無，而學生的球技在進步，這是有。不過我不是很好的教練，因為我從來不懂得斯巴達的教法，我都是老莊，所以學生都有一份從容悠閒，但是從來沒有打過冠軍。我教學生的結果就是球技越來越接近她們，這是成功的教練，但自己卻成了一個落後的選手了。你一定不能計較，一計較就不能當教練了。

去愛一個人有沒有可能做到無條件？就我們的心來說，我們本來是無條件的，我所謂的無條件就是從我這個人抽出來，從人間抽出來。純就心來說，全人類只有一個心；純就理來說，整個宇宙只有一個理，叫天理。問題是我們的心總是落在我們的物裡面，這是我們有限性的開始，所以莊子說：「吾生也有涯」，沒有辦法，這是每一個人最大的命運，命定的，我們最可愛的心，最高貴、無限的心總是落在一個有限的物、有限的形軀裡面。就愛的本身來說，它是無條件的，但是當你考慮到對方的身高，希望兩個人可以並行走在路上，這個條件就出來了，愛畢竟是要落在我這個物和她那個物，希望要找到氣質上相感應的人，立刻有條件了。話能夠投機，彼此間有一份感應，如果我說的話對方都聽不懂，那最好不要，因為愛是需要溝通的，這個是有條件。再者，我們的愛也不光是我這個人，還要在很多人裡面，第一個關卡就是彼此的家庭和父母，你看是不是有條件？愛還是無條件，但天下沒有一個在時空之外的愛，我們的愛注定是在時空之中展開，在一個人間社會展開，所以必須顧慮到社會的處境，這叫有條件。上帝的愛無條件，而人的愛有條件，是因為你這個人活在很多人裡面，你這個人就有條件，很多人裡面有更多的條件，你這個人的條件叫命，很多人的條件叫緣。

人性本真，天道沖虛

這邊又有一個問題好說：道家以自然為實現原理，認為自然就是美好，是不是道家已經先肯定了孟子的性善說呢？不然，自然無為怎麼會好？我曾經講過：如果孟子是性善說，那麼老莊是絕對性善論。道家講本真，儒家講本善，我們說：「人之初，性本善」，如果是道家的三字經，就講：「人之初，性本真」，道家要我們做一個真人。老子覺得在人間做假人最累，講假話，做假事，虛應故事，這個最累了，所以他要我們做一個真人；但是做真人最難的一點就是：你要忘記儒家講的善。「正復為奇，善復為妖」（第五十八章），「正」可以變成「奇」，「善」可以變成「惡」，為什麼？因為你樹立一個正的標準，有一個善的責求，又要很多人達到你的標準，接受你的責求，他做不到，只好假給你看；他會說：你既然喜歡我那個樣子，我只好假給你看。所以道家是講德本真，儒家是講性本善，但道家認為「真」是要忘掉善以後才「真」，因此我沒辦法把它們畫上等號，說：老子講的自然是美好，等於孟子的性善說；那他講的「絕聖棄智」、「絕仁棄義」怎麼說？老子認為我們要忘掉儒家的道德美善，才能做一個人間真實的人。就人天生的來說，儒家、道家都給予肯定，只是所肯定的不同，一個是肯定他的善，一個肯定他的真，所以說：「大人不失其赤子之心」（孟子語），「含德之厚，比於赤子」（老子語），這是一樣的，赤子就是天生的精純，沒有受到人間汙染的本德，還沒有在人間流落、天真的真性；雙方都認為天生本有是好，儒家是天生的善，道家是天生的真。

第四章說：「道沖而用之或不盈，淵兮似萬物之宗。」把前後接起來，就是：道是萬物之宗。宗是宗主，我們講祖宗，祖先就是我們的主，所以什麼事情都要跟祖先稟告，因為我們的生命是從他來的，任何大事都要跟祖先訴說。所以我們講祖宗，祖宗就是祖先，可以做我們的主，我們不能自己做主，要讓祖先做主，向他祭拜，徵求他的同意，然後我們才做。

天道是萬物的宗主，這大概是儒、道各家共同的認定：萬物從它來，它決定萬物。不過現在由誰來決定誰很難，沒有哪一個人可以決定其他的人。現在是大家從家庭出來，你從你的家出來，我從我的家出來，雙方都能夠做自己的主，兩個主在一起共組一個家庭。這樣才有平等的地位。

電影《悲憐上帝的女兒》中，女主角是聾啞，男主角是聾啞學校的老師，她從聾啞學校畢業後留在學校當工友，她很聰明，只是故意不表現她的才華。後來男主角發現她，麻煩就來了，一個是有聲的世界，一個是無聲的世界，男主角要把她拉到自己這邊來，逼她講話，於是她感受到壓力了，剛開始是感受到愛的美好，後來卻感受到愛的壓力。為什麼愛就是要讓我不是我，而變成是你呢？所以女主角說：為什麼你不到我這邊來？結果就產生雙方的分離，到最後他們才發現：原來要雙方走出自己，共同開發屬於他們兩個人的世界，那就是在有聲跟無聲之間的世界，就是回歸自然，誰都不要求誰，「絕聖棄智」、「絕仁棄義」，就像老子說的。那部影片的編劇不見得唸過道家，但裡邊的智慧是道家式的，把道家的精神講出來了。所以雙方走出自己的家，組織一個小家庭，從這個地方來說是對的，這才是新家庭。

我認為組織小家庭是有道理的，不然一開始就不平等，所有的太太處在不平等的地位，因為妳一個人面對他們家十幾個人，光講話妳就受不了，他們會互相附和，而且有神祕的感應，妳會覺得很隔閡，好像自己是孤伶伶一個，他們全家有說有笑，妳在心裡面就難過，因為這樣失去一個平等對待的地位，失去主的地位。現在我們說，我們把祖宗當主，但畢竟是子孫在走祖先的路，所以子孫才是主。

「虛」的修養在內斂涵藏

就天下萬物來說，天道是我們的主，除了它，誰都不能做主，春天來了，萬物就一起欣欣向榮，一起有生機，這就是天道。所以天道是萬物的宗主，那麼它是以怎麼樣的姿態做萬物的宗主？它怎麼可能成為萬物的宗主？因為天道沒有自己，它是虛的。天道是虛的，所以妙用無窮，這叫「虛無的妙用無窮」。「不盈」就是它不求滿，事實上它不會滿，像盛水的器皿，已經有了九成的水量，再倒水進去一定滿溢，想像有一個虛的茶杯，怎麼倒都不會滿，因為它是虛的怎麼會滿？茶杯是實的，我一拋一定碎掉，虛的就拋不碎。它一方面不會滿溢，一方面又不會用盡，這叫「妙用無窮」。

人間都是實的，是實的就會把它用光，而且會滿溢，稍微有一點東西就志得意滿，像有一點知名度，有一點榮耀，有一點地位，有一點成就，就覺得自己滿意了。因為人家稱讚你怎麼樣，你就趕快把它用盡，在青春年少的歲月，就把一生的才情用光，都不懂得含蓄包容。所以老子說「嗇」（第五十九章「治人事天莫若嗇」），嗇就是把麥子收在穀倉裡面，秋收冬藏。所以不要鋒芒太露，不要把生命力、才情、才氣到處揮灑，因為它會被用光的。修養就是不讓它用光，道家式的修養，就是要內斂涵藏，而儒家式的修養，就是要去修德進業、要去講學論道。

要把你的才情通過學問、通過修養，變成一生的，讓年輕的敏銳、飛揚的才情，變成一生的才學，還要讓血氣變成一生的志氣。志氣跟血氣不一樣，才情跟才學不一樣，志氣和才學才是一生的，血氣和才情只有青春年少才有，中年之後我們就飛揚不起來，那時候便要依靠學問、修養。在年輕的時候就要開始修養，因為在道家的反省，你是會把它耗損用光的。

所以老子要求我們要「嗇」，要內斂涵藏，因為要嘛你會把它用盡，要嘛你會滿溢，就像第九章說的：「金玉滿堂，莫之能守；富貴而驕，自遺其咎。」所以不能滿的。那怎麼樣才能夠不滿？虛心呀，虛心就不會志得意滿，就不會睥睨天下，像《莊子・養生主》說的：

「為之四顧，為之躊躇滿志。」我們要了解不會滿溢，才不會引起反感，富有人家要求他的子弟勤儉，是有大道理的。王永慶的生活，絕對不像我們所想像的奢侈，他跟我們的生活一樣，而且還更精打細算，他可算是「嗇」的經營之神了。因為這樣才不會滿溢，不會用盡，不會把一生所有在年輕時候就用光了。那怎麼樣才不會用盡？那就是要虛用。虛了就可以有無窮的妙用，妙用無窮就是怎麼倒進來都倒不滿，怎麼倒出去也倒不光，進進出出，無窮無盡。老子發現到虛無才是妙用無窮，便說：「淵兮似萬物之宗」，這樣的虛無就像山谷深淵一樣，深不見底，不會下一場大雨就滿出來，但是深淵裡面永遠有水，也看不到它乾涸，因為它是虛的。要注意老子是借這個來說，事實上我們講虛，是就我們的心境說，他是用山淵這樣一個具體的形象來形容道的形上原理。道不是我們看得到的，因為道是無形，老子以有形的山淵、深谷來讓我們了解到，原來道就是像深淵那樣的無窮無盡。

在塵土中修出道來

底下說：「挫其銳，解其紛，和其光，同其塵。」這四句話很重要，挫損自己的鋒銳，解開自己的紛擾，銷融（或化掉）自己的光芒，混同自己於塵土。老子用這四句話來解釋，為什麼道的虛妙用無窮。我們剛剛說，講天道一定要講萬物，就好像我們講父母一定要講子女，提到老師馬上想到學生。所以當我們說道的時候，一定要講萬物之宗，道一定要關涉到萬物。

萬物是不是塵土？這四句話我們從底下說起。萬物就是塵土，我們的日常生活起居，柴米油鹽，都是塵土。人物人間，就是塵土，所以人生一定要「同其塵」，不然你會遁入真空管，說塵土汙染，那麼多塵垢，那乾脆不要做人吧！你不是要當天道嗎？天道不是要支持萬物嗎？你要支持萬物，要帶它們成長，你不站在它的身邊，你站在哪裡？站在高山上嗎？站在天頂上嗎？那太遙遠了。所以父母一定要跟子女站在一起，老師一定要跟學生站在一起。

人的存在本身就是塵土，而人跟人的關係又是塵土。有時候會感慨，怎麼朋友之間老是那麼多的誤解？那麼多的閒言？那麼多的氣話？那麼多的衝突？但是我們還是要跟他做朋友。本來在人跟人之間做人就是塵土，你要做為他們的宗，要帶他們長大，就要跟他們站在一起，這叫「同其塵」，要混同自己於塵土，不然我們會受不了這個人間世界的俗染塵垢。

一個人要讓自己活得快樂，必須承受得起人間所有的不好，包括孩子學生的不好，先生的不好，太太的不好；不然，一切的婚姻、父子關係、師生關係，一概會垮掉，因為人間沒有那麼純淨的。只要是人都不純淨，天理才純淨；天是純理才純淨，氣一定是雜的。雜也不一定不好，雜是豐富，因為大家不一樣才豐富啊，如果人都一樣，我們何必跟人家相處！所以我們可以碰到很多不同的朋友，各有才氣的朋友，各有志趣的朋友，各有性向的朋友，都有值得欣賞的地方，在一起談話，那更是趣味無窮。這是雜啊，這個雜就是塵土，總是混雜，不能那麼單純的。所以活在世界上，要不讓自己覺得活不好，就要有一點認命跟知命，懷著天使一般的心情，在這個世界上是很難活下去的。所以父母、老師發脾氣，他們也是人嘛，我們比較容易在父母親之下、老師之下活下去，因為我們知道他也會忍不住發脾氣；你就不會覺得他怎麼還是我的爸爸？他怎麼可以是我的老師？怎麼不可以？他也要做人，而他不過是一個人物。這一來我們就開始對人有諒解跟同情，我覺得諒解跟同情是讓我們活下去一個很重大的處世智慧。

那麼這樣的諒解同情從什麼地方來呢？從知道自己是有限來的。人都知道自己是有限的，但是你要懂得去道歉。我們一方面知道要修養，一方面知道要道歉；修養是讓自己盡量不要變成有限，而道歉是自己終究不免於有限，但是並沒有放棄修養，沒有放棄讓自己更好。

所以大家要來修道，夫妻一起修，在家庭修，修好了以後，再讓孩子出來；修好了以後，才有天地，才有道。父母修出道來，孩子就在道裡長大；父母不修就有氣，那麼孩子就一受氣，雙方的氣都壓迫在他的身上，他得承受兩個人的氣，在父母親的擠壓中掙扎。所以一定要「同其塵」，不然你就不是道，凡是道一定「同其塵」的，釋迦、耶穌、孔子都跟所有受苦受難的人走在一起，不然他就不是釋迦，也不是耶穌，也不是孔子；所以聖人就是天道，天道一定要「同其塵」。不過，「同其塵」一定會帶出糾紛困擾來，因為人會比較，所有的好意在冷言冷語、閒言閒語之下，都會變成惡意，引起誤會跟紛擾。

你自己受得了，人家也願意嗎？

所以「解其紛」就是說：你要「同其塵」，就得解開你的紛擾，因為這樣你才會受得了。對那種「同其塵」的紛擾，你本身要有化解的能力，不然那個塵土就塵封你的心，它會把你的心變成垃圾山，到最後，不是麻木就是沒有感覺。所以很多人父母做久了以後，對孩子的狀況都比較沒有感覺。其實做父母的不這樣子，怎麼能夠再繼續帶小孩？這就是「解其紛」，所以沒有感覺。但是我希望不是沒有感覺的「解其紛」，而是心靈化解的「解其紛」，沒有紛擾，又很敏銳。敏銳的「解其紛」是保持我的清新、我的敏感度、我的感動的心靈，但是我仍然沒有紛擾，這叫道家式的修養。

我們要化解自己的紛擾、困擾，紛擾、困擾就是亂，就是塵土，但是你要解開它，你才會受得了，才不會讓自己累壞、累垮，讓自己厭倦逃離。很多人到最後都變成無言的抗議，什麼都不管了，這樣就真的是放棄道的位置了。我們又要道，又要沒有紛擾，這才是修養；一有紛擾就不管，那算什麼修養？這叫沒有修養。所以一定要扣緊我是道，我是老師，我是父母。那麼我該怎麼辦？要跟孩子在一起，跟學生在一起。但是這一定有紛擾，所以你一定要養成解開紛擾的能力，才不會感到累，才不會厭倦，才不會放棄。人間多少好事情，我們都是因為累了而放棄。為什麼會累？因為紛擾啊！那為什麼老是被紛擾困住呢？因為你沒有解開的智慧。

所以塵是從紛擾來的，反過來說，有塵就是因為人間有紛擾，人在人間做人就是一個塵土。另外光從什麼地方來？光從銳來，鋒銳才會發光。所以很鋒銳的人容易發光，在人群中容易顯現他自己，就像漂亮的人一下子就凸顯出來一樣。因為他有銳，所以他總是發光。不過如果你跟很多人在一起，今天你發光，明天你發光，後天還是你，那以後所有朋友都沒有了，因為你是唯一的主角，他們只是跑龍套。所以跟人家站在一起要「同其塵」，換一個角度來反省，為什麼我沒有朋友？為什麼我到處得罪人？我什麼地方錯了呢？都沒有錯，錯就在你發光，你總是情不自禁要凸顯自己。所以「同其塵」要能夠「和其光」，一個能夠「和其光」的人，人家才願意站在你的旁邊；不然，每一個站在你旁邊的人都黯然失色，變成你的陪襯，眾星拱月，而月亮就是你，誰會高興呢？

所以我們跟人家在一起，不要忘記「和其光」，銷融自己的光芒。「匹夫無罪，懷璧其罪」，很多有才氣的人恃才傲物，但是他這個人總是寂寞。這樣的才就是沒有修養的才，是危險的才，傷害人的才；經過道家修養的才就不會傷害人，他的才還是才，但是不會傷人，這叫「和其光」。修養的好處便在此，經過修養，原來的好才能夠永遠好。所以「同其塵」有兩個大問題，第一個是：你自己受得了嗎？這叫「解其紛」；第二個是：人家願意跟你在一起嗎？這叫「和其光」。

沒有自己，誰來煩我

我怎麼樣能夠解開自己的紛擾，又能夠銷融自己的光芒呢？這就要指向最後一個：「挫其銳」，挫損你的鋒銳，也就是忘掉你自己。「同其塵」是天下萬物，天下萬物的存在是塵土，因為「道沖」嘛！有「萬物之宗」，一定有天下萬物。天下萬物要能夠生，就是生於「解其紛」跟「和其光」；「解其紛」跟「和其光」就是實有，就是說你可以平易近人，又可以讓自己清新。永遠讓自己清新，叫「滌除玄鑑」，把塵垢化解，這樣你的心才會保持清新的心境。「和其光」，才可以收斂你的光芒。天下萬物是生於這兩個條件，而這兩個條件都是有；有來自於什麼？來自於無。挫損自己的鋒銳，忘了自己的美好，放開自己的才氣縱橫，都忘記、放開了，我沒有我自己，就不紛擾了。人為什麼紛擾，因為你把自己擺在這個地方才紛擾，現在你已經沒有了，誰煩你？你已經沒有了，誰來攻擊你呢？所以「兕無所投其角，虎無所措其爪，兵無所容其刃」（第五十章），對方要攻擊，總是要有一個對象，你的功夫練到沒有自己，他攻擊誰呀？這叫無招。最好的武功就是無招，沒有招式才靈活。

因此要「以其無死地」，我沒有可以被攻擊的可能空間，我沒有弱點，我已經是無了，誰能傷害我呢？我已經是天道，誰能傷害天道呢？這叫「挫其銳」。我「挫其銳」，就可以「解其紛」，而且可以「和其光」，可以「解其紛，和其光」，我才能夠「同其塵」。前面說過：「聖人用之，則為官長，故大制不割。」（第二十八章）「聖人用之」的之是指樸，樸就是無，你不要看它只是素樸而已，素樸可是代表「無」可以生「有」的實現原理。

底下說：「湛兮似或存」，湛是深厚、深遠的意思，存是存在。為什麼講「似或存」呢？因為他不敢肯定，我可以說杯子存在，但是我不敢說天道存在，因為天道又不能指證出來，天道是無形的，所以老子用了很多不定詞，像前面「或不盈」的或，「似萬物之宗」的似，這些「似」和「或」就是要沖淡道好像擺在我們眼前的感覺，它是無形的，所以「湛兮似或存」，又「似」又「或」的存。

「吾不知誰之子」，我不曉得它從什麼地方來的，是誰生的我不知道。因為大家會問天地萬物怎麼來？從天道來。那請問天道從什麼地方來？說是上帝創造的，那上帝又是誰創造的？上帝就是最後最高的存在才叫上帝，祂是天道，所以你不能再問下去。這叫形而上。

又譬如說愛情，怎麼把愛情拿來鑑定看看？它又不是大腦，又不是心臟。我們講的仁心愛心，都是無形的，無形的就不能量化，那個是價值。就像太陽會發光發熱，我們在價值上說它有發光發熱的愛，這是人用感情去解釋它，事實上陽光只是一個自然的光熱。

造物主不能悖離大道的虛無性格

底下「象帝之先」，象是好像的像，跟前面的「似」、「或」是一樣的意思。如果人間有上帝，那麼老子告訴你：我所說的道，在上帝的存在之先就有了。不管你是哪一個宗教，你這個宗教的帝，一定要具備老子說的「道沖而用之或不盈」這樣的性格。

老子認為所有做為萬物存在根據的「帝」，都應該具備這樣的性格：它要沒有自己，才可以永遠沒有紛擾，不會煩，不會累。它絕對不能煩，一定要不讓人家反感，要讓很多人願意跟它在一起，因為它是慈悲的，博愛的，仁德的，我們才願意跟它在一起，這就叫「和其光」。所以不管是哪一教，都應該有這個性格，一定要「和其光」，要「解其紛」，然後你才能跟所有的人在一起——「同其塵」。那怎麼做到「解其紛，和其光」呢？你一定要「挫其銳」，一定要沒有你自己，而這個就是「象帝之先」。如果人間有帝，有一個造物主，那麼老子告訴你：我所講的天道比造物主更先在、更根本。

所以我說道家是智慧，這個智慧可以讓各大教得到很大的支持。我認為基督教要有老子，儒教要有老子，佛教要有老子，然後全球人類才會共享宗教的好，而避開宗教的不好。宗教的不好在哪裡？在門戶之爭，就像以阿跟兩伊戰爭，都是宗教問題呀！

我們講天下萬物，講有講無，就是要回應到第四十章最後的兩句話，我們先解釋：「天下萬物生於有，有生於無。」天下萬物怎麼生的？怎麼來的？「生於有」，有是什麼？有是「和其光」跟「解其紛」。那麼有從什麼地方來？「有生於無」，無是什麼？就是「挫其銳」。

我現在把這句話演繹一下：天下子女生於「有」父母，天下學生生於「有」老師；關鍵在下面，天下萬物有老師生於沒有老師。什麼意思？老師的愛，老師的關懷，老師的盡心盡力，這叫有老師；但有老師是生於沒有老師，什麼叫生於沒有老師？沒有老師就是老師沒有自己，老師忘掉自己，青春盡去，歲月盡去，孩子的成長就是他的成長，這叫無。所以，第一句是「天下學生生於有老師」，第二句是「有老師生於沒有老師」。老師沒有自己，才能夠有老師的愛，老師的包容；有了老師的愛，老師的包容，才有學生的前途。這裡學生就代表天下萬物，天下萬物都生於有什麼？有爸爸，有媽媽，有老師，有朋友，有兄弟，都可以，但這一切的有之所以能夠有，是因為他們都沒有自己，他們都是無。

天下萬物生於道的「有」，道的「有」生於道的「無」

我無自己，我就不會抱怨；沒有自己，你就不會跟學生比賽，跟孩子比賽，不會顯發自己的光芒，才能「和其光」。你沒有「和其光」，孩子就漸漸離開你的身邊，也不願意跟老師親近，所以你一定要「和其光」。「和其光」跟「解其紛」就是有老師、有父母，而「同其塵」就是帶天下學生、天下子女長大。父母、老師忘了自己，然後才能夠有父母的有、老師的有；有父母的有、老師的有，才有天下萬物，才有天下學生、天下子女的前程。這叫「天下萬物生於有，有生於無。」

「天下萬物生於有」，我生於有，那我的有生於哪裡？生於無，生於我的沒有我自己。怎麼說呢？我可以放開一點，可以看淡一點；看開一點，我就不會那麼苦啊！看淡一點，就不會那麼累啊！所以有時候我們不大在意、放得開，反而事情比較順利、比較行得通。

就像我不大想贏球，但是我總是贏球，這叫「有生於無」。我們中華隊就是缺了後面這個「有生於無」，只有「天下萬物生於有」。「天下萬物生於有」是球賽，是一場戰鬥，那是有鬥志、有氣勢，但是這個氣勢、這個鬥志要保存是要靠無的，靠平常心的；平常心不是隨便說的，是靠修養才有的。道在平常心，但平常心不一定是道。所以我們的道就是：我愛中華隊，我要為中華隊盡力。這是道，但在這個道裡面我可以平常心，我可以放鬆一點；放鬆是在應戰的時候放鬆的，你是中華隊這個地方不能放鬆。所以道不離平常心，但我們不能夠說平常心等於道。很多人的平常心不是道，只等於拆爛汙。我們的平常心是要負責任的，但是我通過我的化解。化解是無，負責任是有，中華隊生於有使命感，有責任感，這叫「天下萬物生於有」。所以當代中國人的榮耀生於中華隊的責任感，而中華隊的責任感生於中華隊每一成員的「無」，中華隊的放開，中華隊的平常心。

道帶著萬物回歸它自己的和諧

第四十章開頭說：「反者道之動，弱者道之用。」道一定是動的，因為道要推動宇宙萬物的行程，就好像老師跟父母要推動學生、推動孩子的成長，要推動校務、推動家業，所以道是動的。但「道之動」是用什麼來動呢？用反，反是復歸，回歸它的和諧，這個說法是加進了我的理解。因為在老子第五十五章提到：「知和曰常」，老子講的「常」是和諧，風平浪靜是和諧，那個才是常道，颳大風下大雨不是常道。所以大風大雨很快就沒有了，因為宇宙都回到它的常，回到風平浪靜；海嘯颱風，那都是偶然的，只是暫時失去平衡而起來的一個現象，這個現象很快消失，又回到氣流的平衡。所以「反者道之動」，是道的活動、道的動向總是回到它自己的和諧中，回歸它自己的自然、自己的軌道，這句話事實上就是「天下萬物生於有」。天下萬物的存在，生於天候地理的自然平衡與和諧中，而天候地理的均衡是道的作用；道回歸它自己的作用，道要推動萬物，會有一個動向，它的動向總是帶著萬物回到它自己的和諧中。道是和諧的，就像整個地球的氣候都在維持一個和諧，而核子試爆卻可能會改變整個平衡，這就是一個危機。所以現在大風、大雪、大雨一直在發生，如果南極的臭氧層被完全破壞，恐怕就是人類的大災難了！所以道是帶著萬物動的，生就是帶著萬物動，所以說生動，道帶動著萬物到哪裡去呢？到它本身的和諧，和諧才是真正的生。一家人和諧才是家和萬事興，真正的生動是來自於雙方的融洽跟和諧，不要把和諧當作平淡、沒有情趣。事實上，整個道就是因為它的和諧才真正的生動，在第二十五章也講到。

接著說「弱者道之用」，道怎麼能夠帶著萬物回歸它本身的和諧呢？因為道是沒有自己的。弱是虛弱，道之所以能夠發生、帶動萬物回到它自己和諧的作用，是因為它是虛的。這裡的用是指道的妙用，道的作用。道的作用在哪裡？在「天下萬物生於有」，有就是道的作用。道之所以有這個作用是因為它弱，「弱者道之用」就是「有生於無」；它弱就是它沒有自己，這一章的弱和無就是第四章講的「道沖」的沖，「用之或不盈」就是這裡講的「天下萬物生於有」的有。

天下萬物的存在，是生於道的「有」，道的「有」是生於道的「無」。道沒有自己，道是虛弱；道沒有萬物的弱點，不被萬物拉住，才能做為萬物存在的超越根據；另一方面，道不能離開萬物，總是與萬物同行，才能生成萬物；就因為道是「無」，永不變質，道也可以是「有」，永不止息。只有永不變質的愛，才會是永不止息的愛。

之九

在家常日常中活出天大地大

人人走在人生的路上，
人人也要活出生命的內涵，
前者是「道」，後者是「名」。
問題在，你走的是自己的路，還是別人要你走的路；
你活出的內涵，是自己要的，還是別人給的。

攝影：鄭明禮

求學與求道的生命兩路

四十八章說：「為學日益，為道日損。」老子告訴我們人生有兩條路，一條是為學的路，另外一條是為道的路。為學的路是求學的路，為道的路是求道的路。《易經・繫辭傳》云：「形而上者謂之道，形而下者謂之器。」形而上是求道的路，形而下是成器的路。要成器就要為學，為學了，我們天生的才氣才會變成才學。才氣變成才學，那就成為學問，學問是一生的，天生的才氣就不會散掉。我們天生都有才氣，但是要經過為學的功夫，讓那才氣成為一生的學問，所以我們要講為學。《論語》裡面就講了很多為學的功夫，例如孔子說：「德之不修，學之不講，聞義不能徙，不善不能改，是吾憂也。」修德和講學便是老子說的為道和為學的路，或者是《易經・繫辭傳》所講的「形而上」之道與「形而下」之器的上下兩路。

我們可以這樣說：人生的道路不在東西南北，而在上下。東西南北都是平面的路，事實上人生的路都是平面的，但是在每一個平面我們可以是立體的。這是什麼意思呢？人生處世，最平常的就是民生日常，柴米油鹽之類的，還有人際關係，人總是難免要跟朋友在一起，跟家人在一起，還有上班、工作，這些都是平面的，就是所謂的東西南北。但是不管你在哪裡，不管你在做什麼，你都要向上，你都要形而上，你跟家人在一起形而上，你跟工作的伙伴一起形而上。什麼叫形而上？就是無論你到哪個地方，跟哪個人相處，總是在凸顯自己的生命價值。我們是在人間做人，是一個世俗的人，每天總是在十字街頭奔走，但是不管我到了哪裡，那一個地方便有道。為什麼？因為我把我的心帶過去了，我的心靈、我的價值內涵，我的真誠、善意，都帶到那個地方去了，所以突然間庸俗轉成價值，這就是「君子所過者化，所存者神」（孟子語），君子不管到哪裡，所走過的地方就可以化，化就是他把價值帶過去，是價值的點化，是人文的化成。所以只要有你在，這個地方就有了人文的意義。本來人只是自然人，但是因為我把心帶過去了，他就不光是一個只有生理官能的自然人，而是一個有價值的人文人；也不是複雜的人際關係，而是有倫常的人際關係。所以那個時候，複雜、艱苦都有意義、有莊嚴了，因為價值在那個地方，再艱苦也值得。

所以我的想法是：人生事實上是有兩條路的，不管他是成聖、成佛、或成基督徒，這樣的路都是向上的路，都叫「形而上者謂之道」。所以道可以泛指所有的天道，所有的宗教理想。我們講自己是修道人、行道者，而不是天涯行路者；所謂的行道者、修道人，就是我們總是不忘要形而上。人天生就有這個形，這個形就是我的形軀，但是不管我到哪裡，跟誰在一起，我都是形而上。（我解釋「而」為「往」，形物往上走叫形而上，形物往下走就叫形而下。）

為學日益是執迷狂亂

由此看來，人生就有道和器的兩條路（為學在求器用），不過儒家的講學是為了要修德，所以事實上並不是兩條路的。譬如說你要「據於德」，那麼講學就是「游於藝」，藝是六藝，是詩書禮樂，學詩書禮樂就是為了要進德，進德的路上同時修業。所以這裡我們只是借用儒家的詞語來說老子的意思而已。不過《易傳》也講到：形而上是求道，形而下是成器，要成器就要有才學。人本來只有才氣，才氣就是我們的聰明才智，聰明人只是反應快，但如果你不為學，反應再快也沒有意義，因為你沒有一個有價值的東西可以反應出來，反應再快也是白費，結果都散開了。很有才氣，反應靈敏，但是不讀書，又不修養，那不是變成天地的棄才了嗎？才氣散落在天地間，那是很可惜的，很多青年朋友的才氣就是這樣流失的，所以一定要讓他去上學、做學問，這樣才氣就轉成才學，就不會散開了，因為它跟學問結合在一起，學成知識，學成技術，如果再進一步，他去「為道日損」，就可以變成智慧了。所以從才氣上升而為才學要講學，這叫「為學日益」。

為學是求其日益，我們做學問，求知識，增廣見聞，都是要每天求其增加的，所以說：「行萬里路，讀萬卷書」，要增長見聞，擴大我們的視野，讓我們的眼睛看到更開闊的世界，這樣就是「為學日益」。但是在老子來說可不見得，在第四十七章，他說：「不出戶，知天下。」你足不出戶就可以知天下事，所以他不會鼓勵你去行萬里路、讀萬卷書，因為他覺得那一條路是「為學日益」的路，而道家肯定的並不是往外求知的路，他不要每天求其增加，他的功夫相反。像第十六章講的：「致虛極，守靜篤，萬物並作」，「並作」就是「日益」，每天生起變化，有豐富的節目，有緊湊的活動，但是在老子說來那些只是牽引、流落，是「馳騁畋獵，令人心發狂」，那個叫「可欲」，好多東西吸引你去追逐，這不是牽引流落嗎？所以要「不見可欲，使民心不亂」。人看到流行新奇的東西，就會在心裡面認可，而成「可欲」，認為那個可以擁有，高樓大廈、進口汽車、所有的名利權勢，你都想哪一天可以擁有它，你會預期自己可以兼而有之，這樣的預期，這樣的執著，就會使民心大亂。所以道家認為「為學日益」那一條路是錯的，「行萬里路，讀萬卷書」，道家不在此用心。

不過儒家也不認為光是學就好了，還要思的，孔子說：「學而不思則罔」，光是學而不思考是沒有用的，會迷惘的。越讀越多，你所讀的知識會互相打架，心就變成戰場，你讀遍各家思想，還包括西方的思想，到最後產生很大的衝突，因為今天讀了道家，就跟自己的儒家對抗，結果變成儒道之間的戰場。不過我常說的儒道之間是指消化的意思，就是同時擁有儒道兩家的心靈，儒道兩家在我的生命中得到消化，而一體和諧，化成一個完整的生命、圓熟的智慧，這是我所說的儒道之間。但是很多人不是，他的儒道會互相對抗，所以「為學日益」可能是會產生負作用的。

為道日損是放開觀照

道家的修養是日損，老子說為學的路是每天求其增加，但是為道的路是每天求其減損。我們在第二章講過「知善知美」的那個「知」，第三章講「尚賢」、「貴難得之貨」，賢是善，難得之貨是美（如鑽石黃金）；尚、貴是構成美善的價值標準；和知都是代表我們心的執著。本來我們心知執著的時候是正的，但是正會變成奇，就是「正復為奇」（第五十八章），本來我們也自以為是善，但「善復為妖」，妖是惡。本來是心的執著，為什麼會變成惡呢？

不是本來以為是正的嗎？是善的嗎？但是正會變成奇變，善會變成妖惡，為什麼呢？因為你的執著，你就會去馳騁，馳騁就是你被牽引出去，變成牽引流落，「馳騁畋獵」就是跟人家爭逐、對抗，因為你知道什麼是善，什麼是美，你是崇尚賢名，尊貴貨利。而名利之最大是權勢，權勢之最大是天子，因為天子擁有天下，天下既是名又是利，都是他的，所以人間會產生爭逐對抗的情勢，這叫「馳騁畋獵」。

因為人要求其增益，求其增益就是打天下的過程，打天下的過程本來是正會變成奇，因為你會不擇手段——目的使手段合理。為了遠大的理想和前程，犧牲一些人生的操守，或者是做對不起朋友和家人的事，可以說親情道義兩不顧了。這樣就是「馳騁畋獵，令人心發狂」。賢和貨是可欲，「不見可欲，使民心不亂」，所以本來是執著，到最後會變成狂亂，這個時候就不只是執著了，那是陷溺。在前面我們可以講知識，知道什麼是善，什麼是美，知道去尚賢貴貨，那是一個心知，只是分別；到了底下這個叫情識，情識是陷溺的。我們本來只是分別心，到最後掉下去，便成為陷溺了。

所以「為學日益」這條路，隱含從分別心沉墮而成情識心的一個過程，道家並不以為然，因為你一定停不下來的，時髦新潮的魅力無窮，等同進入了打天下的行列，心會陷溺進去變成狂亂。所以在第二章講：「處無為之事，行不言之教。」第三章講：「虛其心，實其腹；弱其志，強其骨。」老子一方面分析你的問題，一方面又告訴你應該怎麼辦，而「處無為之事，行不言之教」，跟「虛其心」、「弱其志」總歸到第十六章講的：「致虛極，守靜篤。」「致虛極」就是把你對美善的執著虛掉，把我們對賢跟貨的崇尚尊貴虛掉，虛掉就是不要它，把它空掉了。因為虛掉，你才不會掉落在「馳騁畋獵」，你一有執著，「馳騁畋獵」就不可避免，因為你要去跟人家爭名爭利，還要去打天下。儘管說美善與賢名都是好的，貨利也沒有什麼不好，但是它們會帶出「馳騁畋獵」，所以會使我們的心發狂。因此從執著那邊說，你要致虛，把執著虛掉；而從心的狂亂說，便要守靜。當你不執著、你虛掉的時候，你的生命便歸於平靜，而這條路就叫損，損是減損。為學為道，是我們「心」的主體去為的，所以增益或減損，都從心來說，增益是心的執迷，減損是心的放開。

心歸於虛才有無限可能

這一個減損的路就是第四章所講的「道沖」，道是虛的，再看「挫其銳，解其紛，和其光，同其塵」的挫損與解消，都是「損」的功夫。心在減損中而歸於虛，卻妙用無窮，「用之或不盈」，它永遠不會有用盡的時候，實的東西會用光，虛的東西就用不盡。實的茶水可以喝光，如果它是虛的就喝不完，就像鐵拐李的酒葫蘆，永遠喝不完，因為神仙的酒葫蘆是虛的。虛才有無限的可能性，而日益是每天增加，是增長自我的有限性。老子要我們不知善不知美，要我們不尚賢、不貴難得之貨，這樣不是價值都沒有了嗎？我們不是肯定美善的價值嗎？不是要肯定賢名開發貨利嗎？怎麼老子都否定了，那我們要什麼呢？為什麼他要否定這些？因為他認為你的知善知美，那個善跟美都是主觀的執著，就像白色人種說自己是美，是善的，然後他看到黑色人種，便說那是不善不美的，當然會引起反抗。你「馳騁畋獵」，那我怎麼可以不反抗呢？所以那個美善並不是儒家所講生命本身的善——真誠善意，老子反對的美善只是我們主觀的執著。

地域意識、省籍意識、種族意識，還有階級意識，都是一個執著，這樣的美善標準靠得住嗎？所以老子不喜歡的美善是這個樣子的，並不是說他不喜歡我們做好人。而且不光是主觀的執著而已，最重要的是它還會陷溺。剛開始只是分別，問題在於底下的陷溺，你會狂亂，變成彼此對抗，這樣就天下大亂了。所以知善知美、尚賢貴貨這條路是「益」的路，從執著到陷溺是「益」的路，「為學日益」，他的為學是一個「馳騁畋獵」的過程，從爭逐到對抗。所以你要使心從執著轉為不執著，這叫虛，還要使我們的狂亂變成靜。所以相對於日益的，便是日損，那減損什麼呢？減損心的執著，化解心靈的狂亂，讓它歸於虛，讓它歸於靜，所以叫虛靜心。虛靜了，我們的心就可以觀，像一面鏡子一樣觀照。此「損之又損，以至於無為」，損就是從無心到無為；但老子又說：「無為而無不為」，為什麼呢？因為無為之後不是可以鏡照嗎？鏡照就是觀照，經過我們的觀照之後，每一個人就回到他自己。就像面對鏡子一樣，每一個人都很真實，因為我們面對鏡子不會緊張，不必偽裝，我們就給出真實的面容、表情、神采給鏡子看（事實上是給自己看）。所以通過鏡子，每一個人就「觀復」，回復到原來的真實，原來的真實不是好的嗎？這就叫無不為。你無為就無不為了，你無為以後就沒有人去爭、去對抗了，沒有人有挫折感，沒有人絕望，沒有人陷溺，沒有人狂亂，這個世界不是很和諧嗎？這叫無不為。所以只要我們無為，就無不為了，這便是「損之又損，以至於無為，無為而無不為」的意涵。

所以底下說：「取天下常以無事」，治天下是要無事的，要無為的，無為就是「為道日損」；「及其有事，不足以取天下。」有事是有為，就是「為學日益」，這樣是治不了天下的。治天下要通過道的那一條路，而不能通過學的這一條路。治天下不能夠變成打天下，而是要帶著天下回歸自然，這才是真正的治天下。

我們要了解，道家常把他的一些觀念加在一起講，所以第二章講「行不言之教，處無為之事」，第三章講「虛其心，弱其志」，第四章講「挫其銳，解其紛，和其光，同其塵」，這些功夫就是十六章的「致虛極，守靜篤」，我們把它通貫起來，再回過頭來看第一章就比較容易一點。第一章是老子思想的總綱，我不敢一開始就講第一章，怕大家會覺得太艱深了。

為學是可道，為道是常道

第一章說：「道可道，非常道。」我們先說什麼是道？我說道有三個意義：第一個意義叫事實的道，事實的道就是事實的道路，交通往來的道路。有時候我們說：路是人走出來的，或說：走在人生路上，所以道的基本意義就是事實的路。

但是我要走哪一條路，它是有一個道理，有一個理由的，而且你一定要先肯定它是一個價值，不然為什麼不到另外一個地方去呢？行程我們是可以安排，可以選擇的，人生的道路不是東西南北嗎？但是我們總是走到這條路來，這叫形而上。世俗講「為學日益」，我們卻想「為道日損」，不是說研讀過了就好了，講學講學，就是要每天去做才叫講學的，講學是要跟修德連在一起的。所以道的第二個意義是一個價值的路，不然人生千萬條路，為什麼獨獨走這一條？一定是我們認為它有價值。而人生的問題常出在這個意義上，我們很少因為事實活不下去，卻經常為價值活不下去；我們感受到沒有意義，感受到虛欠，這都是從一個價值感來的。所以我們從事實義進到價值義，有價值我們才會去走，才會去修。

而道還有第三個意義，我說它叫實現，為什麼叫實現？這是說它是一條有價值的路，而你走到這條路上來，會實現每一個人的生命價值。實現的道就是天道呀！本來道只是事實的路，我們開出一條路，選擇走這一條路，並使它成為一條價值的路；每一個人在這一條路上追尋、找到了他的價值，這條路便是可以實現每一個人生命價值的路了。這樣，我們就由人道進到天道了。諸位想想看：天不是生萬物嗎？所以說「天生萬物」，然後我們能夠開出一個儒家的道、道家的道、佛家的道、基督教的道，而這樣的道可以實現天地間每一個人，讓每一個人都變成一個有價值的、沒有遺憾的、很充實的、很圓滿的生命，如果能夠開出這樣的道，我們就是已經進入天道的領域了。所以第三個我們叫「實現的道」，或者也可以叫「價值根源的道」，也就是天道。

第二個意義只是說價值在那裡，而第三個意義則是價值的源頭，叫「活水源頭」，美好從這個地方流出來，價值才有源頭。一個聖人可以到達人生的高峰，體現了天道，所以說「唯天為大，唯堯則之」（《論語》），堯最崇高偉大之處，是他的生命已經跟天道一樣高了，怎麼說呢？因為堯生萬民。偉大的政治家是像天道一樣的，所以中國人把聖人跟天道並列，「天地君親師」的那個「君」是指聖人，因為天生萬物，但是聖人生百姓呀！父母親也有道的，老師也是道，這個道都是天道的意思，父母親是天道，老師也是天道，為什麼？因為他們可以生子女，可以生學生。所以這本來是一般事實上的路，但是這個路不光是事實的路，它又是一個價值的路，我們總是在追尋人生的價值跟意義，所以我們走到這條路上來。而它又可以讓所有的人在這條路上實現他的生命、他的價值、他的意義，這樣，這條路就是天道了。為什麼我們會把儒家、道家、佛家、基督教都說成偉大的教派，叫它宗教（宗主在天上，教化在人間），就是因為在這條路上可以實現很多人的存在價值。譬如說你唸了《老子》以後，是否對自己的人生有一點改觀呢？如果有，那就是你已經體證老子的天道了，因為他讓你的第二個層次的價值成為可能，他不是光讓你事實上活著，他也讓你有價值的活著。讓人有價值的活著，不就是天道嗎？所以我們講道有這三個意義。

道，讓價值成為可能，得以實現

儒家本來也講道，孔子不是講「士志於道」嗎？後來漸漸的道跟天連在一起，為什麼？因為那個道可以實現每一個人，成為價值的根源。孩子的出生本來是一個事實，但是他是家人的寶貝，這就是一個價值，而這樣的價值怎樣才能夠實現呢？靠父母的愛心，靠家族的傳統；這個父母的愛心、家族的傳統就是天道，因為它會讓價值成為可能，這叫價值的根源。沒有父母的愛心，孩子的價值不可能實現，沒有老師的愛心，學生的價值也不可能實現；如此每一個人就掉落在事實的存在，變成自然物，跟禽獸一樣活著了。人跟禽獸的不同在我們有尊嚴的活著，這個尊嚴的價值從哪裡來呢？從一個價值的源頭來，這叫實現。所以為什麼我們要講儒家、道家、佛家、基督教、回教等各大宗教，就是因為我們在講天道；講天道，我們才能夠給出一個有價值的人生、有價值的社會，這樣，每一個人活在事實的人生、活在現實社會的人生，才不會覺得荒涼，覺得無奈。

這樣，我們從事實進到價值，從價值進到價值的根源；回過頭來，我們再用價值的根源來給出價值。從事實進到價值根源便是內聖的路，從價值源頭再給出價值便是外王的路。我們每天修道，就是要從事實進到價值，從價值進到價值的根源；然後回頭從價值根源下來（因為你已經去修了，就有餘力），再把那個最高貴的價值給我們的家人跟朋友，成就家庭的價值，實現學校的價值，讓人際關係是價值的互動；有了價值以後，就可以提升每一個活在事實中的人生，都可以享有這份價值。內聖的路和外王的路很難斷然劃開，我們時常一邊在修道，一邊在給出價值，把我們修的道分享給我們的朋友。人在修道中脾氣就會好一點，比較能包容，比較能夠諒解。我的修養就是內聖，我對別人的諒解跟包容，就叫外王，這是同時在進行的。

人文心靈帶動社會跟自然

所以道是有三方面的。第一方面是自然科學講的，自然科學永遠是研究事實的，它研究生理學、生物學、物理學，它研究的就是一個事實的人，或事實的世界。第二個方面是社會科學，它研究到價值，社會學、經濟學、政治學、法律學，都在研究群體社會的構成與理序，研究人的價值。第三個是人文學門，人文學門在開發（我們不說研究，而是開發）實現的道、價值根源的道。要開發了價值根源，我們才有活水源頭，才有愛心，有了愛心，社會才有希望，我們也才能夠給出價值。譬如說我們要生態平衡，不要跟環境宣戰，不要跟大自然搏鬥；要跟自然相處，就要守自然的規律，違背自然律，就會帶來自然的災害。

這樣，人生有三個道：事實的道、價值的道、實現的道。事實是講自然，現在的自然科學研究的便是事實；價值是社會科學講的社會規範，我們要有社會規範，要有禮俗，要有禮教，要有法律，這些是價值的。事實是一個自然現象，價值則是社會規範，再上去呢？叫人文的心靈，人文的涵養，人文的教養。今天第三個力量太弱了，所以社會規範維繫不住。幾十年現代化都在研究自然現象，在加強社會規範，但是缺乏人文心靈的開發。人文心靈的開發在哪裡？哲學、宗教、文學、音樂、藝術，它們背後都是一個人文心靈。我們幾千年來靠尊師重道，因為那個師道代表我們人文心靈的源頭；現在我們只靠法律，這個法律是靠不住的，再往下那就是街頭運動了，狂飆跟抓狂，大家拚拚看，這叫「馳騁畋獵」，這就形成了台北的街頭世界。

另外如果我們通過道家跟儒家來說，道是怎麼說的？儒家是人文的道，道家是自然的道，但是這兩家的道都在第三個層次、最高的層次那個實現的道。世界各大宗教都是在最高的心靈講的，所以從這個地方我們說：凡是宗教信仰都是好的，至少它肯定第三個層次，而不是光靠社會規範，光靠法律的力量，當然更不會是光靠氣力（光講事實的話，就會靠氣力、靠武力）。我們要靠法律，靠禮教，還要靠人文心靈的開發。所以老子講的「道可道，非常道」，那個道是從最高往下講，最高的一定包括底下兩個，但是一定要講到最高。

什麼叫「道可道，非常道」呢？我們以前已經講過「可欲」了，這個「可」就是認可的意思，去認可，去規定。人生的道路包括前面所說的那三層，一定要進到第三個層次才是大家派、大教派，如果只是拜樹根、拜石頭，等待明牌，那是不算的。凡是宗教都是好的，但是也要看看它有沒有進到第三個層次，我們分判那個宗教是否正大，是否崇高，就看它有沒有從事實的道進到價值的道，再進到價值根源的道、實現的道，或叫天道；如果沒有，我就不認為那是正大的宗教。所以人生的道路（因為道路本來是針對人講的，不是對萬物講的）可以到天道那個層次，老子這句話大概是說：道若可道，已非常道了。那個「可道」一定要加一個假如，意思是：人生的道路假如可以通過人為去認可、去規定的話，就不再是屬於每一個人的、對每一個人開放的大道了。我強調的是：屬於每一個人的、對每一個人開放的大道。大道就是大家都有才叫大道，只有少數人可以有的，那都是小道。排除異己，對跟我不同的人有歧視，且加以迫害的，都不是大道。所以道若可道，已非常道。我們先這樣了解：道如果可以通過我們人為去認可規定的話，就不再是自然的大道了。

可道是人文，常道是自然

自然的大道是道家的，人文去規定的道是儒家的；儒家在為每一個人開路，而道家認為儒家所開的路不一定是自然的道，它是一個人為的、人文的道，是通過人心去規定的，而這就不一定適合每一個人了。譬如說通過我來規定應該讀哪些書，我認為每一個人都一定要讀那些書，但是其他的人跟你不同的，時代不同了，人的性向才情不同，理想不同，而我以自己的成長過程要求眾多青年學生跟著我走，唸同樣的書，這是不對的。所以我只能夠說：你要去閱讀那些能支持你成長的書，而不能說你一定要唸哪幾本書，因為我一這麼說就是「可道」，而對那些孩子來說便是「非常道」了。

其實我大可以對讀哪些書有一個說法的，但是我只能夠講：去讀適合自己、可以支持自己成長的那些書，而不能夠說一定要讀哪些書。所以寫標準本是很難的，寫到最後標準本就會沒有個性，不具備強大的教育功能，就像教科書可以支持我們有知識，讓我們通過考試，但是未必能夠使我們通透人生的大道理。因為那個只是一般常識性的書，大家都認為可以接受，其實就是沒有性格的。因此道家的反省是說：人生的道路假如可以通過人文的反省去說的話，就不再是自然的大道了。顯然他認為他是自然的，相對於儒家人文傳統，是大；儒家是人文的，是小，人文小道很難跟自然大道相比的，這個是代表道家立場的批判。可道的可，是人心去認可，依自我的主觀去說什麼是好的、是可以做的，再深一層說，認可等同規定。事實上這個道有兩個意思，在《論語》裡面，道有兩個解釋，一個是「夫子自道也」，道當言說講，就是孔子講的即是他自己，孔子說：「仁者不憂，智者不惑，勇者不懼。」他說自己做不到：「我無能焉」；但是底下那些學生萬一相信了怎麼辦？所以有時候老師謙虛要看學生，如果學生不大高明，那千萬不要太謙虛。而第二個意思是「道之以德，齊之以禮」，那個道是當引導來說。實則我們要引導一個人是不是要用言說呢？

所以事實上「道」是言說和引導，可以言說，可以引導，而我們是通過言說來引導。而道家似乎不認為「可道」的過程是必要的；我們要給出一條人生的道路，是不是要引導他？是不是要帶動他？而且用言說來引導、來指點、來啟發，是不是要提攜他？要帶著他走路？這叫「可道」。所以在儒家說來「可道」是必要的，那為什麼道家反對呢？光講人生的道路對每一個人開放是很容易的，但是要怎麼樣才能走出一條人生的大道？因此怎麼可以不要「可道」呢？我們現在來了解一下老子為什麼反對「可道」，而要歸向「常道」。

橋樑是通路也是障隔

「可道」就是可以走過去的意思，我們是否要在人我之間建立一個管道，一座橋樑，開出一條道路，讓我可以走到他那邊去？讓我的心可以走到他的心那邊去，這叫倫常，叫禮教。儒家是通過倫常禮教來建立人我溝通的橋樑，這叫心橋。我的心要到達你的心，那是要有規劃、有安排的，而禮教、倫理、倫常就讓人我之間可以走得通，我走到你那邊去，你走到我這邊來，這叫「可道」。這是我們從正面講儒家，「可道」是我可以通過去，你可以走過來。而且我們的話也要講得恰如其分，讓對方能夠接受，能夠感動，他也用同樣真切的話回給我，讓我也得到感動。這樣，兩個人都活起來，都生出來，人生人生，要生嘛，有心才會生，這樣就叫「可道」。但老子為什麼反對呢？他說：「道若可道，已非常道。」為什麼？因為你可以走過去，他可以走過來，這叫橋樑，叫中介，中介一方面是溝通、開通，開出一條路讓人我可以相通，但是你要了解：溝通的另外一面叫障隔，把兩個人阻隔在兩地。

譬如說我們居中介紹兩個原是陌生的人成為男女朋友，他們兩個人因為你而親近起來，也因為你而比較能夠建立起碼的信心。由於對好朋友的信心，讓我化掉了對那個人的陌生，對那個人的隔閡。所以就會覺得：經過中介這個人，兩個人是可以見面的。但是萬一以後每一次約會這個居中引介的人都參加呢？你們兩個沒有我不行，我一定永遠要在中間，而且是一生的，這可怎麼辦？本來是「可道」，因為經過他，雙方才認識的，但是那個人不退出，那個人不願「生而不有」，他要「生而有」，他要「為而恃，長而宰」，他永遠在中間。想想看那個時候叫什麼？叫障隔。本來是一個溝通的管道，但是現在變成卡在中間的障隔，這麻煩可大了吧？

另外舉一個例子，譬如說先生每天都送鮮花給太太，但是哪一天因為某一原因而沒能買到花，太太就會很不高興，怎麼沒有花呢？那個時候人不重要，花才重要。這很可怕的！她忘掉了那個花的意義是送花人的情意，所以你人在她的面前，她不要，她看你兩手空空如也，表情就不一樣了。所以這個叫可怕，人間的禮物又何嘗不如是？我們經常通過禮物來表達感情，但是到最後禮物取代感情，人變成不重要，被中間的物取代了。本來禮教很好，但到最後變成禮教吃人。禮教吃人是什麼意思？就是禮教吃掉兩個人的心靈，它變成一個獨霸，就像科技一樣，科技怪物就讓人的心靈萎縮，今天的社會不是靠科技才富足起來的嗎？但是人的心靈變成微不足道，科技對人生的傷害等同傳統的禮教。禮教怎麼會吃人？禮教是讓我們走過去的啊，禮教是管道，是溝通，是橋樑，問題是：漸漸的它獨大，它膨脹，它取代了兩個人的心，而它的權威最重要，就是誰都不能違反禮教。為了維護禮教的權威，甚至不惜犧牲我們的理想跟情意。所以這時候我們才發覺禮教是罪惡，通過這個我們才了解：老子為什麼認為「可道」非「常道」。

言語在開顯的同時也帶來遮蔽

所以老子的想法只有一點：這叫觀。觀就是直接看到，不經過那個中間的媒介，中間的曲折迂迴，兩個人直接面對，沒有中介，沒有橋樑。在佛家叫「言語道斷，心行路絕」，我們人講的言語不是代表我們的心行嗎？我們心有一個動念，有一個想法，都通過我們的言語；因為我們的心在動念，在躍動，然後我們就用言語來傳達。但是佛家認為「言語道斷，心行路絕」，連起來便是「道路斷絕」，你一講剛好道斷，心一動剛好路絕，那怎麼辨呢？取消啊！取消不是無道嗎？對！無道才是道。什麼都不要說，「無聲勝有聲」，什麼都沒說，等同什麼都說了，這叫「無為而無不為」。有時候什麼話都不要說，光用眼睛看就好了。所以把那個橋樑取消，沒有中介，他們兩個直接面對，不要經過第三者；經過第三者就會有一個轉折。

道家認為：你把「可道」取消以後就是常道，你加進了「可道」，就沒有常道了，為什麼？「可道」一方面可以通過去，一方面也讓你們分別在兩地，因為你們永遠要經過我。這樣我永遠在中間，而且我最重要。所以一方面他可以溝通，一方面也把你們擋在兩邊。現在道家把中間那個取消，好像沒有可以走過去的橋，但事實上也沒有可以擋著兩個人的障礙，這叫直接的面對，這叫觀復、觀照。所以什麼叫直觀？直接看到，我們會發覺人生有許多很內在、很微妙的情意理想，是很難言宣的，你一講就錯，你發覺不能寫、不能講，本來我們的言語叫「可道」，可以言說，「可道」是表達，這叫開顯，但任何開顯都是遮蔽。我常說讚美別人很難，你看她穿新衣服，稱讚她今天衣服好漂亮，她就覺得你沒有說她人很漂亮，心裡面想難道我人不漂亮嗎？所以你任何的「可道」都不是常道，因為你一說就受到這個言語的限制。因此「可道」就是：任何言語，它是一個表達，同時也是一個限制。禪宗認為一說就錯，要當頭棒喝。孔子說顏回最聰明，因為孔子說什麼，顏回都沒有回答；子路就比較差一點，老是說個沒完，所以老是挨罵。顏回心裡都了解，卻都不說，此之謂「不違如愚」。而孔子經過觀察，看到他都能夠實踐，所以他知道顏回是真的了解，此之謂「回也不愚」。

所以道假如可以通過言說、言語去表達，它就不再屬於道的本身了。為什麼？因為它受到言語的限制。這又是另外的一個意思了，前面是講人生的道路，這邊我是說天道，因為天道是無形的，你看不到它；所以你任何言語的傳達對天道都構成一個語言文字的障隔。上帝像好人，你已經在形容上帝了，一方面說祂是好人，但同時那個好人是一個限制，那祂就不是聰明人，祂只是好人。所以這邊告訴我們，人間的任何語言、文字、概念都是有限的，對於所有真實的存在，隱微的、美妙的、高貴的、動人的，你會發覺你的語言、文字、概念都沒有辦法做充分的傳達。所以我們一定要了解自己的有限性，一方面說的時候不要忘記還有不可說的在，讀人家的書要讀出言外之意，不是光讀他的言而已，所以要「得意而忘言」，為什麼要忘言？因為唯恐被那個「可道」所限制，而一旦得到那個意——他最真實的、最感動人的、最生動的、最美妙的意——趕快把語言忘記，因為言語會限制你對他的無限深情意的了悟、感受，這叫「得意而忘言」，又叫弦外之音、言外之意，因為言都是一個「可道」，而它就不再是道的本身了。道本來無限，因為你言語文字的有限而變成有限；所以傳教士一方面傳教以開顯上帝，但是我們同時了解他也在遮蔽上帝，去聽道的人便要突破傳教士的語言文字，直接面對上帝。你要直接通到上帝那邊去，不然你會被傳道者的語言文字遮蔽了很多他沒有講出來的真理。

道不可言說而可直觀

我們每一個人都在開顯我們自己，都在開顯人生，人生也是通過我這個人來開顯，因為我表現了人生某一個型態的精采，所以每一個人都有個性，每一個人都在顯現他做為一個人的精采，但同時也遮蔽了其他的精采。所以孔子開課講道，學生聽到的卻不相同，彼此間總覺得老師怎麼教給我們的都不一樣，是否有所保留、有所隱藏？孔子說：「吾無隱乎爾！」他從來也沒有隱藏什麼。那麼為什麼學生會覺得老師隱藏了呢？老師所隱藏的就是我們講的遮蔽，老師所隱藏的就是那個學生的才氣個性，學生永遠依照自己的氣質去聽老師講的話，所以子路、宰我跟顏回、子貢，他們聽到的都不一樣。去看一場電影，去看一本小說，對每一個人來講感想都不一樣，每一個人看到他所能看到的，每一個人通過自己的心境來解釋那個影片，每一個人通過他的體驗來理解那本小說。

我們去理解的心境體驗是我們解讀人生的橋樑，就是自我的開顯，人我溝通的管道；但是同時也形成我們的障隔跟遮蔽。所以從這個地方我們才體悟：人我之間互相看到是很不容易的，難怪我們的朋友看不到我們，難怪我們的先生太太不了解我們，因為我們是不同的人。兩個不同的人在一起，就顯現兩個不同的性格，而這樣的性格就成為相互了解的障礙。所以越有個性的人越難相處，然後越顯現道家的洞見。「致虛極，守靜篤」，就是要把你的個性、你的精采化掉，你才能看到跟你不同類型的那個人，也有可欣賞的地方；通過自己看朋友，你就覺得他不對，因為你看不到他，他跟你不一樣。我們說人家不好，實則只是跟我不一樣的意思。善跟美哪裡有客觀性，只是我通過自己的形象來看人，跟我一樣的行為叫善，跟我不一樣的就是不善；跟我一樣的長相叫美，不一樣的就是不美。所以在道家的反省，很多的價值判斷都是你自己形象的拓展；而你的形象是開顯你自己，同時遮蔽了別人，所以你看不到別人。這叫「可道非常道」。

什麼叫「非常道」？很多人不見了。一個政治家只顧凸顯他自己，很多百姓就不見了；一個老師只堅持他的個性，學生便不見了。老師的凸顯、政治家的凸顯叫「可道」，學生跟百姓不見了叫「非常道」。所以「道可道，非常道」啊！有沒有可能我們把人生的道路通過我自己來詮釋、來規定，而讓它變成很狹隘，只是我的人生的道路，而不再是別人可以活下去的道路？這樣的政治家叫獨夫，獨夫就是只有他一個人可以走，又叫專制，他一個人在決定一切；我們要求民主，這叫常道，這是最現代化的解釋。民主是常道，專制是「可道」，我們現在的人對政治的敏感度——尤其是專制——很強，但是對家庭的專制敏感度很弱。很多的先生跟爸爸還是很專制的，他都不曉得自己是獨夫。所以通過道家，我們才能夠講觀復，才能夠講觀照，才能夠講「可道」已非「常道」。

走在什麼路上就活出什麼內涵

很多人認為「名可名，非常名」跟上面那一句一樣，是這麼翻譯的：「道的名假定可以用人的語言文字去名它的話，就不再是道的常名了。」在「名」之上加上了一個「道」字，就完全解決了。但是這個「名」我們要講出獨立的意義，我們知道「名」要跟什麼連在一起說，跟「實」；名號、名稱都是指稱一個實物，杯子是一個名號，但它是指稱這個杯子，所以「名」是要指涉「實」的，不然就變成空名，空名有什麼意義？名一定要指涉它的實，那麼這個實怎麼講呢？我的詮釋是：生命的內涵、人生的價值，假定可以通過人文去規定，就不再是屬於每一個人、對每一個人開放的無限的內涵了。譬如說儒家不是可名嗎？儒家的可名就把我們定在道德，但是我們知道人生不光是道德，還有情意美感，還有知識學問，這些就叫無限的內涵。但是規定人生在世一定要做一個道德的人，就會讓人生很多豐富的內涵在儒家的規定中不見了，這就叫「名可名，非常名」。

所以我認為這個名要就生命的內涵說，人生就在這個道路上去實現你的內涵。《論語》說：「必也正名乎！」儒家不是講禮教嗎？禮教又叫名教，禮教那個禮就是規定名，這個名就是給你內容，是爸爸就要像個爸爸，有爸爸的內涵；是兒子就要做個孝順的兒子，「君君，臣臣；父父，子子」，君臣父子本是一個名，正名就是要做到君臣父子應該做到的實質內涵，問題是，正名是規定生命存在的本質，儒家已經把它規定在道德了，它就不再是其他，所以，可名就已不是本來的常名了。現代人把它定在技術，變成機械化的人，就不再是其他，靈活沒有了，情意美感沒有了。所以「名可名，非常名」，和前頭那句意思一樣，但是前面指人生的道路，這裡指生命的內涵。我們希望人生的道路是一條真常的大道，生命有無限豐富的內涵。只是人一去規定就不再是無限的了，而是有限的，而且不豐富，因為你一規定就只有一個了。生命在哪裡？在道德，那情意美感就沒有了，知識也得不到尊重，你的悠閒變成罪惡，叫游手好閒，甚至把藝術文學當作是奢侈品，認為它沒有價值意義，只要「文以載道」，那麼文學的獨立性就沒有了。所以「名可名，非常名」。

老子這兩句話告訴我們人生有這樣的分別，就是人生有兩個道，一個叫「常道」，一個叫「可道」；人生的道路，一個是「常道」的路，一個是「可道」的路；生命的內涵，一個是「常名」，一個是「可名」，常名是自然的本有，可名是人文的規定。一個天真的小朋友，在自然中長大，他整個生命的內涵，是無限豐富、無限可能的常名；但是在水泥叢林中長大的呢？從小穿梭在補習班之間的呢？那樣的內涵就是「可名」。「可名」現在可以說可憐，他的道路被人家規定得死死的，練鋼琴、練小提琴，學電腦，什麼都學，「可道」到「可名」，好像把他當作一個模型在製造。相反的，常道常名就是在大自然中成長的少年。當然背後有很多要反省，這裡只是姑且這樣詮釋，好讓大家有清晰的認知。

有一個朋友在山上種茶，他本來以為這樣的人生一定很愉悅，後來發現不是；他的感受是：當陶淵明很難。他有一座茶山，他說他彎著腰在山坡鋤草，累死了，所以他不敢往前望一眼那無盡的茶園。我們才知道農村的美感，只有都市文明的人才能夠欣賞，農村的樸質是來自於都市文明的觀照而透顯出來的；在農村裡面的人恐怕不是這樣想。所以我站在現在的立場來回想，我最嚮往的是在鄉下小學教書的那兩年，只因為我現在沒有在小學教書，它才那麼有美感。這叫距離的美感，成了在觀照中朗現的常道常名。

道心照現常道常名，成心執著可道可名

所以常道常名是「為道日損」而有，可道可名是「為學日益」而成，可道那個「可」就是為學，學就是去「可」它，去認知，去規定，去分別。學問就是懂得很多的分別，懂得很多新奇的東西，懂得去追求，懂得去得到那些東西。所以可道可名是「並作」，「萬物並作」就是大家紛擾變化。常道常名是觀復，好像每一個人都回到自然，在觀照中回到自然，這叫常道。所以事實上老子認為：人生有兩個世界，上面的世界叫自然的，底下的世界叫人為的。人為是變化多端，會帶來驚恐、對抗的世界；另外一個世界就是自然的世界，不執著，不狂亂，不馳騁，不畋獵，不打天下，人人回歸自己。這個佛家叫「轉識成智」，儒家叫

「求其放心」，「放心」就是心放失了，心被拉引出去了，在外面流浪。另外一個心叫「本心」，孟子認為我們應該先立本心，就能活在一個道德的世界；如果你的心立不住，被外面的名利牽引出去，就流放出去了，那個心就會變成情識的心、名利的心。這樣的人就是佛家講的「識」。佛家認為這個世界定不住，生滅無常，是因為我們的識心流轉，我們有八識在流轉。轉識成智的修行就叫「還滅」，你不要跟著它滾下去，滾下去叫流轉，一路滾下去就叫流行，叫追逐時髦。你現在不是，你退轉回來，這叫「還滅」。

所以世界是我們的心開出來的，怎麼樣的心開出怎麼樣的世界，「放心」開出的是一個流落的世界；本心開出的是一個道德貞定的世界。佛家的識心就是開出生滅的世界，智心開出的境界是涅槃，沒有生滅，不生亦不滅，不常亦不斷。識心底下是剎那生滅，生死海的輪迴；智心叫超脫生死，世界上沒有生死，沒有斷滅，沒有煩惱。道家就把他上面的心叫道心，底下的心叫成心。怎麼樣的心開出怎麼樣的世界，我們的心可能是成心，也可能是道心；我們的心可能是放心，也可能是本心；可能是識心，也可能是智心。在道家、佛家、儒家來說，你的心要是上面的那一個，整個世界便都是一個美好世界；如果我們的心是底下這一個，我們就面對一個世界的無常、困苦、流轉、動變。會是哪一個心，決定在修養；儒家講修養，道家講修養，佛家也講修養。怎麼修養呢？道家是「為道日損」，再說得更清楚一點，「致虛極，守靜篤」，在並作的萬物之間，我們通過觀照讓它們回到真實的自我。那儒家呢？「克己復禮為仁」，「求其放心而已」，把放失的心找回來，而立本心，這樣就心中有主，不會茫茫無主，因為心才是主。

從緣起性空到自然常道

佛家修養首重在「緣起性空」的解悟，「緣起」解釋人跟世界怎麼來的？這個「起」就是起現，意思是怎麼起來的？怎麼現出的？「緣起」是依外緣而起現，人跟世界，我跟法，都是依照很多的外緣才起現、才有的，所以是很多外面的條件在一起，才有一個我，才有這個世界。所以不管是我或世界都沒有自己的性，這叫「性空」。「性空」就是沒有自己的性，沒有可以讓自己存在的性，也就是沒有「我靠我自己就存在」的特性。儒家跟道家都認為我們有自在自得的德性，兩家只是生命進路的不同；而佛家認為沒有，所以你不要執著。你不要執著「我是真的」、「世界是真的」，不執著真就不會有無常感。我們會覺得無常，是因為先執著有常，才會感到無常；如果你不執著九十分，那麼考六十分有什麼關係？你執著九十分，考六十分就會覺得人世無常，煩惱就是因為少考三十分。如果我不執著考試一定要考九十分，考六十分也很好啊！盡心盡力就好，因為你沒有執著，所以沒有煩惱。

佛家認為考試靠不住的，影響成績的外在因素太多，考試不一定可以考出程度，這叫「性空」。「性空」也叫「無自性」，也就是沒有自己的性，沒有自己可以獨立自主而決定自己的那個性。就好像你去買股票或彩券，那是沒有保證的，這叫「性空」。為什麼性空？因為「緣起」，緣起是很多很多條件湊合在一起才有，所以我們每一個人並沒有獨立的自我，並沒有什麼可以支持我活出一生的保證。佛家這樣說的主要理論就是要告訴我們：我跟世界，你都不要執著，這叫破「我執」跟「法執」。

在佛教的觀念，緣起就是「緣起緣生，緣盡緣滅」，那個地方佛家是不保證的。而儒家在人際關係裡面要求去找出一個分來，用分來定住緣，這叫情分，叫本分。緣分就是把佛家跟儒家結合的說法，那為什麼我們講緣分呢？分是什麼意思呢？緣是解釋人際關係，人際關係是飄來了又飄去的，見了面又走了，這叫緣。問題是見面有時候很好，很好卻很短暫，不是人生的遺憾嗎？所以讓那個美好的因緣生根，就是儒家講的分。我們講緣分，不是光講「緣起性空」。緣分那個分就不是空，而是實有；那個分讓我們有，不是空。所以儒家的基本立場跟佛教是不同的，我們是剛好要讓它有，而佛家是讓我們空，但它們都是大智慧。因為很多的「有」是很煩惱的，而空了以後就不會有煩惱了。

道家也看到可道可名的變化無常，所以老子要我們從可道可名的短暫不定中超拔出來，而回歸常道常名的長久恆定中。人為造作是短暫無常的，天生自然卻是長久恆常的，老子道家是一大家，他給我們常道，而不是性空。

之十

超離俗染的素樸天真

人活在「道」裡面，會實現「德」的價值，
不僅是事實的「生」，且是價值的「生」。
所以人生人生，人活著，就要不斷的生，
要生出你的價值美德來，這才叫人生。

「道」是人生的道路，
「德」是人生的美德，
讓每一個人生出自己的天真來，

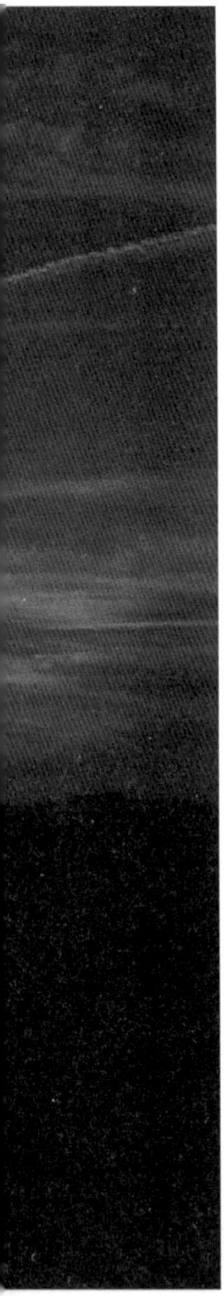

攝影：陳輝明

走出自己的路，活出自家的內涵

「道」是人生的道路，而「名」就是生命的內涵。生命本來是空的，一個人本來是沒有內容的，但在人生的過程中你給它內涵，所以走在人生的道上就是賦予生命的內涵，這個內涵我們當然希望它豐富，而且希望它深刻，這叫名。所以一方面我們在尋求人生的道路，而這樣的道路就給予生命豐富的內涵、高貴的內涵——我們希望人性是高貴的，人生是多采多姿的，而人性的尊嚴可以在人生的過程裡賦予它；就好像人生是一張白紙，我們讓這個人生的過程展現它豐富高貴的內涵，所以我們又講道，又講名。只是道家認為常道常名是自然的而不要經過可道可名，因為可道可名是：當你說它是什麼的時候，其他的可能就被取消，被抹煞了。可道可名，可以通過去，可以給它內容，可以加以規定，可以去引導它，這是從正面說；但是就在你彰顯的時候它也是遮蔽。正因為生命有無限的內涵，一說它是什麼，便會發覺它背後還有更豐富的內涵沒有被說到；所以任何語言都有遺憾，任何表達都是有限的。我們發覺當我們要對長輩或親人講一些心裡面的話時，實在很難講，好像都不足以表達我們內心對他的感受、敬意或喜歡。這就是非言語所能表達，所以可道可名是有限的。老子希望我們不要把生命定在可道可名，要從這邊解放出來，回到常道常名。常道常名就是我們不做任何的規定，不做任何的限制，它是開放性的，無限性的。老子主張常道常名，而他也在反省可道可名。

人生路上誰沒有遺憾呢？我們都在做選擇，所以任何的彰顯就是遮蔽，溝通同時是障隔。你認為他可以做中介人物來讓我們兩個人溝通，但是以後沒有他就不行了，因為你永遠要通過他。什麼時候我們兩個人才能夠直接對話呢？為什麼總是要經過第三者呢？第三者本來是我們的中介，幫我們溝通，但是他也永遠把我們阻隔在兩地，結果我們的生命就沒有辦法直接的面對、直接的交流。所以對情意跟理想而言，有時候要感應會通也要面對重重的障隔，就是這個意思。

先說什麼是道，什麼是名，然後再說為什麼可道可名。可本來是可以的意思——可以通過去，可以給內容，為什麼老子還認為不好呢？因為他站在一個更開闊的天空來反省，當你說它可以讓人走過去，它可以給人內容的時候，這樣的說法事實上只是彰顯了某一部分，而更大部分的無限可能就被取消了。所以他希望我們不要那麼急於用人去規定，用人去造作，我們讓它還歸自然吧；是否不要規定那麼多的功課和作業，讓孩子順著他喜歡的去發展他的常道常名呢？我們不要那麼多的規範，不要那麼多的權威，而讓孩子能夠順著他的性情，他的家庭背景，他的成長過程，去找到屬於他自己的路。屬於他的路叫常道，屬於他自己的內容叫常名。如果是老師給的，制度規定的，那個叫可道可名。

人生一定要有道，一定要有名。問題是你要通過人為去規定，還是把它開放出來，交給每一個人獨特的性向才情、每一個人獨特的成長歷程，讓每一個人活出他自己的風格，走出他自己的路來，這叫常道常名。不然我們會把天下的青年學子都塑造成同一個模型，都是「標準的」學生，這樣叫可道可名。如果我們不那麼急著規定，把它開放出來，這叫常道常名。老子肯定常道常名，他認為可道可名是一個限制，不一定能夠涵概全體，甚至它不一定能夠發揮每一個人獨特的品質和風格。

「無」是根源之始，「有」是生成之母

道應該有天道的意思，因為生萬物一定是天道，那麼我們要問：為什麼要講天道呢？因為人有限，天道無限。那麼我們再問：天道它怎麼可能生萬物？答案出來，我們就可以跟天道學，走天道的路我們才能夠生別人，那個生是價值的實現。因為我們經常沒有生，反而相互抹煞，彼此抵消，互相牽制。現在我們不要走那條路，不相互牽引而同歸沉落，不互相看不到對方，互相把對方的好抹煞掉；我們的遺憾就是我們的好為什麼對方看不到？我們希望別人看到我們的好，可是他們不給我們機會，他們忙著走自己的路，開展自己的前程，而沒有給出容納我們的空間。天道沒有自己，只看萬物，隨時隨地都能夠生。天道能生萬物，那我們呢？所以要講天道是什麼，事實上就是要學習天道所以能生萬物的原理；如果我們也有天道的性格，就同樣可以生萬物了。而且天道長久，人短暫，那麼我們與天道同行，就可以跟天道一樣長久了。所以這個時候要去體會天道，說天道憑什麼生萬物？老子用這兩個字來說：天道是「無」，天道也是「有」。

上面講「無」跟「有」，底下說「名天地之始」，「名萬物之母」。我的意思是「道」是天地萬物的根源之始，也是天地萬物的生成之母。一般說來我們會把那個「始」當爸爸（如果比較人間式的思考），那個「母」當媽媽，所謂「乾作父，坤作母」，《易經》講乾坤，就把

乾當作父，把坤當作母。但是我這裡不這樣講，因為這樣會太落在人間的有限性，所以我盡可能不要把道那麼直接的通過人來解釋。天地是要有一個根源的始，萬物也要有一個生成的母。父母是給出一個生命的根源，但不是光給他生命的根源就好了，問題是你有沒有陪他成長。你光把他生下來有什麼用？那個叫「始」，重要的是要引導他，陪伴他，懷抱他，提攜他，他才會成長。所以一方面你要給一個「始」，給一個根源，另外你還要帶他長大，做他的「母」。

所以我們去思考天地生萬物的原理，一定會有兩方面的問題：第一個，你給他生命的根源；第二個，你要引導他生命的成長歷程。不大不小的青少年，看起來就有一點反叛性，事實上他內心是很虛欠的，因為他的身材在快速成長中，但是他的心靈還是那麼幼小。他發覺自己的不成熟，所以有一種內在的恐慌，他只能用反抗的言詞跟態度來表現；這個時候他最需要父母跟老師支持他，諒解他，做他的朋友。但是我們卻經常認為他不可愛，所以很多的孩子在青少年那個階段垮掉；他來不及成長就已經垮了，他沒有辦法越過童年、少年、青年那個階段而長大成人，他越不過去，因為那一段是最討人嫌的階段。這個時候，我們是不是要做他的朋友，陪著他呢？

所以我們要了解到：天地生萬物，一方面給它生命的根源，一方面是帶它走出人生的旅程——那寂寞、孤單、困惑、可能還是艱苦的旅程。生的力量是要兩方面的，不是光創造一個生命而已，另外還要陪他去走他人生的行程，這才叫生成之母。所以生的原理在老子的反省裡有兩方面：一個是根源，一個是生成；一個是創造，一個是陪伴。我們陪伴多少？我現在的反省就是我們陪父母親多少？這是我中年之後的反省，青年人不大思考，他以為爸爸永遠那麼有活力；你到了中年以後，才發覺爸爸漸漸老了。當爸爸七十歲了，兒子五十歲，這個時候兒子要扮演一個跟過去相反的角色，現在是你來照顧他了，陪他看病，哄他吃藥，帶他過馬路，跟他去散步；因為他已經變成童年，不能照顧自己了。所以我說這是人生最美妙的輪迴。但是這個意思還是生，所以我說我們可以生父母。現在是我們來創造他，來陪伴他，來和他談心，排遣他的寂寞，解開他生命的困惑，所以生的力量是兩方面的。

那為什麼說「無」？為什麼說「有」呢？這是老子生命的洞見，如孔子講「仁」。我們很難解釋它是怎麼來的，但是想要對道有所描述，用任何語言都會出問題。說道是簽字筆，不行；道可以發光，那道是電燈泡，也不行。無論說它是什麼都不行，因為道是無限的。所以老子用了兩個最沒有實質的觀念來說，一個是「有」，一個是「無」，這樣才不會把道說成一個物。所以你如何去說道，老子找到兩個最普泛的詞，不然你說它是什麼，你就被這個什麼限制住。你說它，你來比喻它，一方面是彰顯，一方面就是遮蔽。所以老子不願意用一些實指的名稱、一些具體的實物來說道。

「有」陪他一段而「無」他的弱點

首先，道要生萬物，所以是「有」。什麼叫「有」？「有」就是你一定要跟他在一起，不能離開他；不管任何時候，你都在他的旁邊，這叫「有」。第二個是「無」，「無」則是你不是他。什麼叫你不是他？也就是你又要跟他在一起，但是又要不被他拉住。像學生激動的時候，老師也跟著一起激動，那就麻煩了；所以一方面你要跟學生在一起，同情他的激動，但是你不激動，你不是他。天道是不能離開萬物的，但是天道也不能是萬物。天道不離開萬物，才能夠支持他們；但是天道不能夠是萬物，不然就跟萬物一樣有限了；他們垮了，你跟著垮，那你就不能夠成為他們的實現原理了。

所以生成原理第一個是「有」，你是「有」，你總是跟他們在一起，你不離開他們，一直在他們身邊。第二個是「無」，你「無」了，才能夠永遠有餘力支持他，而不是跟他一起滾下去，一起沉落下去。所以我們又要有童心，但又不能跟他們一樣；你要站在學生的立場，但是你還是他們的老師；你是孩子的朋友，但是你又是他們的父母；你永遠不離開他們，但是你也不能夠跟他們一樣。這是老子的體會。所以我說「不即不離」，道是不離開天地萬物的，但是道也不就是天地萬物。所以我們要兼有兩方面的性格，第一，你要「內在」於他們；第二，你要「超越」於他們之上。內在是「有」，你跟他們在一起，這樣你才能夠解釋他們的存在。超越是「無」，你要解釋你自己的存在。什麼叫解釋你自己的存在？因為如果我不能「無」的話，那我的「有」會出問題，我本身不能比孩子高一層、比學生高一層的話，那麼跟他們在一起會出問題的。因為我們超離在他們之上，不會被對方拉下去，所以「生」不會出問題。

譬如說你要跳到游泳池去救人，想想看你要怎麼做？第一，你一定要拉住他，不能只在旁邊看。拉住他必須跟他有接觸，也就是你一定要「有」。第二，你要「無」，就是你不能被他抱住。一個在水中掙扎的人，唯一的反應就是看到什麼就抓住什麼，你被他抱住，那就同歸沉落了。所以你要游向他的身邊，拉住他的手，這叫「有」，你不能離開他，你總是要跟他在一起；但是你要有保護自己的能力，這叫「無」，千萬不要被他抱住，一旦被抱住，你就救不了他了。

所以，天道天道，天道的第一個性格總是跟萬物在一起；第二個，他不能夠被萬物拉住，不能夠被萬物套牢。所以老師永遠是跟學生在一起的，但是老師畢竟是老師；父母永遠是跟孩子在一起的，但父母還是父母。父母還是父母就是「無」，總是跟孩子在一起就叫「有」。所以人生要「不即不離」，現代人用這句話來講感情實在很美妙，這個應該是講天道的。所以你感情的「不即不離」，就是一方面永遠跟他在一起（不離），但是當對方發脾氣的時候，你不能夠跟他對抗，那個時候你要「無」。當然有時候你「無」了，對方會更生氣，因為你都不講話。我們永遠要了解一點，做為生命根基的愛，總是要實現的，而實現之道，第一個要「有」，你總是愛他；第二個，你能夠在某些重要的時刻越過他。你不能老在一個相對的立場，你要越過對方。曾昭旭教授有一個很好的說法，就是：夫妻之間，有時候太太當女兒，先生當爸爸；有時候太太當媽媽，先生當兒子。我想這種說法的意思就是：你要「有」，同時要「無」吧！有時候她是女兒，你是爸爸，就是你是「無」，你可以做她全然的依靠。而先生發脾氣的時候，太太要跳高一層，用媽媽的心胸來對待他，那是否就可以把一些問題化解了？因為那個時候她不只是「有」，而且是「無」。我覺得在這方面好好去體會，會給我們人生很大的啟發。

你總是要「有」，但是你又是「無」；「有」就是保住他，「無」是保住自己。所謂保住自己，是因為你有自己才能夠帶他。第二十五章說：「有物混成，先天地生。」這兩句是描述道；底下說：「寂兮寥兮，獨立而不改，周行而不殆。」什麼叫「周行而不殆」？「周行」就是你跟他同在，因為道是遍在萬物，要解釋萬物的存在，不是專屬於某一個人或物的；人間的父母只管他的子女，天道是管萬物的。所以天道遍在萬物叫「周行」，不管是哪一個人，在什麼地方，道總在那個地方跟你同在，不然它絕對不能是天道。但「周行」還要「不殆」，「不殆」就是不息，你的愛一定要永不止息，永不變壞。所以第一方面就是你總是跟他在一起，不管他在什麼時候，在哪一個階段，在怎樣的處境，你都是陪著他一起，叫「周行」。「不殆」就是永不止息，永遠不會停下來，這就是「有」。「周行」就是道的「有」。

可是講到「無」，我們會有一點誤會，以為「無」就是我都沒有了。所以老子講「獨立而不改」，為什麼要「無」？因為「無」你才可以「獨立而不改」。「獨立」就是我永遠立在這個地方，不投靠別人，自己就可以立叫獨立。如果我們投靠，那我們就沒有獨立人格了。所以說婚姻不能投靠，就是這個意思；因為婚姻一投靠，你是依靠別人，依附在別人的身邊，變成人家的影子。很難有人會去愛自己的影子，他一定愛一個跟他不同的人，他看到對方發光發熱，他們是兩極，兩極才有吸引力。你如果把自己取消，投靠過去，他會發覺要去愛一個人卻沒有對象，因為你讓自己消失了。所以我認為所謂體貼不一定永遠以對方為主，永遠聽對方的話不是體貼，因為那個叫取消自己，取消自己等於取消情愛之場。情愛之場永遠是兩極，南北兩極、陰陽兩極的互放光亮；你把自己取消，對方一枝獨秀在那個地方，唱獨腳戲，失去了愛的磁場，所以一定要有男女主角。

所以我們要說，老子的「道」是能夠保住自己，因為你「無」了以後，才能夠「獨立而不改」。你永遠是你，才能夠永遠做他的爸爸；你永遠是你，才能夠永遠是他們的老師。你如果垮了，這個爸爸跟老師就沒有了。那為什麼垮了？因為你欠缺「無」的智慧。所以那個「無」的性格，就是讓我們自己一生永遠能夠「獨立」，而且「不改」——就是永不變質。那麼怎麼樣才能夠「不改」？獨立的人才不改。什麼叫獨立的人？能夠割捨外面的條件，不必靠別人的掌聲和喝采，這樣的人才是獨立的人。不然當你看到掌聲沒有了，讚美停止了，就會改變你自己。所以真正獨立的人才可以「不改」，而且才能夠「周行」，為什麼呢？如果你不獨立，你「周行」一定會變成他人，這叫「隨俗浮沉」。愛情最終就是要能夠獨立，你才能夠「與子偕行」，跟他走一生的行程。如果你本身都站不穩，那會變成菟絲花，兩人互相投靠，卻都搖擺不定。所以我們才說：只有兩個堅強的人在一起，才有堅強的婚姻。兩個都不能「獨立而不改」的人靠在一起，周行必殆，大概只能陪他走一段而已。

「無」了才能「有」，才能長久

所以要「無」的人才會「有」，要「獨立而不改」的人才能夠「周行而不殆」，如果你不能「獨立不改」，你的「周行」就一定會出現問題。所以「無」不是把什麼都無掉的，因為「無」你才獨立。我們要這樣了解：老子的「無」是讓我們做一個「獨立而不改」的人，老子的「有」是讓我們做一個「周行而不殆」的人。我先「無」了，先是我自己，我才能夠真正的陪他，真正的支持他。如果我本身都有問題的時候，我們就失去支持別人的力量。所以在我們生命出現弱點的時候，千萬不要認為自己還可以救人，我們那時候就沒有能量了；你一定要什麼都不欠缺，什麼都很完足，你是「獨立而不改」的人，你靠自己立於人間，所以你不會改，你的一生永遠是你自己，你永不變質，永不沉落。

涵養了道的「無」跟「有」，你是你自己了，你才可以去跟孩子在一起，跟學生在一起，「周行」而且可以「不殆」，不會停下來，不會中途走掉。中途走掉最大的問題就在：你生下來的孩子已經退不回去了。所以我們才從這個地方來講婚姻跟生兒育女是一個責任問題，不是你喜歡不喜歡的問題。比較嚴肅來談就是天道，天道生萬物就是因為同時是「無」跟「有」，他才能夠成為天地萬物的根源之始，成為天地萬物的生成之母。那麼這兩方面，做一個「無」，做一個「有」，「有」就是永遠在那個地方，「周行而不殆」，「無」就是永遠是你自己，不會因為過程中的傷感、氣憤、厭倦、疲累而退出。所以怎麼樣讓自己永遠不會累壞，就是要「無」，要「獨立而不改」。

第四十章說：「天下萬物生於有，有生於無。」事實上，天下萬物是生於道，總說是道，那麼，道是什麼？所以才講「無」跟「有」。一般說來，我們說「天道生萬物」就完了，儒家也講「天道生萬物」。天道，在儒家來說就是一個「仁」，天道就是仁。但老子不是通過這個「仁」來解釋的，儒家說仁就是天理，所以天道就是天理，天理就可以生萬物。但老子說：天下萬物生於道，沒有問題，問題是道的性格呢？道的性格，我們說「有」，「有」就是他有關心，他有擔負。這個「有」就是總是要關涉萬物，總是要引領萬物。但是這個「有」如果只是關涉萬物的話，那會被拉引而去。道是「周行而不殆」的有；但另一方面，又是「獨立而不改」的無。一定要同時「無」才可以，不然你會被困住，因為你脫不了身，沒有辦法突破。所以你是「有」，又同時是「無」。

「玄」在「無」跟「有」的雙向圓成

「無」使你超離現在的層次，不斷的讓自己提升。問題在如果你僅是「無」，形同掛空，我說的「無」是化解。「有」是代表我們對人生的擔當，但這個擔當也可能滯陷，因為你總是跟他在一起，但卻被他拉住了。所以眾生悲苦，你也悲苦，因為你「有」嘛，到最後你就跟他一起掉下去，這叫滯陷。所以我們還要「無」，這叫化解，就是前頭講的「挫其銳」，「有」就是你要「同其塵」。但要「挫其銳，解其紛，和其光」，你才能「同其塵」，天下萬物都在塵土間，而你總是要跟他們在一起，所以你要「有」，「有」的可能就在你要「解其紛，和其光」。那怎麼可能「解其紛，和其光」呢？你要「挫其銳」。「挫其銳」是「無」，「解其紛，和其光」是「有」，而「同其塵」就是跟天下萬物同在。

雖然你要「無」，但是化解是為了再擔當，不然化解有什麼意義？我為什麼要化解？為什麼要讀書？因為我為我的學生。我為什麼不斷的打球？為我的球隊。我為什麼求突破？為我所關心的人。所以這個「無」，這個化解，是為了再擔當，再回應「有」。這樣「有」跟「無」有兩個方向，「有而無」的上迴向，與「無而有」的下迴向，這叫雙向。而雙向剛好畫一個圓，就是「雙向圓成」，所謂專業的人有圓熟的智慧，就是這個意思，不偏於任一邊。因為雙向剛好成了一個圓，沒有缺憾，不放棄對天下萬物的承擔，同時也不會失落你自己。因為是雙向圓成，所以我在「有中無」，就是我在對人間的關懷中又可以超越自我；而且在「無中有」，儘管我在化解，我在超離，但為的是要跟他們長久在一起。

不要讓學生覺得老師只知考試，只有「有」，卻缺乏悠閒的那個「無」。所以有時候要帶著學生忘掉考試，忘掉排名，這叫「無」。不管是老師學生，我們都需要這樣的「雙向圓成」。老子要我們一方面投進去，一方面化解；化解了以後，我才能夠長久的投入。沒有化解的人，很難投入的，一個絕對相信自己的人，他才敢把真正的關心給對方；而對自己沒有信心的人會害怕的。因為我們害怕我們的感情一進去就出不來，所以我們一般都不大願意跟很多人接觸，就是因為我們對感情缺乏安全感。缺乏安全感就是因為感情一定「有」，一定「有」就是一定拉在一起，感情似乎有陷落的危機。但是如果我們彼此間有一個「無」，人我的關心就不必心存疑慮，而可以很真誠的付出。

所以「無」的人，才能夠真正的「有」；而在「有」中的人，一定要有「無」的化解，他的「有」才靠得住。所以「周行而不殆」是「有」，但是你要是「獨立而不改」的人才行。你在「周行而不殆」的時候，隨時都「獨立而不改」。每天教學生讀書，但事實上你每天還在讀自己的書；每天陪學生打球，你還是要自己練球，這樣才能夠當老師，做學生隊的教練。跟學生打球的時候，你不能把他殺得片甲不留，然後沾沾自喜的說：教練厲害吧！這樣講沒有意義，應該讓每一個學生都可以打到你的球，他會覺得自己在進步，你才是好老師；不是只表現你的能力，每一個學生跟你打的比數都很懸殊，這是在摧殘學生的信心。現在很多中學的老師，經常在打擊學生的尊嚴，讓他們考垮，家長緊張，學生惶恐，結果全部去補習。老師就是要培養學生的信心才叫老師的。絕對不要因為孩子考不好而失去對他的信心，要讓他重新肯定自己。所以，天下父母、天下老師，絕對不要去做傷害學生尊嚴的事情，因為傷害容易，重建很難的。所以這個時候你要一方面「有」，就是讓他永遠打得到你的球，永遠知道你在講什麼；然後一方面你又能「無」，引導他走向一個更高的層次，而你自己卻不被那個層次所羈絆。

我們要同時具備「有」跟「無」這樣的性格，所以我說道是兩面相、雙重性，這就是說道同時是「有」、同時是「無」，因為同時，所以令人很難理解。在當代講數學講邏輯，有就是有，無就是無，怎麼可能同時是有跟無？所以那個「無」不是等於零，那個「無」只是去掉一些人生的勞累，去掉一些人間的牽引，而讓你永遠是你，這才叫「無」；不是「無」就等於零的。父母不等於零，老師不等於零；那個「無」就是不要有他們的弱點，不要被拉下去，不要他生氣你也生氣，他哭你也哭，他破裂你也破裂。所以「無」跟「有」是兩面相、雙重性。我們通過這樣來了解道，然後也通過這樣來了解人間，不管是婚姻、事業、人際關係，成敗的關鍵皆在此。我們也許有一邊，但是卻沒有另外一邊。依世俗觀點游手好閒的人，什麼都不管，沒有責任感，是「無」；而放不開，太執著，是「有」。所以你要關心他，但是又不能夠給他壓力，這叫「無」；你也不能漠不關心，所以你要「有」。「有」了以後，後遺症就是你太執著，老是壓迫他，所以要讓自己做「無」的功夫。「無」就不會給壓力；但「無」了以後，你也不能夠停留在自己的逍遙中，所以「無」隨時還要下來「有」。

同時是「有」，同時是「無」。同時是，同時在裡面，同時在外面；同時進去，同時出來，叫「過而忘也」——你同時在每一個當下過，但同時在每一當下忘。你在聽課，但同時在消化。所謂「無」就是把它變成你的滋養，化成你的智慧，馬上轉化成你的體會，你跟別人的互動，跟家人的相處，跟同事的關係，你把它化成智慧，就是「無」。所以你在聽，又好像沒有聽；這就是道。

「觀」是直接看到而不必經由中介

前面講道不是先說它「常」嗎？「道可道，非常道；名可名，非常名。」老子肯定常道跟常名，他認為可道可名是有限的，常道常名才是無限的；可道可名是封閉的，常道常名才是開放的。因為你封閉了所以才有限，開放了所以是無限；所以他肯定「常」。再來，他又講：道是「無」，道是「有」，這樣說來，道是常無，道也是常有。它的「無」是永恆的無、它的「有」是永恆的有，那個「常」是真常、恆常的意思。它是恆常的無、恆常的有，而不是短暫的無、短暫的有。我們有時候也會忘了，但是過了一陣子又記起來了；本來不跟他計較的，過兩天又開始計較，而且計較得越來越凶，每一次講出來的話都比前面更厲害。所以我們的「無」不會恆常，我們的「有」也不大恆常，而道是常無常有。老子又說：那你怎麼知「道」呢？底下說：「常無，欲以觀其妙；常有，欲以觀其徼。」道是常無常有，但道的性格還不是要靠人去體會、要人去理解嗎？所以要靠人的「觀」，第十六章說：「致虛極，守靜篤，萬物並作，吾以觀復。」這個「觀」就是從「致虛極，守靜篤」來說，叫「虛靜」，我們的心要虛靜，虛靜就像一面鏡子一樣，可以「觀」。「觀」我說是「直觀」，「直觀」就是直接看到，沒有經過中介，沒有經過第三者，兩個人直接照面的看到。以前是間接看到，因為通過第三者的傳話，通過第三者的媒介，通過第三者做橋樑，所以我們沒有直接看到。我們總是通過第三者，那個叫「第三世界」，第三世界在思想上叫知識的世界、概念的世界。本來有一個主體世界，有一個客體世界，這兩個世界被拉開了，所以中間經過一段知識把它們連接起來，就是第三世界。我是第一世界，這個世界是第二世界，知識是第三世界，這個知識的第三世界就是「可道可名」。現在我不要第三世界，主跟客直接面對，這叫主客合一，就是「觀」。所以主客合一的文學都是人跟自然山水合一的，你分不出是陶淵明還是他的田園，陶淵明跟他的田園是一個。所以「采菊東籬下，悠然見南山」，那個時候，陶淵明跟南山是一，南山不在陶淵明的外面，這叫「觀」。

所以通過我們的虛靜觀照，就可以直接看到道的始物之妙，和道的終物之徼。那個「徼」就是它的歸終，什麼叫歸終？就是它發展的軌跡。王弼注說它是歸終，歸終就是看它到底走到哪裡去。我們有時候送一個人，很不放心，一直到他車子開遠，看不到了，我們才走回頭，是不是？就像天下父母親總是希望看到孩子一生的行程安穩，沒有波折，沒有變動，這樣才安心。所以「徼」就是陪他，帶他走一生的行程。「妙」是始物之妙，就是給他一個美好的生命，然後展開他一生真實的行程。

觀照「常無」的始物之妙與「常有」的終物之徼

但我們怎麼才能夠看到道的始物之妙和道的終物之徼呢？始物之妙就是前面講的「天地之始」，終物之徼就是前面講的「萬物之母」。那個「母」就是終物之徼，那個「始」就是始物之妙。那我們怎麼樣去了解道呢？是經過我們的心才知道的，你光描述天道是「無」跟「有」，問題是，我怎麼能夠了解天道呢？因為你有心有為啊！而你的心可以修養，你無掉人間的名利權勢，就跟天道接近了。我們平時太被人間的名利權勢拉住了，所以天道對我們來說極其遙遠，譬如說「道法自然」，就因為人生太複雜了，我們到自然去尋找靈感，尋找那些生機情趣吧！但是老子給我們的那種「道法自然」的形上世界，今天好像在山水田園都找不到。現在的溪流沒有水，山水田園被汙染，連大地都有毒質，這樣怎麼能夠講「道法自然」呢？人間有問題，老子從自然找尋靈感；今天呢？何處去追尋？

所以我們怎麼去體會道的常無常有？是因為我們的心，可以去虛掉人間名利權勢的執著、牽引，然後我們對自然才有一個親切感吧！好像我們不大在乎名利跟權勢，我們才能夠感受到親情，平時你都覺得這不大重要，因為你每天都在工商業中追逐利益。所以老子的虛靜，才能讓我們的心不會狂亂，「不見可欲，使民心不亂」，「馳騁畋獵，令人心發狂」，那個靜就是不狂亂，虛就是「不知善，不知美」，「不尚賢，不貴難得之貨」。這一來你才可以「觀復」，什麼叫「復」？就是你可以回到你自己了。因為你「不知美，不知善」，「不尚賢，不貴難得之貨」，心又不狂亂，就可以好好過自己的日子，覺得世界還是這麼美好，人生還是這麼真實。但如果你沒有放開那些，你會覺得你在一個名利的爭逐之場，彼此間在對抗，甚至讓你看不到自己的家人，何況是大自然。所以你一定要虛，要「致虛極，守靜篤」，你才會「觀復」，才能觀到道的妙、道的徼。

你去觀道的常無之妙，觀道的常有之徼。通過我們的心，我們才直接看到道的「無」，道的「有」，道的常無，道的常有；而這個常無是道的始物之妙，常有是道的終物之徼。因為它總是陪著萬物，所以它能夠看到整個萬物的行程，關鍵在我們是否有「觀」？我們平時不大觀得到，因為我們的心被名利填滿，被權勢填滿，人際關係變成利用關係，而我們對自我的要求也是成為社會有用的人，但結果我們的代價是我沒有我，我一生都是爭取別人對我的滿意，甚至不惜失落自我。因為要得到人家對我的肯定、人家給我的掌聲，結果是自己沒有了。委曲求全而把自己取消了。

常無常有，自在自得

我們往往為了得到人家的好感，讓自己過得很苦，如果我去虛掉它，虛掉要得到人家的掌聲、人家的肯定的想法，我們就能自自然然的走我們自己的路，自在自得。別人欣賞也可以，不欣賞或許有些遺憾，但不至於造成自己的傷痛或者是活不下去。這叫「自在自得」。從道來說叫自在，我走在我自己在的路上；從名來說叫自得，因為名是指生命的內涵，我過這樣的人生，我就得到我生命的內涵。不是別人給我，我自己就有了。這叫常道常名。

只要你自己在，你就是常道；你自己擁有生命的內涵，你就是常名。老是要別人肯定你，你才有道，別人說你好，你才有名的話，那就叫可道可名。可道可名很容易消失，因為對方明天就不講這些話了。他給你道，他給你名，然後他說明天不理你了，你的道跟名就同時失落，這叫存在的危機。有些人會發覺自己一無所有，發覺自己活不下去，就是因為你習慣於接受人家給你的道，給你的名。所以，不是光我們自己，我們希望身邊的人，都能夠自在自得。因為最愛我的是父母，父母都不能夠每天跟我們在一起，何況其他。你還能夠不自在，還能夠不自得嗎？還能夠把你的「在」寄託在世俗的社會上，把你的「得」寄託在流動的人際關係嗎？那個一動搖你就沒有了，你沒有「在」也沒有「得」了。所以「在」跟「得」都不能夠建立在財富上，不能建立在地位上的；因為地位跟財富會隨著社會的景氣、社會的變遷而動搖。所以我們才有一種呼籲：父子家人絕對不要動搖。連這個都動搖，那真的是無家可歸了。這是道家式的自在自得，但這也可以支持我們在儒家的倫理，我覺得老子的靈感，很能夠支持我們在人間做一個人，跟人際關係的相處。這叫自在自得。

常無常有講的是道，先講常，再講一個「無」、一個「有」，連接說是常的無、常的有。那我怎麼能夠知道「道」呢？怎麼能夠跟「道」一樣呢？你可以「觀」。那怎麼「觀」呢？第十六章說了，你可以「致虛極，守靜篤」，在「萬物並作」中，你可以「吾以觀復」。所以經過你的「觀」，你就看到「道」，你接近大自然，跟它有親切感，從大自然得到靈感，得到生機情趣，你就知道你要跟它一樣。什麼一樣？始物之妙，終物之徼啊！你可以學自然恆常的無跟恆常的有。人生有兩方面，第一個，你恆常的有，永遠跟他在一起；第二個，恆常的無，你永遠不被他拉下去。所以如果我們有這樣的智慧，去股票市場都沒有問題；股票市場是「有」，但是你不被它拉下去叫「無」，所以儘管今天賠錢，出來的時候還是自在自得。

「有」「無」同在，是玄妙也是奧藏

再講底下一句：「此兩者，同出而異名。」「兩者」是指「無」跟「有」，「同出」是指同出於道，而「異名」是說有不同的指涉。所謂不同的指涉是：「無」是說它的超越性，「有」是說它的內在性。「有」是說它永遠跟萬物在一起，「無」是說它永遠是它自己。一方面我們永遠是自己，一方面我們又永遠跟萬物在一起。所以儘管都是道的性格，但是它是兩面相、雙重性，異名是指不同的性格，一個指超越性，一個指內在性。「無」是永遠是我自己，「有」是永遠跟萬物在一起，不即就不離。

下面說：「同謂之玄。」平時我們說：有是有，無是無，一是一，二是二；你不能夠說我的一是二，或者說我的二是一。你要嘛是有，要嘛是無，皮包裡面不會既是有又是無，除非是「乾坤袋」，「乾坤袋」是什麼都沒有，但是你說要什麼它就有什麼，它空空如也，卻什麼都有，它本來是無，虛才能夠無限。「道沖而用之或不盈，淵兮似萬物之宗」（第四章），講道是虛的，所以它妙用無窮。乾坤袋是虛的，沒有任何規定或限制，它才可能什麼都有，這叫「奧藏」，什麼都可以藏在它裡面，因為它什麼都不嫌棄。

在知識的探討與現象的觀察上，問你的態度或立場，若答案同時是無、同時是有，是會捱罵的。但是人的生命可以這樣子，因為生命是很玄妙的。杯子不能夠同時是杯子又不是杯子，這做不到的，但是心可以同時是我，同時又不是我。現在我是我，但是我又可以跳開自己，批判我自己；所以心同時是我，同時不是我。人的心靈才具備這樣的能力，我們的心是可以「玄」的，物就不能「玄」。我的心空靈，可以同時是我，同時不是我；因為人會把自己當對象來反省，午夜夢迴我們不是經常在反省自己嗎？所以我們又是「有」又是「無」。物跟心是不同的，中國哲學講的都是心靈，所以講了諸多很玄妙的話，像是：我們跟天一樣，跟天道一樣無限等等。你不要以為那是神話，那個是真的。只有東西才不能變，因為它已經定形了，所以「君子不器」，「士志於道」。器是已經定在這個地方才叫器，「士志於道」是因為道是天道啊，知識分子的生命可以像天道一樣的，人間有誰不為自己想？但是我們就可以不為自己想。

這個問題可以這樣解釋：哪一天你是文天祥，你也會慷慨赴死的；當哪一天你的生命代表整個中國的時候，你就不一樣了；當哪一天你當了人家的父母，你就不一樣了。天下的父母如果要在孩子跟他之中選擇一個的話，他會選擇孩子，他願意讓自己在這個世界上消失。這就是提升到天的位置，你不要以為它是神話，我這個「人」當然不能，但是我的「心」可以呀，所以「此心惟天可表」就是這個意思。我們現在講的就是人的心靈的無限性，在物來說，有杯子跟沒有杯子不能同時成立，有杯子和沒有杯子是相反的；但是人的心可以同時是有、同時是無；我同時在萬物中，同時又跳開萬物之外；我同時跟學生在一起，同時跳開在學生之外。跟學生在一起是我關懷他們，跳開在學生之外是因為我要引導他們。所以是兩方面，這叫「同謂之玄」。因為本來道只是一個，結果又是「無」又是「有」，而「無」跟「有」是被認為相反的，但老子的道是同時是，所以叫「玄」。我們只能夠一，而不能二，只是有，或只是無，所以不玄。這個很肯定，你同時是有，又同時是無，這才叫玄。所以道是一，但一而二，道是二嗎？但二而一，這叫「同謂之玄」。

我剛才也說：有中無，無中有。你要嘛是有，就不是無；是無，就不是有。現在我是同時是無是有，在有中無，在無中有，所以叫「玄」。我們希望天下的父母、天下的老師都能夠玄，我們不玄就會跟他計較，就不甘心、不服氣，一定要罵回來，讓對方傷感，自己才贏得面子，這一來就不玄了。不玄的人就沒有妙人家的能力，注意我把「妙」當動詞用——你沒有「妙」人家的能力。

人損之又損，道玄之又玄

底下說：「玄之又玄，眾妙之門。」什麼叫「門」，就是你要從它走出來叫「門」。「眾妙」就是萬有，就是美妙的萬物。為什麼道可以做為天地萬物存在的理由呢？為什麼這個天地可以生生不息呢？萬物可以欣欣向榮呢？「四時行焉，百物生焉」，這個世界永遠有生機、有情趣，這叫「眾妙之門」。那「眾妙之門」從哪邊來？從道來。那為什麼道可以成為「眾妙之門」呢？因為道是玄妙的。我們若只是一或只是二的話，就不玄了；而道是一而二又二而一，既是有、又是無。就是因為它玄，故妙，才叫「玄之又玄」，代表道的玄妙是無窮無盡的。所以在道的「玄之又玄」裡面，才能夠成為「眾妙之門」。

一個老師、一個父母，你「玄之又玄」，你的孩子跟學生才能夠妙得出來，所以玄才能妙。你要先讓你的生命玄起來，什麼叫玄起來？有兩層，一般生命只有一層，一層就妙不起來了。我們有兩層，因為我們有儒家和道家。儒家跟基督教的性格接近，道家跟佛教的性格接近；因為這兩套，所以在人類歷史上，我們是最能夠承受苦難的民族。太平盛世是儒家出來，亂世是道家出來；我們具備儒家的生，也具備道家的生。

而道家的生，老子告訴你要玄，那怎麼玄？我們講過的「為學日益，為道日損，損之又損」（第四十八章），你的心知「損之又損」，你的生命就可以「玄之又玄」。損是什麼？就是前面講的「致虛極」那個虛，虛就是這個損，減損、虛掉。虛掉什麼？虛掉名利跟權勢，虛掉人間的利用關係跟實用立場。把那些虛掉了，你的生命就開始玄起來。原來我們想要很多東西來支持我們，結果是我們越來越脆弱；我們的堅強就是那些東西我不要了，因此我說它是「割捨之後的剛猛」。一個人什麼都不要的時候就會顯現他的剛猛，所以孔子說：「棖也慾，焉得剛？」那個人那麼多慾，怎能剛強得起來？所以孟子講大丈夫是「富貴不能淫，貧賤不能移，威武不能屈」。我想這些道理都相通的。所以你在減損的時候，事實上你的心靈既觀照又奧藏，而且是玄起來。玄起來是兩層的，是無、又是有。因為玄你才能夠妙，你跟他在一起，又能夠超越出來；你投入，又可以化解。我們一定要具備這樣的能力，才能夠真正的成為「眾妙之門」；眾妙包括學生跟孩子，我們的家人、朋友。我們每一個人都可以有一個門，通過你的玄門，讓我們的家人活得好。所以我們只要生命能夠玄的話，我們就是「眾妙之門」。關鍵是這個怎麼可能？「損之又損」啊，另外，「致虛極，守靜篤」啊，也可以「觀」啊，就像這裡講「觀其妙，觀其徼」一樣。

第一章是老子哲學的總綱，比較理論性，我盡量把它放在生活、人生來讓諸位了解，本來老子的觀念就是生命的觀念，不是知識的觀念。如果覺得很理論化，聽不大懂，那麼你就把它當可道可名，把它忘記，你忘記的時候就常道常名了。你如果是把它當知識就不對了，這是把活生生的人生搬到紙上，講的是一個很真誠的生命，一個很有智慧的生命，告訴我們：人生怎麼能像天道一樣長久？怎麼樣讓自己成為「眾妙之門」？你只要「玄之又玄」。怎麼樣讓自己「玄之又玄」？你一定要「致虛極，守靜篤」，「觀復」，「觀其妙，觀其徼」，要「損之又損」，這樣才可能。如此你就可以體會到天道，然後你的人生修養，養成天道的性格，可以跟天道一樣，去生所有的人。我們為什麼要學這一套？就是希望擁有天道一樣的性格，好讓我們在為人處世裡面帶動別人，包容別人，看到別人，肯定別人；因為你的「有」要建立在你的「無」的基礎上，所以又要無、又要有，然後你才能夠去關心天下萬物，是他們的始，又是他們的母；你要永遠跟他在一起，但是你又永遠是你自己；像一個救生員一樣，你要救他，要拉住他，但是你還是你，你不被他抱住。所以天道才能夠永遠生萬物，如果天道被萬物拉住，萬物寒冬，它也寒冬，大家一起垮了。在萬物凋零的時候，道還是道，這樣它才能夠為他們準備春天。如果道也跟著一起冰凍，大家一起凋零，那明年的春天永遠不會來了。

天真有德是上，人為無德是下

第三十八章（即下經第一章）說：「上德不德，是以有德；下德不失德，是以無德。」這裡的「德」不是指道德條目的「德」，道家的「德」是指真實的自我。老子說：「道生之，德畜之。」（第五十一章）道生我們，但通過什麼方式呢？它通過一個內在於我們的方式來生我們。就是把道的高貴、道的自然內在於我們的生命中來生我們，所以我們一生的過程中都有道的德在我們裡面，這個德是人得之於道者。在儒家來說，德是行己有得，你去實踐，你去修養，你擁有的便叫德。儒家認為我們去實踐，去修養，去做一個好人，我們就有這些德了；而道家的德是說人得之於道者，這很接近儒家的「性」的觀念。儒家認為人性是人得之於天者，叫「天命之謂性」（《中庸》）。但道家不講性這個觀念，他講德，這個德是天生而有的、自然的，生命的自然，生命的真實，這叫德。

老子先把德分上下，這個世界上有的人是上德，有的人是下德，這沒有問題。但是他造成我們震撼的是，他認為「不德才有德」，這便違反了常識。他又說：「不失德是無德」，就是一個很守規矩的人唯恐失去這個德，那樣剛好無德。這就像每天擔心自己口袋裡的錢會不見的人才會丟掉錢，而不擔心錢會掉的人，錢永遠都在他的口袋裡面。每天東藏西藏，往往藏到最後就沒有了，因為他忘記藏在哪裡，或是藏了半天，被太太賣給舊貨商了，就算藏到這麼天衣無縫又如何？老天總是有一些很好的辦法來警告那些藏私房錢的人，這叫「天道好還」。也正好給那些「處眾人之所惡」的人得到一點老天的支持，「處眾人之所惡」是指收集垃圾、收集舊貨的人，他們實在是得不到社會資源的支持，結果回收場就有很多高貴的禮物隱藏在裡面，我覺得這也是天道很美妙的庇佑，也就是「天道無親，常與善人」的意思。

「上德不德，是以有德」，用這樣的比喻，你就比較容易了解它的意思。不在乎德、不擔心錢會失落，不會去想要藏到哪裡去的人，那樣的人他的錢永遠都在。每天抓著它，東藏西藏，惟恐會失落的人，他剛好就會沒有。現在我們說：德分上下，什麼樣的人是「上」的人？怎麼樣的人是「下」的人？有德的人是上，沒有德的人是下，這話一點都沒有問題。我們把這兩句拆解成「上德有德，下德無德」，你就不會覺得老子這句話不好理解。有德的人是上德，無德的人是下德，這也合乎常識的觀點，你不會覺得老子是在講反話。德分上下，有者為上，無者為下，這個很自然。

如何有德？就在不德

現在的關鍵，也是代表老子的智慧在底下這個，我們暫時忘記「上德」跟「下德」，只看「不德有德，不失德無德」這幾個字，而且「不失德」就是要「有德」的意思，如此轉成不德的人有德，而有德的人反而無德。這樣是把這一章的開頭轉換成兩方面來處理，第一個是：德分上下，有者為上，無者為下；第二個是：不德才有德，要有德的人反而無德。第一個前面講過了，沒有問題；第二個是什麼意思？不要忘記道家的哲學都在心裡面講，你的心不執著社會上的那些德目、那些價值，或所謂的名利權勢，或時髦、新潮、尖端，你不在乎那些東西的話，這叫「不德」；然後你才有真實的自我，你才能夠走出自己的路，這叫「有德」。

你有真實的自我，就不會迷失在人間的十字街頭；人間的熱門是不斷在改變的，你走這一條路也不對，走那一條路也不對，因為社會在變動。人生不過百年，我們老是跟著別人跑，跟著時代跑，何年何月才停下來？所以這個時候，我們「不德」就是我們不在乎社會的價值，不執著社會流行的那些，你才能夠「有」出自己來。「不德」，就是不在乎天下對我們的呼喚，不在乎這個社會對我們的期許。大家都買股票，你聽到的朋友每一個人都在股票上賺錢，你還是不為所動，你就是「有德」。所以「不德」跟「有德」我們要把它講清楚，不執著那些德目，不把道德當教條、當宣傳、當口號來呼喊的人，那個人才是真正有道德的人。我們也可以這麼說：不在乎社會的價值判斷，不在乎社會的流行時髦的人，才能夠活出真實的自我，活出自己的風格來。

另外一句是要有德的人反而無德，責求自己有德的人，就是每天惟恐失去德，惟恐追不上時代，惟恐落後，害怕人家批評的人，做什麼都不對，他便會沒有自己，所以「無德」。這種人每天惶惶惶惶，不曉得什麼才對，是聽老師的，還是聽父母的？要聽哪一家報紙或哪一家電視台好呢？如果你到處都聽，每一個都接受，真的會覺得左右為難。所以「不失德」的人是唯恐失去、過度小心、事事緊張、到處去跟著別人的人，這樣就沒有自己了，這叫「無德」。

所以，這裡有兩個問題，第一個是有沒有的問題，有的人才是上，沒有的人是下；第二個是怎麼樣才可能有的問題，不想要的人才有，每天一直抓住不放、老擔心會失落的人剛好沒有。第一個問題我們講過沒有問題，現在我們要問第二個問題，既然有才是上，那我怎麼樣才能夠有呢？老子說：可以「不」的人才有，不失的人反而沒有；這叫智慧。

放得下才擔得起

如果我們問：什麼叫第一流球隊？答案當然是打贏球的。那怎麼樣才能夠贏球？不在乎輸贏，輸得起、放得開的人可以贏球。一個球隊要是能夠放得開，就是「不德」，他不在乎勝利，勝敗不構成那麼大的壓力，這樣的球隊才會贏球，所以「不德」的球隊會「有德」。中南美洲和歐美的球隊往往有一種放得開的性格，就算落後也照樣豁出去打，而且士氣如虹。這個對我們說來就比較難了，我們真的缺乏「不德有德」的智慧，我們永遠受到「有德才是上德」這樣的壓力，沒錯，這個是責任感，我有德，勝利才是「上」球隊。但問題是我們要怎麼樣才能贏球？要靠智慧。所以老子的智慧很高，叫你要放得開，要輸得起，要能夠不放在心上，然後你才能全力以赴；擔得起又放得下，這叫「無」。我去打這場球，我全力以赴，這叫「有」，但是在每一個「有」裡面我都是「無」，我不慌張，不緊張，不亂揮棒。東方球隊輸了以後，會看得很嚴重，所以這個地方我們就要培養豪傑的性格、放得開的智慧才行。

結果是不德的人才有德，這個是如何的問題。哲學有兩個問題，一個是「是什麼」，一個是「如何可能」。「是什麼」講得最好的是儒家，人是什麼？人是跟禽獸不同的，人是有人性的，儒家給出了「一個人是什麼」這樣一個很高貴的詮釋，為人找到他是萬物之靈的地位，而且人不僅是在天地間，還能跟天地合成三才，人是天地中的主人，這是儒家說的。好！儒家把價值是什麼、人是什麼都說了，那我們問：這怎麼可能？你問儒家怎麼可能？他還是說：人應該是人，人應該希聖希賢，人應該實現理想。對，這些我都承認，但是我更關懷的是怎麼可能？這是老子問的：怎麼可能？把它忘了，不壓在心頭，不把自己壓垮，放開身手，放下重擔，就可以得心應手，恰到好處。不增也不減的把球打出去，這樣就不會失常或反常，臨場表現可以把自己的實力、平時的訓練發揮出來，不德反而有德。不想贏球卻贏球了。

總之，儒家的應該，儒家的「是什麼」，要與道家的閒散，道家的「如何可能」，做一結合，化解的智慧正所以成全理想的事業，老子的「不德有德」，就是這個意思吧！

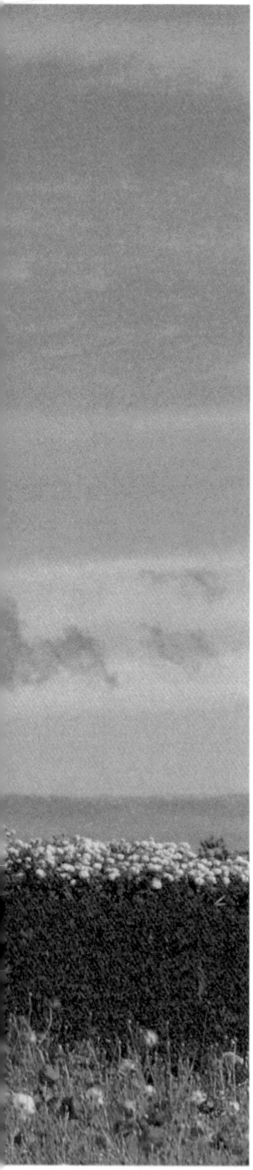

之十二 無心奧藏的生成原理

在我們的老傳統，
天地一定生萬物，聖人一定生百姓。
問題在，憑什麼可以「生」出來，
儒家說要有仁心，道家卻說要放下仁心，
因為仁心的愛，會起執著，
所以「不仁」無心才生得出來。

以「不德」的作用來保存「有德」的實有

所以「不德」跟「不失德」，都是通過我們心的狀態說的，「不德」就是不把它放在心上，不執著，不受到它的壓力，放開一點，鬆動一點，這樣反而有德。不在乎成敗，並不想證明自己是卓越的，也不一定要走向尖端，這樣更能夠讓自己充分的表現自我，這叫「有德」。反之，「下德不失德」，你執著不失，唯恐它失落，太大的心理壓力，太在乎非怎麼樣不可，這樣反而會失落我們自己，反而束手束腳，不能把真正的自我表現出來，這叫「下德不失德，是以無德」。「無德」就是失落了真實的自我。

底下說：「上德無為而無以為，下德為之而有以為。」我們現在把上下德分開來解釋這句話，老子說上德是無為而無以為的，下德是為之而有以為的；上德是無為，下德是有為。「上德不德，是以有德」，「不德」就是這邊的「無為」，「下德不失德」的「不失德」就是這邊的「為之」。我們把它連起來，這裡的「上德無為」就是前面講的「上德不德」，而「不德」就是不放在心上，不構成心理壓力，這叫「無為」。「下德不失德」，「不失德」是執著它，唯恐失去，而緊緊抓住它，這叫「為之」。事實上這個「為之」、「不失德」就是有為。

那什麼叫無為、什麼叫有為呢？無為是不是什麼都不做呢？當然不是。我們通過底下這句話來了解無為，老子說：「無以為」；而「為之」就是有為，老子說：「有以為」。那個「以」字有兩種解釋，第一，可以當「用」講；第二，可以當「因」講，這邊要當「因」講。那個「無為」就是沒有特別的原因、沒有特殊的用意去做，這叫「無以為」。那個「因」經常都是我們的心來決定的，我們心裡面有一個動機，就有一個特別的原因，所以沒有特別的原因去做，就是「無以為」，就是無心而為；所以無為不是什麼都不做，只是無心去做，無心而為叫無為。你做了，但是你是無心的。什麼叫無心的做？就是自然的做。所以我們家常日常所做的事，道家都做，只是我們去做的時候，會「有以為」，而道家是「無以為」。所以下德的為之我們說它有為，就是說因為那是有心而為，希望得到回報，這就叫「有以為」。有特別的目的和理由才去做的，叫「有以為」，這是下德，落入下乘。如果我們很自然的去為，就叫做上乘之作。

通常沒有心理壓力，事情就特別做得好；如果不是表演，我們一定做得很好，一到表演就奇怪了。因為那是有心而為，所以平時覺得自然的，到表演、比賽時都出了問題，就是變成下德。下德是有為，為什麼有為？因為你是有心而為，這樣就會構成心理壓力，而心理壓力就使我們沒有辦法放開自己，所以本來的獨特風格與姿采，就表現不出來了。

有心承受自己的壓力，無為是無心自然的為

所以現在我們要了解什麼是上德？上德是無為，無為是無心的為。那下德是什麼？下德是有為，有為是有心的為。這樣就把有為、無為放在有心、無心來理解了。所以德分上下，有的是上，無的是下；為什麼有上、有下呢？因為一個無為、一個有為。無心的為就自然，有心的為是造作，造作剛好適得其反。我們說某個人矯揉造作，或是說某個風景區人工雕琢

的痕跡太強烈，就是說刻意要表現好，反而不好；而有時候不刻意求表現，反而非常好，這叫上德，在藝術就叫上乘之作。我自己的感受就是：我的演講不如上課，演講多少有一點表演性質，又有很多人慕名而來，怕對不起人家的這一份情意，所以總希望不會讓人失望而返，覺得應該講好一點，結果剛好不行。上課就很自然，所以在學校上課反而講得好一點，因為沒有什麼心理壓力，不會想今天要給學生多少東西，只覺得師生很相得，課也就講得好了。這樣就是上德，因為我無為，我是無心的，是每天日常的課程，很自然就講好了。如果感覺到人家給我多少時間，這樣的時間要講多少東西？你就構成一些時間上的壓力，這一來就落在有為，有心來講好這一場演講，反而就講不好了。我們在寫文章、繪畫、寫書法的時候，或者是做什麼事業，都要思考「作用層」的問題。

所以道家的無為，是無心而為的意思，而不是什麼都不為，只是自然的為，無心的為。底下的下德是不失德，不失德就是老是想抓住它，唯恐失去它，那麼這樣就會有心的為，有心的為就是人為造作。這是道家一個很重要的界定，當人家問你什麼是無為的時候？你就馬上很清楚那是無心的為，而不是不為，無心的為還是為。所以第三章最後有一句「為無為，則無不治」。到底他要不要為呢？「為無為」就是說一個聖人所要做的就是無為，「無為」就是通過「無以為」來規定，是無心的為。只要你治理天下是無心的為，自然的為，天下就會平治、大治了。因為自然的為是讓百姓回歸每一個人的生命自我，不是你來改變他或教導他，而是順著他們的自然去為的；這樣一定會得到百姓的支持，因為他們知道你是無心的，你是自然的，你是要成全他們，而不是要限制他們，把他們拉到你自己這邊來。所以一個聖人所要做的就是無為，也就是無心的為。無心的為是什麼意思？就是自然的為，當我們無心的時候百姓就自己如此了。

你無心的為，不是每一個人都跟著你回歸自然了嗎？那「然」由自己來不是很好嗎？每一個人都有他自己的「然」，我們無心一點，隨意一點，有這麼一個機緣，大家在一起好好相處，讓這一段相處成為一生難以忘懷的回憶，叫隨緣，這也是有一種自然的意思在裡面的。但是真要講到緣的意義，就要在隨緣之下講一個緣分的「分」，這個「分」就是分際，要守住分際。我們每一個人都有自己的家庭，自己的人生軌道，我可以欣賞你，你可以欣賞我，但是我不擾亂你，你也不要妨礙我；這樣就像「小國寡民」（第八十章），國跟國之間相望，而且雞犬之聲相聞，我們只是互相欣賞，但是不互相打擾，不互相妨害。這個很難的，所以講隨緣的後面還要講不變，不變就是指「分」，你要守住那個「分」，原來的緣才不會被破壞，不然人我相見的美感到最後會被破壞，因為我們那個「分」沒有守住。所以中國人講緣分，重點在「分」不在「緣」。就自然來說，本是價值觀念，所以隨緣背後好像應該有一個什麼東西，那就是我們對價值的追尋，尊重對方，尊重自己，這叫「分」。

仁者愛人，位在上下德之間；義有知，已掉落下德

底下說：「上仁為之而無以為，上義為之而有以為」，這是在討論儒家的觀念，老子先分別上德、下德，這裡的「上義為之而有以為」，剛好跟前面的下德完全一樣；而「上仁」

卻一半是上德、一半是下德。「上仁為之」，「為之」在下德，但是它又「無以為」，所以剛好各一半。可見得儒家的仁在老子的評斷中位居上下德之間，而儒家的義是下德，禮更是等而下之了，所以他說：「上禮為之而莫之應」。很顯然第三十八章是老子在評論儒家的理念，因此老子《道德經》一定在《論語》的後面，不然這些觀念出不來。而三十八章他先講自己是對的，底下再批評儒家，所以我們要先講儒家的仁義禮是什麼意思，然後才說老子為什麼這樣講。

在《論語》裡面最重要的三個觀念就是仁義禮，仁就是我們的仁心，孔子、孟子認為每一個人都有，因為我們都會有不安感，我們如果做了什麼過分的事，心裡面就會感受到強烈的不安，於是就要由不安而求安，這叫仁。仁就是要求心安，所以說心安理得，但不是光我心安的問題，我的心安還要跟另外一個人相處的。譬如說我們送了禮物要感謝他，我們希望他接受禮物，那我才心安；他如果不接受，我就心不安，所以我們就要求對方接受。但是有一點很重要，我們似乎忘了這一點，他接受了他安不安呢？所以儒家講義，意思就是說不因為你愛別人你就是對的。我們本來以為：只要我這麼真，這麼善意，這麼熱情，你就應該接受，但這樣我們就變成愛的獨斷了，所以這個信念不一定對的。為什麼不一定對？因為你安了，但對方可能不安，而人間的正義就是大家一起心安。有時候我們會有道德的專制，就是以為我愛他，我要求心安，但是忘掉了對方可能不安。所以二者皆安的判斷就叫義。

為什麼講仁之外還要講義呢？因為不是光我一個人而已，是你跟另外一個人共處，這叫緣。我一個人叫命，我跟他在一起叫緣；但是我的命又受到我跟他在一起的影響，所以我們的命會受到緣的影響。緣是一種牽引，會影響到我們的命；因為不是我一個人活在世界上，我是跟另外一個人活在世界上，跟很多朋友活在世界上。跟很多人在一起就叫緣，這個緣會牽動你的命，所以重點就漸漸往外移，變成緣很重要，人際關係很重要；本來是我這個人最重要，我的命最重要，但是顯然你的命是被緣牽動，所以緣會影響命。但是命也會影響緣，什麼意思？你是怎麼樣的人，就大概會跟怎麼樣的人做朋友，我們一定會找跟我們氣質相近、可以互相欣賞的人；所以有怎麼樣的命才有怎麼樣的緣，這個是命來決定緣。因為緣是複雜的，所以需要義；儒家是講這樣對不對？對每一個人說來是這樣好不好？什麼叫社會正義？就是對每一個人都是公平的，大家都可以心安的。

總之，仁是我自己心的自覺，從內在發動的那種善意、真誠，希望對方能夠接受，能夠聽我說，能夠充分的表達自己，這是仁。問題是你要尊重對方，是否接受要看對方的選擇，大家都能夠安心，大家都可以接受，這叫義。而大家都可以安心、都可以接受的那種禮節就叫「禮」，所以禮是通路。通路就是：我們的愛心經由大家都可以得到肯定的義，然後我們就在這樣的禮裡面見面。所以送禮還是要有一個節制的，我們會希望那個禮物跟那個情分能夠相等，不要讓禮物越過了情意，有一點越過的話，會覺得收受人家這麼重的禮，自己心不安；就像交淺言深，對方不能接受，所以交淺不能言深，怎麼樣的交情講到怎麼樣的話也是禮。這三方面說起來，仁是一個心的發動，義是一個大家都對、大家都可以接受的判斷，而禮是大家都可以交會、可以彼此交流的通路跟管道。儒家是這樣講仁、義、禮的。

仁是愛，所以老子說「上仁為之」，愛人是有為的，我要去愛一個人，這不是為之嗎？

但孔子認為仁還是了不起，就是因為你去愛，而背後那個心是無條件的，是「無以為」的。「上仁為之而無以為」，仁心的愛是無以為的，沒有其他理由。那愛有沒有「為之」呢？有，但背後的動機很單純，「無以為」，純然只是對你的好感，所以上仁是為之，但是無以為。從「為之」來看是下德，從「無以為」來看是上德，所以老子認為孔子講的仁在上下德之間。

但是義不然，義是為之，而且有以為。為什麼是有以為？因為它是一個價值判斷，它要說你對不對，背後有一個價值標準做為根據。所以上義比上仁差一點，因為它完全是下德，而上仁是一半上德、一半下德。

「禮」有為而沒有感應

那「上禮為之」呢？上禮當然是為之了，但是它為什麼會在下德之下呢？因為「莫之應」，它去做，可是沒有人回應。我們總覺得禮多人不怪，其實不見得的，禮多人家可能不回應。我碰過一些朋友，看到你就讚美有加，他是禮多，把最好的話送給別人，以為這樣是表達他最高貴的友誼，但是真的人不怪嗎？「上禮為之而莫之應」，沒有回應，因為他那種話講多了以後，我們就知道他的話是假的，以後他講什麼話，大家都沒有感受，好像沒有講一樣，這叫「莫之應」。所以不大真實的話少講，講到最後連你自己都不相信，連你自己都討厭自己的應酬性的對話。要珍惜自己的話語，讓我們的每一句話講出去，對方都能夠很真實的感受，而且能夠有生命的回應。所以我們要講的話是真誠的，從心裡面講出來，跟生命相感應的；不然「上禮為之而莫之應」，天下沒有人回應，沒有人感動，沒有人有回響，沒有人有共鳴，這是白講了，而且把人類表情達意的語言扭曲了。

因為沒有人回應，所以怎麼辦呢？他就開始「攘臂而扔之」，高舉雙臂，希望引導人家走他的路。禮是價值規範，責求每一個人要依禮而行。問題是：由仁心而義理，由義理而禮制，越來越流向外，越來越遠離內心的真實。你當然說跟著我就好了，為什麼還要攘臂呢？因為沒有人回應，為了要引起大家的注意，就雙臂高舉來呼口號，這叫「攘臂而扔之」。結果花的力氣越來越大，但是離開我們的心越來越遠；而那樣的行為正是最沒有效率的行為。教導孩子就是跟孩子心貼得最近，這樣才最有效；你把孩子推得很遠，再來引領他，那沒有效的。「莫之應」，孩子沒有感動，沒有痛癢，沒有感受，到最後只好高舉雙臂，他還是不理你，只好拿起棍子，但是他會抗拒你。是啊！有效率，但是他不認為你是他的媽媽爸爸了，因為爸爸媽媽不應該這樣做的。所以我們不要太相信人為是萬能的，如果人為離開自然，離開我們的心靈越來越遠，人間一切的作為都是沒有意義的，只有適得其反。本來禮不是善意的嗎？我們希望禮尚往來呀，而結果對方沒有回應，為什麼沒有回應？因為你不從仁來。本來儒家是由仁到義到禮連在一起的，現在道家的反省是：這個連結斷掉了。所以他覺得你的仁還可以，你儘管是愛了，為之了，但畢竟你的動機是純潔的，不是功利的，不是實用，所以他還肯定你的仁，因為你從你的心出發。到了義你就要做出判斷，而你根據你的標準說人家不對，才變成下德。到了禮，人家沒有回應，你還要硬來，這就越離越遠了。所以

「上禮為之而莫之應，則攘臂而扔之」就是這個意思。

道德是仁義禮的形上根源

底下說：「失道而後德，失德而後仁，失仁而後義，失義而後禮。」仁義禮是儒家的，老子講道德，是道家的，所以書名叫《道德經》。第一章是「道可道，非常道」，叫道；這一章是下經第一章：「上德不德，是以有德」；上篇以「道」開始，下篇以「德」開始，所以叫《道德經》。老子要證明自己講的道德是對的，就要告訴我們仁義禮是差一點。那仁義禮是什麼？是孔子的。所以講「道可道，非常道」的時候，顯然老子認為儒家是「可道」，他才是「常道」，因為他是自然，是無心的；而儒家是有心有為的。本來按照這一章原文，應該仁在德的下面，義在仁的下面，禮在義的下面，一路下來才對，但是如果我們把仁義禮寫在德的下面，對《論語》說來是不公平的；因為人的仁心是最根本最高貴的，你不能夠把仁心放在德的底下。我們現在要了解道德是老子的主張，道家的主張，仁義禮是他對儒家的批評。《道德經》是專講道跟德這兩個的，從天來說叫道，天道；從人來說叫德，人德；而道內在於德二者是合一的，叫天人合一。因為我們身上的德就是從天道來的，我們生命的自然就是天道的自然，這是一樣的，只是落在人的身上叫德而已。

所以德是人得之於道，性是得之於天的，就好像我們得之於父母的就是我們這個人的命，所以我才說：孩子是我們生命的再現。人生不需要那麼傷感，我們漸漸年紀大了，但是孩子在成長，他是另外一個你，他還在成長，你何必老是覺得自己逐漸老去，你有沒有想到兒女正走在成長的路上？所以多看孩子的成長，少看自己的衰老，孩子是另外一個我；通過親情講，人生的遺憾就會減少很多。

從道跟德來說，都是自然的，都是無心，老子認為無心自然是最好的。而德的本初狀態就叫嬰兒，他說「含德之厚，比於赤子」（第五十五章），「復歸於嬰兒」（第二十八章），所以我們應該要像嬰兒一樣的天真——就是天生本來是真的。到了莊子乾脆講「真人」，就是這樣來的。因為你天生本來是真的，所以怎麼樣維護我們天生的真，永遠像童年一樣的可愛、一樣的單純，是生命的大事。兒童看到一顆糖果，眼睛都會煥發著喜悅的光彩，好像整個世界充滿了希望。天生本真就叫德，道家就維護這個。但是他發現：人可能會從無心、真人的那個德走到仁義禮來，會從這邊跨步過來，你本來是無心自然，一到仁，開始有心了；而到義就是有知，就是有一個正義的標準，有一個是非的標準；到禮就有為，什麼有為？就是要求人家一定要做到。

道德是天生的本真，仁義禮是人為的流落

所以德到仁義禮，就是很嚴重的一步，德這邊是天生自然，仁義禮那邊是人為造作，使你往外飄流，也就是生命往下的沉落。老子認為儒家仁義禮的開展是生命的流落天涯，他覺得人生的理想就是守住人天生的本真，所以我們只有一條路——回歸道，回歸自然，「復歸

於嬰兒」，「復歸於樸」。他要我們活在道跟德之間就好了，仁義禮這邊不要走過來，因為這些是人為造作的產物，是人生的流落，而且越離越遠；所以越往外的，他評價越低。他認為仁還可以，一半上、一半下，它已經有為了，但是它的有心還是最純潔的；到了義，各地方的義不一樣，大家都用自己的義來判對方不對。所以人間的發展，在道家說來不是更好，而是好的消失。儒家說：走出我們的路來，內聖外王，把我們的好推廣人間；老子不是這樣認為的，他認為人走入人間是人本來的美好在人間消失的過程，所以成長就是天真消失，不講真話了，開始應酬了。道家認為這些是假的，他認為你有心就會有義；而當你認為是對的，就會進一步責求人家做到，就有一個禮。所以有心、有知、有為，越來越遠，越外面的越不對，因為老子把標準定在德，這個德才是真的，嬰兒才是對的。

這是道家對於儒家的仁義禮的一個反省，底下老子又說：「夫禮者，忠信之薄，而亂之首。」他認為禮是「忠信之薄」，什麼叫「忠信之薄」？忠信是指你天生的忠厚、信實；忠厚信實開始薄了，因為你內在很薄弱，才需要到外面去找啊；如果你內在很充實，又何必往外找呢？所以當我們談到禮的時候，是代表我們內在的真實逐步的沒有了，因此說「禮者忠信之薄」。「而亂之首」，走向亂的開始。為什麼禮是走向亂的開始？因為人家不接受、「莫之應」的時候，你就高舉雙臂，勉強別人走你的路，這不是引起對方的反抗嗎？每一個人都要有儒家的修養跟道家的修養，不然每一個人都把自己擺在第一位，各有各的義，恐怕很難擺平。

讓制度來保護生命感情

所以老子說：當我們講到禮的時候，代表我內在很貧乏，因而往外找。我不是說過我們打天下是因為要增加自己的安全感嗎？人總覺得自己不夠安全，最安全就是天下都是我的。但是我們發覺，天下都是你的，你也沒有安全感，因為你怕明天就不是你的，這叫「寵辱若驚」，「得之若驚，失之若驚」，不因為你得到了就沒有問題，得到了又害怕失去，叫「患得患失」，得了也是患，也是擔心，擔心你已經得的失去，可見得並沒有解決問題。天下都是你的，另外一個麻煩就是要保管天下。莊子說「藏天下於天下」，你要保護自己，最好的方式是把天下放在天下裡面，這個是很精采的話，你把天下放在天下，不要把天下放在自己的身上，第一，你擔當不起，第二，你很難保護的。所以何必去保管天下呢？人實在不需要去打出這樣的一個人生行程來，這對老子來說是你原來的自我失去，而不是你增加了外面的天下；我們都以為我們增加了外面這一段，老子認為不是，反而是你把裡面那個最真實的散掉了，這就叫流落，飄流且沉落。

所以當我們講到禮的時候，代表這個社會不大行了，那今天講法治豈不是更嚴重了嗎？因為禮的下面是法啊，還好那個時候韓非子還沒有出來，不然老子還要批判下去。孔子講仁，孟子講義，荀子講禮，韓非講法；今天我們講法，所以我們在觀念上不大能夠接受老子的這個想法。

我們不是要把感情跟生命給出來嗎？這是人際關係最重要的本質，是高貴的品質；這樣人我的溝通是高層次的溝通，因為我們是心的溝通。所以大家安於自己的喜歡就好，你喝你的酒，我喝我的茶，人生就是這樣子嘛，這叫自然。不要強迫人家跟你一樣，「攘臂而扔之」，到最後自己先垮。人際關係一定要用心的交會，心的感應是高層次的，而不要用底下那個層次。

問題在這個高層次的感情跟生命也最沒有保險，又會受到傷害，這是因為每一次我把感情給出來、把生命給出來，我在人間就經常受傷害。我們想想是不是這樣子？那麼有沒有可能，我們又跟人家相處，然後我們的感情跟生命都不受到傷害呢？靠什麼？靠制度，靠禮跟法，所以我認為禮跟法可以保護我們的生命、感情，不讓我們赤裸裸的在十字街頭承受挫折。

生命、感情通過制度就不會傷感，不會感到遺憾了。所以人生兩大問題：第一個，把生命、感情給出去，第二個，不要讓它受傷。生命、感情給出去是儒家的，不要受傷是道家的。但是道家只是心靈化解，到了荀子、韓非，他用制度保護你，通過制度讓大家都不傷感情。所以我希望把荀子的禮、韓非的法、當代的民主法治，說成是保護我們生命、感情的一道防線，而不要把它說成是束縛我們生命、感情的制度。

當然我這樣的說法跟老子是不直接相干的，而且好像有一點在反省老子的意思，不過這是因為我擔心講了《老子》以後，大家對人間的相處，對人世間的制度會有反感。事實上我們講《老子》，可以避開老子所說的流落。我不流落，我儘管一直往人間走出去，但是每一步都無心，都有天真，我還是交朋友，還是講社會公義，還是講人我之間要守禮，還是講當代社會要守法，但是在每一個時候我都天真。我真實的來，真實的跟你相處，真實的跟你溝通，真實的守法；不會說流落人間，就一邊飄流，一邊沉落。所以這個時候我們就要有現代化的思考，有老子的智慧，同時又不會用老子來反現代化。大家一直很擔心我們講老莊，好像要放鬆了，不理學生了，那怎麼辦呢？不是這個意思，你還是要管學生，只是無心的管，比較自然的管，不傷感情的管，不會壓迫他們的管。還是要管，不然你怎麼能當老師呢？怎麼能當父母呢？所以還是「為」，只是「為無為」，是無心的為。

過去還沒忘記，未來又提前到來

底下說：「前識者，道之華而愚之始」，這裡「識」唸作「志」，「道之華」是道的表面；道的表面還是很吸引人的，但卻是愚的開始。什麼叫「前識者」？孟子說仁義禮智，人的心會發出仁義禮智這四端——端倪，端倪就是心發動時候的那個感情，叫惻隱之心、羞惡之心、辭讓之心、是非之心，這個智就是老子講的「前識者」。本來人生的流落就是這樣子，我們有心，我們有知，我們有為，一步一步的往外拓展出去，好像離原來的德越來越遠了，但至少這只是現在而已。「前識者」是預測未來的，還沒有到來的歲月，我們已經通過今天把它執定下來了。譬如說我們排的行程表，明天怎麼樣，後天怎麼樣，都排到幾個月之後了，這叫「前識者」。你現在這麼忙，連未來都忙進去，而且還沒有來的，你預先就感受壓迫，看到行事曆就煩，都不敢翻了，一翻開就發覺自己沒有前途，全寫滿了。本來人生偶有不好，也是到當前為止，但是我們預先的去想到未來的不好，這個「前識者，道之華而愚之始」，是道的浮表、浮華，而且是愚之始。這個愚不是那個老子所喜歡的愚，這裡是真的愚，愚蠢的開始，愚蠢的惡化就是連未來都賠進去。你失落了現在還不打緊，你連未來都賠進去了，這叫「愚之始」。

所以我們真的應該要「過而忘也」，我們的問題是：第一，忘不了過去，然後你就沒有現在；第二，你連未來都預先把它預定出去了。這叫前識者，把未來的忙碌壓力都拉到現在來了。所以，每一個人的現在真苦，過去的沒有忘記，未來的又提前到來，令人有撐不住、過不下去的感受。而這個苦是自己找來的，不是愚蠢是什麼？

王弼花了最長的篇幅來注解這一章，站在知識層面來說，這一章非常重要。但是我不願意太強調學問，我們希望多往人生的智慧這方面去省思。最重要的就是：道家講道德，儒家講仁義禮。如果我們要跟儒家來對比的話，道家講的「道」相當於儒家講的「天」，道家講的「德」相當於儒家講的「性」，就是「天命之謂性」。天內在於人叫性，所以我們叫人性；道內在於人叫德，所以叫人德；這樣來比是最公平的。

所以老子把仁說是在德的外面，對儒家並不公平，因為他的德相當於儒家的性，而儒家的性就是從仁說的，叫「仁性」，我們的性就是有仁心的。老子把仁推到德的外面去，並且說：我的德是無心，你的仁是有心，所以你們已經往外飄流，已經流落於外了。這對儒家的仁來說是不公平的，所以我們在講老子跟孔子的時候，要注意到這一點。在老子的標準，把仁說成是外在的；在儒家說來，仁是內在的，仁是我最真實的心。老子大概認為仁就是往外面走的開始，你一有心就會走出去了，我無心就不會走出去，你有心才想到要去跟人家感應一下，交會一下，溝通一下，所以才形成義，然後又形成禮，進而形成法，或者是智，才會有這些問題。如果守住老子的德來說，就沒有這個問題了。不過就儒家說，他的性就是仁，仁性、仁心就是性善，而這個就是老子講的本德天真。

老子道家在反省孔子儒家

孔子說：「志於道，據於德，依於仁，游於藝。」而《道德經》顯然是針對《論語》講的，孔子說「志於道」，老子就說「道可道，非常道」——你所「道」出來的那個道不一定是自然的常道；孔子說「據於德」，老子就說你執守的德不一定是上德，「上德不德，是以有德」，你的「據於德」就是「不失德」，因為「據」就是要據守、要守住，這不是不失德嗎？不失德在老子說來是下德——「下德不失德，是以無德」。所以他說儒家的道是可道，儒家的德是下德。

道本來是道路，道路是人走出來的，所以叫德行；德行在儒家的意思是：道路是人開出來的，而這個行是通過心去行的，所以儒家哲學的基礎是在仁，要「志於道」，就是有心為人間開路、為人生開路；那這條路通過什麼地方開出來？通過德去實踐出來，叫德行，因為「行」才開出路來。道路的根據在德行，那德行通過什麼發動？從仁心發動的，所以老子一定要進入到這裡來反省儒家的仁。因此當孔子說「依於仁」——一切通過仁，依靠仁來發動的時候，老子告訴你「不仁」。通過「不仁」才能夠講「不德」，通過「不德」來講「不道」，所以在《莊子・齊物論》講「大道不稱」、「大仁不仁」，而老子一定要講到「天地不仁」、「聖人不仁」。

你要反省人家的道，先要反省人家的德；你要反省人家的德，先要反省人家的仁。因為孔子是從道說到德、說到仁的，所以老子也一樣，先說「道可道，非常道」，然後說「上德不德，是以有德」，再說「天地不仁」、「聖人不仁」。你主張道，他說不道；你主張德，他說不德；你主張仁，他說不仁。因為你所說的有心、有知、有為都是人為，他的不仁、不德、不道都是自然，他的「不」就是不落在有心有為中，不落在人為造作中，然後讓原來的道更常，原來的德更高；另外莊子也說：「大仁不仁」，讓原來的仁更大。所以老子跟莊子所說的不道、不德、不仁，是為了讓道、德、仁更美好，不是反對道、德跟仁的。他認為經過他的「不」以後，原來的道、原來的德、原來的仁會更恆定、更開闊、更崇高、更圓滿，因為他是自然無心的。

正面道理從反面說

在講第五章之前，先做這樣一個對比，你就看得出來老子《道德經》跟《論語》的緊密關聯性。孔子第四句是「游於藝」，仁心、愛心在哪裡表現？在詩書禮樂。我們的德行開出道路，我們的仁心開出德行，而這整個的愛心、德行、道路，是放在詩書禮樂表現的。所有的人文教養會讓人得到一種薰陶，這叫「游於藝」。但是老子說：「夫禮者，忠信之薄，而亂之首也」，你看他是不是直對儒家做反省？你說它好，他就從不好看，這在老子叫「正言若反」——儒家的正言，在老子都通過反面來說。

儒家都在正面說，老子都從反面說，你的道是常道嗎？也許只是可道。你的德是上德嗎？可能變成下德。你的仁是大仁嗎？也許你是小仁——就是說你的愛有偏差，有特別的對象，不是對每個人都愛。你「游於藝」人文化成，很可能就是意味著你內在的薄弱，而變成責求爭端的開始。我們今天常說某個人喜歡唱反調，老子倒不一定唱反調，但是他都從反面來反省你的想法，譬如說人間有什麼活動，我們都會往好的地方想，老子就往不好的地方想。他冷冷的在旁說一句：你不一定對喔！你沒有權力幫人家決定，讓他自己去思考比較好，不見得你幫他決定就是好的。這就是老子，儒家的正言他都通過反面說，叫「正言若反」。你說道，他一定不道；你說德，他不德；你說仁，他不仁。現在我們就要講第五章的「天地不仁」、「聖人不仁」。因為這一句話被人引用很多，但常被引錯，所以這句話我們要好好說。

說到「天地不仁」、「聖人不仁」，你一定要想到前面講的「不道」跟「不德」，不道就是不可道，道是不能說，不可說的；德則是不能規定的，而仁呢？仁是不能夠執著，不能夠封閉的。「天地不仁，以萬物為芻狗；聖人不仁，以百姓為芻狗。」一般人會覺得這段話令人很受不了，以為老子是說：天地是沒有愛心的，它生了萬物又拋棄萬物；聖人是沒有愛心的，他生了百姓又不管百姓了。「芻狗」是用草做成的狗，幫它修飾、打扮起來，然後用來祭祀；祭拜完了以後，就把它扔掉了。所以很多人都看到這個拋棄的意思：「天地是沒有愛心的，它們拋棄萬物；聖人是沒有愛心的，他們拋棄百姓。」這一來就會對老子有很大的不滿，「以百姓為芻狗」、「以萬物為芻狗」，就是利用萬物、利用百姓，利用完了以後就不理人家，這叫拋棄，叫棄絕。

不仁不是冷酷而是無心放開；芻狗不是棄絕而是回歸自然

先引用四十九章的第一句話來對照第五章，就知道把它說成拋棄、棄絕是不對的。四十九章說：「聖人無常心，以百姓心為心」，就是說聖人沒有自己非怎麼樣不可的心；「常心」是自己非如此堅持不可的想法，因為代表我的權威。我就是這樣想的，你們要聽我的，我不能改變。但老子說：聖人沒有自己的心，才會把百姓的心當作自己的心。所以「聖人無常心」就是「聖人不仁」，「以百姓為芻狗」就是「以百姓心為心」。這叫以經解經，在《道德經》裡面，把這兩句話並列求解，不可能有不同的意思的。所以通過四十九章的第一句話來解「聖人不仁，以百姓為芻狗」，再通過「聖人不仁，以百姓為芻狗」來解「天地不仁，以萬物為芻狗」，這樣來講《老子》就講對了。

所以「不仁」不是沒有愛心，而是沒有自己的心，就是前面講的「無心而為」的那個「無心」；聖人是無心的，以百姓的心做為自己的心。那為什麼講「芻狗」呢？芻狗當然是草做成的狗，用來祭祀又拋開，表面上如此，但事實上那個草是從草原中來的，又回到草原中去，有什麼不好呢？從自然中來，又回到自然中去，這不能叫棄絕，所以我的解讀是「放開」——天地是無心的，它放開萬物，讓萬物去自生自長；聖人是無心的，他放開百姓，讓百姓去自在自得。

得其所哉就不叫拋棄，所以我說放開。天地沒有自己心的執著，便能成全萬物，放開萬物，而讓萬物去自生自長。所以我說「放開就是成全」。聖人是沒有自己的心的，也沒有自己的堅持，他放開百姓，讓百姓自在自得，這叫「無為而治」，「無為而無不為」——聖人無為，百姓無不為；天地無為，萬物無不為。萬物無不為就是萬物自生自長，百姓無不為是百姓自在自得。所以「不仁」不是說沒有仁，不是仁的否定、仁的反對，而是仁的提升、仁的超越。我超越我的仁，我提升我的仁，我完全為對方想。本來仁是通過我出發，現在我提升我自己，超越我自己，完全為對方想，這叫「不仁」。

所以老子講的不仁、不德、不道，都不是反對的意思，是提升的意思；放開一下，讓自己以更開闊的眼光、更廣大的心胸去接受別人，去跟別人相處，這叫「聖人無常心，以百姓心為心」。對當代的民主政治來說，這句話是最有啟發性的詮釋，不管是官員或民意代表，都應該好好讀老子這句話。民意代表或是行政長官，最重要的就是你要沒有你，你不是你，因為此後你的生命是為人民活的，百姓的心就是你的心。我很喜歡美國一個國會議員講的話，人家問他：將來在國會裡你要投哪一邊？他說：我要問我選區的選民，他們的意思怎麼樣，我就怎麼樣。這話是對的，不是你反對，或是你贊成，不是你有權力決定的，你只是代表這個地區的人講話。民主政治就是這樣子，所以嚴幾道認為老子是支持民主政治的，我也認為很對。

以百姓心為心，才是民主的根本

我為什麼一直講老莊，就是我覺得老莊可能支持我們民主法治的現代化社會。在民主政治裡面做一個領導人物或民意代表，最重要的素養就是我沒有我自己。有人說：我沒有我自己，那豈不是沒有主見了嗎？不是的，百姓的主見就是你的主見，你看這樣不是聖人之治嗎？這是道家式的聖人之治；儒家式的是聖人來教化百姓，來帶動百姓，這樣的心態跟民主比較不相應，因為是聖人來決定的，那就不能講民主了；是你決定的，那我的民主呢？道家相反，聖人不決定，你們來決定，是更切近當代民主政治的心態。

我當然也講儒家，儒家講道德、講倫理講得最好，但是在人我之間的關係上，道家才能化解那份緊張。我們老是覺得自己是對的，老是覺得我該幫你決定，父母幫你決定，那孩子就沒有了，所以造成親子之間的緊張；這個時候我們就需要道家的智慧，去減少緊張，這叫「聖人無常心」。老師無常心，以學生心為心；父母無常心，以子女心為心。我們能夠做到這一點，就懂得老子哲學的個中三昧，不會堅持我們自己原來怎麼樣，而是解消自己——不仁就是解消自己——然後你才能夠給他機會，給他選擇的機會，尊重他的想法和意願，這叫讓他自生自長，讓他自在自得。

當然這很難做到，做老師的總是覺得他應該幫學生決定，做父母的總是幫兒女決定。其實「不仁」就是自然，而道家的無心叫自然；無心自然就是不造作、不幫他決定。你不幫他決定，你不造作，就使對方自在自得了。不然你幫他做了，幫他造了，他就沒有自己的空間，也沒有自我的生長，沒有自我的得、自我的在了。

何時退出是人生的大智慧

所以我說要懂得放開的智慧，我常感慨人生很多事情，我們都等到壞了以後，才願意覺醒，像連續劇都要演到最後大家罵個不停、沒有人看了，才停下來。為什麼不在最精采的時候結束，讓人家有無限的懷念？有時候人生的缺憾就在少了美感，懂得在什麼時候停下來，這是道家的智慧。人要在最高峰的時候停下來，讓舉世懷念那段屬於你的燦爛歲月，否則會毀掉那原初的美好。

所以如何在最恰當的時候退出，是人生最重大的智慧；不是什麼時候投進去，而是什麼時候退出。我這樣的感受從老莊來，怎麼樣改善人際關係、怎麼樣才會有善緣？就在懂得放開他，給他自由，不是任何事都是你對，都是你幫他決定，都是你來帶動，你來鼓舞，你來督促；有時候我們會一廂情願的認為這樣做跟他的關係會更好，卻常常適得其反，讓關係更惡劣。所以我說要有兩個修養，第一個是儒家式的修養，給出我們的真誠善意，把真情實感給出來，用最高貴的、最內在的情意來跟人溝通。第二個，忘掉我們自己的美好，如此才可以看到別人，才是可親的人、可愛的人，這個就是通過道家說。一般說來都會少了老莊這一分智慧。所以「不仁」是退出的意思，是放開的意思，是給他自由的意思，是讓他海闊天空的意思。你退出來了，他就擁有自己的天空；老師多退出一點，父母多退出一點，讓學生、讓子女有自己的天空，這叫以百姓為芻狗、以子女為芻狗、以學生為芻狗。讓他們擁有天真的童年，美好的成長歲月。

在虛空中生出妙有

底下說：「天地之間，其猶橐籥乎！」天地之間就像橐籥一樣，什麼叫橐籥？籥是樂器，像洞簫、七孔笛之類。天地之間的功能就像七孔笛一樣，是「虛而不屈」，它是虛的，但是永不竭盡；它是空的，但任何樂章它都可以吹出來，所以說「動而愈出」，只要一吹動它，一個個生命的樂章就演奏出來了。什麼叫「橐」？就是鼓風管。鄉下打鐵用的鼓風管，鼓動鼓風管可以把空氣送到爐火，使爐火純青。鼓風管也是虛的，但是無限的可能性從那邊湧現，就像洞簫、七孔笛可以吹出所有的樂章一樣。

人生就要像這個樣子，「不仁」就是虛，但是「以萬物為芻狗」的好處就是「動而愈出」。老師是虛的，但是學生是「動而愈出」；我們只是給學生自由，只是引導他，但是就在你的虛裡面，學生「動而愈出」，一個一個人才出來了。這叫開放式、輔導式的教育，不是填鴨式的。

底下落在政治上來說：「多言數窮，不如守中。」「多言」就是發布很多命令，有很多作為。「數窮」就是必窮之數，這個數是氣數。你老是發命令，老是放不開，什麼都要管，這叫必窮之數。「不如守中」，就是不如守「沖」，沖是虛的意思，就是無常心。「多言」是「沖」的相反，多言是什麼都要管，什麼都要抓住，不失德，卻剛好不行，所以那是必窮之數；不如守住這個虛，因為虛是不竭的，就是「道沖而用之或不盈」的意思，不會求滿，不會用盡。你倒進去也不會倒滿，你倒出來也不會倒光，這叫「不屈」。為什麼？因為它是虛的。所以用洞簫吹奏，任何樂章它都可以吹出來，但是它沒有自己啊，它沒有自己的規定，沒有自己的樂章，它是虛的，然而它不會竭盡，只要一啟動，所有美妙的樂章就會在那邊湧現。

所以不要以為不仁是沒有愛心，「聖人無常心」，聖人沒有了，但是百姓都有了；百姓有了，你怎麼會沒有？爸爸沒有了，但子女都有了，你怎麼會沒有？子女不就是你的「有」嗎？所以看起來爸爸不仁，但是子女有了，這叫「動而愈出」。因此老子說：「天下萬物生於有，有生於無」，你不要看它「無」，一切的「有」從「無」裡面出來；你不要看它虛，一切美妙的樂章都從那裡面流出來。

之十二 小國寡民的桃花源

人生在世，活出一輩子，

我們總在追尋一個海闊天空、閒散自在的休歇處。

不是都會區的豪華大廈，

也不是山水間的清幽別墅，

而是一個樸實的國度與純真的子民，

在看起來什麼都沒有的每一當下，什麼都有了。

攝影：鄭明禮

本德的善，天真的信，人人皆有

通過第四十九章的「聖人無常心，以百姓心為心」來講「天地不仁」、「聖人不仁」，現在我們繼續講第四十九章的其餘部分：「善者吾善之，不善者吾亦善之，德善；信者吾信之，不信者吾亦信之，德信。」「德善」、「德信」是本德的善、本德的信，善就是有真實的自我，信就是能夠體現自我的人，在孟子叫「可欲之謂善，有諸己之謂信，充實之謂美」。「有諸己」就是有之於己，人生路上，你要有之於己，不能夠依附在外面，依附名利、依附權勢，那樣就失落自我了。所以說真正的貴、真正的愛就是不要天下的人。本德的善是你本來有的善，我們要把生命的標準放在每一個人本來有的自我、本來有的善、本來有的信。既然是每一個人本來有的，所以天下就沒有善跟不善的分別，就沒有信跟不信的分別；都是善、都是信了。所以說：「善者吾善之，不善者吾亦善之。」

分別是來自於某一個社會的標準才有的。例如及格者吾善之，不及格者吾不善之；上榜者吾善之，沒上榜者吾不善之。因為上不上榜、及不及格，是來自於社會的標準，這樣的標準不一定是為每一個人設的。就算它是常態，但是這顯然有個別差異，用社會的標準來要求每一個小孩，會對每一個小孩無端的產生極大的壓力。這個時候，我們要把所謂的善跟信放在每一個小孩的身上，他本身就是標準，所以就沒有不及格、不上榜的貶抑了。因為人生在世，就是把自己活出來，活出來就叫「德善」、「德信」。通過社會的善跟信的標準來看，就有人善，有人不善；有人信，有人不信。結果造成很多人在這個標準之外，「天下皆知善之為善，斯不善已」，你說什麼是善，已經把很多人說成不善了；你規定一個什麼叫美，很多人就被排除到不美的那邊去了。所以老子說「聖人無常心」，沒有我自己的心，就是沒有我的標準；「以百姓心為心」，以百姓的心做為他的心，以百姓的本身做為他的標準。這樣就沒有這個是善、那個是不善，這個是信、那個是不信的分別了，每一個人都回到他自己，每一個人就是他自己唯一的善，獨一的信。

我們每一個人在這個世界上都是獨一無二的，沒有辦法變成另外一個人，我講的「命」的意思就在這裡。我說要知命，知命的人有善緣也是這個意思；我們最大的挫折就是把自己跟別人比，哪一個子女不是父母親的心肝寶貝？但是很遺憾的，不只是我們的子女一個人在那個地方，天下人的子女老排在我們孩子的前面。所以不要管別人考幾分，只要看到孩子盡力了就好，這樣每一個人都是德善、德信。我們對自己的要求亦復如此，千萬不要老是跟別人比，你只要自己活得好就好，這叫德善、德信。

帶百姓回歸自然的美好

底下說：「聖人在天下，歙歙，為天下渾其心，百姓皆注其耳目，聖人皆孩之。」是說聖人身在天下，領導天下；「歙歙」是內斂含藏，要自我解消，為天下人渾化他自己的心，就是「無常心」的意思。你要為天下人化掉自己的心，領導人物要做到沒有自己是相當艱難的；人在權力中如何能放開權力，是古今中外所有的人都要反省的問題，所謂「權力讓人腐化」，「絕對的權力，絕對腐化」，被認為是當代民主政治的重大宣言。所以聖人在天下，老子認為重要的是怎麼樣不抓住權力，他在那個位置，但是他不抓住權位，也不顯現自己的權威；而寧可把它放開，放開權勢，把天下交給天下，把天下還給天下。這是很了不起的，堯舜之所以偉大也就在此，堯讓位給舜，舜讓位給禹，沒有人做得到。不要說堯舜禪讓，就是父子師生，為兒女學生渾化自己的心，都不大能做到；老是把自身的遺憾，要兒女去扳平或挽回，所以給兒女很大的壓力，每一個孩子都被逼到前線，都希望走最熱門、最尖端的科技之路，這就是「百姓皆注其耳目」，他們都通過耳目來看人生。我們講「注」是專注，是說我們是用耳目去看的，不是用心去看的。我希望我們用心靈來感受、來看人生，不是用耳目，不是只看到花花世界。這一來，「聖人皆孩之」，就是聖人帶著天下人回到自然，不在人間街頭追逐名利。「孩之」是小兒的笑貌。帶著百姓不走耳目的那條路，這叫「是以聖人為腹不為目」（第十二章）。「為目」是被帶出去，「為腹」是回歸自我；所以「聖人皆孩之」，是帶著百姓能夠有一個自然的喜悅、天生的本真。嬰兒的歡聲笑語，不是最天真、最自然的嗎？人生可不可以永遠像童心那樣的過日子呢？不要懷疑，不要緊張，不要對抗，不要猜測，這叫「聖人皆孩之」。

第五章講「天地不仁」、「聖人不仁」，好像樂器、鼓風管，它是虛的，但是有無限的可能。對一個聖人說來，無限的可能在什麼地方？在百姓。對天地說來，不仁的虛，無限的可能就在萬物；天地沒有自己，萬物就自生自長了；聖人沒有自己，百姓就自在自得了。如果你把「虛」轉成「實」了，就叫音樂盒，音樂盒怎麼轉、怎麼放，都是同樣一首音樂，這樣萬物跟百姓就沒有個性了；如果天地跟聖人都只是製作音樂盒，讓所有的百姓唱同一首歌曲，這就不精采了。開放的社會之所以多采多姿，就是每一個人都有自我，這叫「德善」、「德信」，叫「動而愈出」。所以多言是必窮之數，聖人、天地有自己就是有心而多言，多言就是老發布命令，強調自己的意志，貫徹自己的想法。多言為什麼是必窮之數？因為萬物跟百姓都沒有個性，那不是垮了嗎？

所以要讓每一個人有個性，每一個人有自我，才是一個成功的父母、成功的老師、成功的朋友；這叫「多言數窮，不如守中（沖）」。守著我的虛，我一虛，大家就有他自己了；我是無，他們卻是有，這叫「天下萬物生於有，有生於無」，天下朋友生於有他自己，那麼朋友為什麼會有他自己呢？因為生於我的沒有我；我沒有我，我的朋友才能表現他的個性，不然他為了顧念我，就沒有個性了。所以千萬不要讓自己成為別人的負擔，不要讓人家感受壓力，這個叫「不如守中」。

小國寡民是素樸純真

下面我們講第八十章：「小國寡民，使有什佰之器而不用，使民重死而不遠徙。」老子的理想國是一個「小國寡民」的社會，那個「小」跟「寡」不是數量的意思，不要把它當數量講，然後理解成老子的哲學只適合小城邦，大帝國他一點辦法都沒有。《王弼注》在這一點也錯了，注曰：「國既小，民又寡，尚可使反古，況國大民眾乎。」這話如何理解？國家小，民眾又少，尚且可以讓它回到古時候的自然，何況是國大民眾呢？這樣說是不通的，國大民眾應該比較難，怎麼會用「何況」來說呢？應該說：國大民眾，尚且可以使它回歸自然，何況是國小民寡呢？這才像一個句子。所以第一流哲學家有時候面對現實會變得過於天真，太理想性、講太多道理的人，對人生現實反而沒有解決的能力。孔孟跟老莊的了不起就是能夠面對人生存在的問題，包括人生的困苦以及智慧的傳承；但是有些講道家的人就沒有這個，光講境界、山水畫、田園詩，那歷史交給誰？為什麼我在講道家的時候，背後都有儒家，就是擔心這一點。我希望今天的道家是「當代新道家」，我們學老莊是要來支持孔孟的，而不是學老莊是為了隱居避世的。

所以「小國寡民」不是指數量的少，我認為「小」跟「寡」指的是它的品質。什麼叫小跟寡？小跟寡就是不放在心上，不執著，不求多，沒有得失、寵辱的分別。你看善跟不善、美跟不美，都放開了，便叫「德善」、「德信」，又叫「常善」。所以這個小跟寡是就我們的心很自然、放得開來說的，在《道德經》裡面很多章有這個意思，剛好我們都沒有講到，第三十四章講：「常無欲，可名於小。」這個「小」顯然不是指數量的少，是指「常無欲」，就是無心、沒有心知、沒有可欲。「小」不是說我的心特別小，而是說我的心沒有執著，所以「小國寡民」就好像一個很素樸的農村。與世無爭的，每一個人走在人生道上好像都很自在，沒有漂泊，沒有流浪，沒有迷惘，沒有徬徨，沒有恐慌，那樣的社會叫「小國寡民」。「常無欲」，好像大家的心都放開了，沒有什麼執著，也沒有什麼缺憾，好像亙古以來人生就是這樣走過來，走在農村的道上，走在自然的田野。但是今天對我們說來，這個已經是可遇不可求的機緣了，因為現在的山水田園都被汙染了，這是為現代化付出的代價，沒有辦法的。所以我說「小國寡民」是指這個意思，要這樣了解，而不要說是一個很小的國土，很少的民眾，這有什麼意義？老子是希望我們回到這樣的一個自然無為、很素樸、很天真的社會，這樣的生活才是老子的理想，而不是把一個大一統的國家變成很多很小的城邦。

有器而不用，有舟輿而不乘，有甲兵而不陳

「使有什佰之器而不用」，是說它是有各種器皿的，是有文明的，不要以為它是野蠻的。它有器皿，只是不用就是了，為什麼不用？因為無所求。道家告訴我們它什麼都有，不是原始、野蠻、貧乏，只是不用。不用是就心說的，因為心是小跟寡，就是心都放下來了，所以「有什佰之器而不用」。

我剛剛說它很素樸，所以「使民重死而不遠徙」——就是安土重遷。土地是我們的根，我們一般不大願意離開自己的鄉土；但歷史的變局使整個鄉土觀念在淡薄中。他是不在人間奔走，不在人間追逐，不在人間漂泊流浪的。在鄉土中無所求，所以再精細的器皿、高度的文明都不用，每一個人就安於自己的家鄉，在自然田野中過一輩子，因而不遷徙流離。我們嚮往這個境界，希望活用這個精神，現在我們沒有人可以老是在自己的鄉土，所以我才說我們要認同第二個鄉土，不管你在哪裡，你都要定下來，都要讓自己不離開那種跟大地聯結在一起的深厚感情，不然我們會變成無根的。「重死而不遠徙」就是我們有根的感覺，那道家

的根在哪裡？在自然，在鄉土農村，在山水田園中。

底下第二段說：「雖有舟輿，無所乘之。」他說「有」舟輿，只是「無」所乘之。「雖有甲兵，無所陳之」，也「有」甲兵，不過「無」所陳之。你不要以為它沒有軍隊，它也有防衛能力。為什麼「雖有舟輿，無所乘之」呢？因為「重死而不遠徙」啊！「重死」是什麼意思？在第七十五章說：「民之輕死，以其上求生之厚」，「上」是君上。天下人民看輕死亡、不想活了，為什麼？因為求生的東西都被君上囊括而去了，天下人民頓時失去存活的資藉。這裡的「重死」是看重生命的意思，看重生命就讓生命不離開它的根土，所以「不遠徙」；既然「不遠徙」，你要舟車做什麼呢？「雖有甲兵，無所陳之」，「甲兵」是指武器，既然列國皆小，安於自然，眾民皆寡，安於簡單，國與國間、民與民間和平素樸，防衛武器形同虛設，擺個姿態而已！

結繩是無心的自然素樸，甘美安樂總在心中

底下又說：「使人復結繩而用之」，前面那些「什佰之器」、「甲兵」、「舟輿」，都只是象徵的意義，指高度的文明要有「什佰之器」，要有「舟輿」，要有「甲兵」，這代表一種文明的品質，但整個文明最大的象徵是文字跟符號。平時我們只是想看得到的東西，現在即使你看不到也會想；本來叫「具象」，經過知識處理叫「抽象」，經過文學創作叫「想像」。我們看到的實質是「現象世界」，「現」在我們眼前的「象」就叫「現象」，而這樣的現象是具

體的，所以叫「具象」，它具體的擺在那個地方，它有形狀、色彩、光影、聲調，我們對它有感覺，看得到它的顏色，聽得到它的聲音，感覺得到它的柔軟度。但是到了「知識世界」就不行了，只剩下「人」的符號。我們很害怕人被抽象化，而科學就是把人抽象化，因為抽象才有普遍性，對每一個存在有效。但是每一個人獨有的個性沒有了，感情、生命、血肉不見了，所以科學的世界是冷冰冰的世界，叫「抽象的世界」。它把你抽離，你變成符號，變成數字概念。文學的世界則是通過意象，讓你回到原來的「象」，文學是用文字符號寫的，但是我們可以通過我們的想像力，讓所寫的故事還原到活生生的人生、活潑潑的自然。

我們活在現在世界裡面，文字符號顯然就是抽象化，所以「使人復結繩而用之」，就是回到最素樸的世界。事實上結繩已經是符號的開始，像《易經》的陽爻、陰爻，就是符號的源始，這還是最簡單的符號，整部《易經》只有這兩個符號，八卦是這兩個符號構成的，六十四卦也是，但是代表天地、人間所有複雜的現象，我們用六十四卦解釋宇宙跟人生，這是很了不起的一個哲學系統。只有兩個簡單符號，卻構成一個解釋世界、解釋人生的大系統，但畢竟還是符號啊！不過至少它是「使人復結繩而用之」，就是回到那最自然的感覺、不很複雜的社會，因為結繩來記載是最簡單的嘛。所以這讓人生回到自然中，回到簡單素樸中，感覺最靈敏、最真實，捕捉家居生活的幸福感，這樣，家常日常都活起來了。「甘其食，美其服，安其居，樂其俗」，儘管它是簡單，它是素樸，但它是美好的，所以他講「甘」、「美」、「安」、「樂」。不要以為道家否定人間所有的美好，他只是看到人文的負作用，文明僵化的不好，而希望回到自然的好，並不是他反對美好的本身。很多人間本來的好，後來漸漸變得不好了，就像送禮，彼此間的情意本來很好，但是送得過分，結果反而覺得是一種負擔；所以道家的意思是大家都不送禮就好了。老子看到人間本來的好漸漸變成不好，因為太執著、太誇張了，所以他要讓我們回到自然的好，「甘其食，美其服，安其居，樂其俗」，就是回到自然的好，它是甘美的，安樂的，講自然的和諧，生命的真實，與人間的美好。

老子講的自然是價值的自然，而不是原始的自然。所以不要把他當作是復古，說老子主張文明退化論，希望我們回到一個原始的世界、野蠻的世界去；那樣講就錯了。事實上他的自然是相對於「他然」，自己如此而不被外界牽動。所以「甘其食，美其服，安其居，樂其俗」的甘、美、安、樂都從心上說，而不是從物質的精美、貴重說。甘美安樂是心的感覺，像茶本身有所謂甘美的味道，卻沒有安樂的感受，茶的品味是來自於喝茶的人心中的清靜，你一定要有那分悠閒、不匆忙，才會覺得品茶是一個樂趣；你的生命中要有道，你喝茶，那道才會在茶中顯現，所以喝茶人跟泡茶人的心情才是根源所在。「一簞食，一瓢飲」，顏回可以不改其樂，「飯疏食，飲水」，孔子也可以樂在其中，所以叫「孔顏之樂」，孔子跟顏回都可以在最簡單的生活裡面感受到最深刻的、最豐富的內涵，這就是「甘其食，美其服，安其居，樂其俗」的意思。

在生命交會中保有距離的美感

第四段說：「鄰國相望，雞犬之聲相聞，民至老死不相往來。」這些話很有意思，現在很多人常用後兩句來說住在公寓的生活。「鄰國相望」是指沒有國界、沒有邊防、沒有要塞、沒有關卡的意思；全球的國界都是開放的，就像加拿大跟美國，他們沒有邊界，但是「相望」。相望就可以產生距離的美感，可以直接看到，又有點距離。「雞犬之聲相聞」，是說他們彼此間的心聲可以互相感通，而且彼此間有一個和諧。那「民至老死不相往來」是什麼意思呢？就是保持生活的獨立性，為什麼「老死不相往來」？因為那麼近，「鄰國相望」，而且「雞犬之聲相聞」，如果沒有尊重對方生活的完整，可就是「無所逃於天地之間」了。所以「民至老死不相往來」指的是，保存雙方的獨立性，存全隱私權，不受到妨礙干擾。

儒家講的「天下有道」是要天下大一統的，嚮往「禮樂征伐自天子出」的那種政局，有一個中央政府，有天子，全國每一個地方都遵從一體的理序。當然這個中央要聖王才行，所以「天下有道，禮樂征伐自天子出」，大一統的大國，也是一個文化的大國、文明的大國，這是儒家嚮往的。而道家希望這樣的大一統散開來，大家回到每一個地區的特殊性、獨立性，所以他才會說「小國寡民」。但是「小國寡民」不是說每一個地方獨立，而是說在全國裡面，尊重每一個地區。儒家強調的是中央的大一統，道家強調的是散開的、個別的自然、天真、美好，因此產生了「小國寡民」這一理想國。老子認為應該從大帝國的結構、禮教中散開來，讓每一個國度、每一個地區保持它本身的風格及獨立性。

我們要用這樣的意思來了解老子的第八十章，不要把它解釋成退化史觀或文明倒退論，說他要回到原始的自然、原始的野蠻。這樣來解老子是不對的，所以儒家的「天下有道」，是大家都在「禮樂征伐」裡面，「禮樂征伐自天子出」是大一統；老子的「天下有道」是從這樣的中央大一統散開，回到自然，什佰之器不用，舟輿不乘，甲兵不陳。儒家是把自然凝聚成人文，老子則是把人文解開，讓它回歸自然。

藏得住與妙得出

在講六十三章之前，先講一下六十二章：「道者萬物之奧。」本來道家是把善跟不善的分別打消的，但事實上還是有啊！所以他說了這句話：道是萬物的奧藏。奧是奧藏，只有奧才能藏，就像只有玄才能妙一樣。第一章講：「此兩者同出而異名，同謂之玄」，就因為它是「玄之又玄」，所以它是「眾妙之門」，眾妙從它來。我們的生命要玄起來，你才能夠妙得出你的子女、妙得出你的學生；所以做老師、做父母的，生命要玄。玄是又是無、又是有，你又有他、又沒有他，沒有他是不跟他一般見識，有他則是永遠跟他在一起。我是無，無就是不跟他一起垮——兒子哭，你不能也跟著哭；他生氣，你不能也跟著生氣。所以又是無、又是有，才叫玄。這邊叫「奧藏」，生命要很深奧，你才能藏得住所有的人。所以我說：藏是藏得住，妙是妙得出。像「聖人無常心」，也是說聖人是一個奧藏，藏什麼？藏百姓——「以百姓心為心」。你看老鷹來了，那母雞是藏得住牠的小雞的，突然間牠的翅膀變成世界，變成一座城堡，所有的小雞都在翅膀底下，然後牠來對抗那俯衝而下的老鷹。這個生命的「生」真的是有大道理的，包括禽獸世界的母愛都很偉大，因為牠「奧」，所以牠都藏得住。莊子是用榕樹來形容，一棵大榕樹藏得住前來投奔的數千頭牛馬，這叫奧藏。如同你本身要玄，你才會妙得出所愛的子女、學生，甚至所有的人。

底下說：「善人之寶，不善人之所保」，是說善人在道裡面可以實現他自己；而不善的人就是天涯淪落人，在人間的標準、社會的標準中被判為失敗者。「不善人之所保」是說你回到道（道是沒有人間的標準），回到了自然的道裡面，找回失落的自己。我們平時在十字街頭失落自己，回到家找回失落的自己，因為你還是父母的寶貝，所以我們總是有家可以回去。我一直堅持家庭絕對不要變成課室跟教堂，不管這個人在外面受了多大的委屈，承受多大的挫折，他回到家，你要全部接受，這才叫家；如果又被父母趕出來，那就很嚴重了。不善人在這個地方找到了失落的自己，讓傷感的自己得到休養生息，這叫「不善人之所保」，保是保護之意。

六十三章開頭說：「為無為，事無事，味無味。」這三句的意思是：所為的是無為，所事的是無事，所味的是無味。所以道家不是什麼都不做的，我們在講三十八章的時候講過了「上德無為而無以為」，「無以為」是解釋「無為」的，「無以為」是沒有特別的原因、沒有心知執著的為，就是無心而為。所以人所為的是什麼？無為；什麼叫無為？無心的為。所事的是什麼？無事；什麼叫無事？無心的事。所味的是什麼？無味；什麼是無味呢？無心的味。譬如說我們喝茶，你說它有沒有味？有味呀，喝茶是品味，它是有味的；但是我所味的是無味，無味就是無心的味。無心的味是什麼意思？就是你不會用你自己的標準來執著、來抗拒那些不同的茶種、不同的泡茶人泡出來的茶——它有不同的品味。所以不是我不品味，而是我所味的是無味、是無心的，不執著的，或叫隨緣的。這三句只是講他是無心的，並不是說他什麼都停下來，還是為、還是事、還是味的，但是無心的為、無心的事、無心的味，這樣那原來的為、事、味才不會出問題。所以這裡是要人放開的意思，不要執著，一執著，你原來的那個事、那個為、那個味都會出問題的，放不開就變成陷落。

孔子以德報怨，老子報怨以德

底下說：「大小多少，報怨以德。」在《論語》中有人問孔子：「以德報怨，何如？」孔子的回答是：「何以報德？以直報怨，以德報德。」這是孔子的精神。老子則是說：「大小多少，報怨以德。」事實上，「報怨以德」跟「以德報怨」差很多的，很多人看到文字一樣就以為意思一樣，老子《道德經》的「報怨以德」和《論語》中的「以德報怨」，是兩個系統，兩個家派，只看字句一樣，那老子的「德」豈不是要跟儒家的「德」畫等號了嗎？老子講道德，孔子也講道德，「志於道，據於德」，用《論語》解老子，用老子解《論語》，就混亂了。

「怨」是嫌隙，所有不愉快、疙瘩、猜測、不滿，都叫怨。在《道德經》另外一章講：「和大怨，必有餘怨」（第七十九章），就是說當大怨已經形成了，你才去和解，還是會有餘怨的。破鏡再重圓，那個傷痕還是在的。所以老子以為，不要等大怨已經形成再去求和解，這樣是沒有智慧的人。那怎麼辦呢？不要讓怨產生。道家的思考是讓它沒有問題，這才是智慧。我們一般是有了問題，然後便用另外一個問題來解決它，結果這個解決的本身又是一個問題，於是再用另外一個問題來尋求解決。譬如說要解決貧窮問題，就開發大自然；但是開發自然又汙染了自然，那怎麼辦？提倡環保啊，就是這樣一步一步來補救的。道家的想法不是用後面的來補救前面的，而是根本讓原來的問題不產生。怎麼樣解決問題？讓它不產生問題，讓它沒有問題。像黨派之爭怎麼辦？讓它沒有黨派。所以「報怨」就是通過「和大怨，必有餘怨」講的，大怨形成了你才去和，那個怨還是在的，化不開的；所以只有一條路，不要讓怨產生，這才是「報怨」，對應「怨」的最好態度。

那怎麼樣讓怨不產生呢？我們講到這個地方，要有一個邏輯的思考，怨是不可以成為大怨的，因為怨一產生，再和解也會有殘餘，也會化不掉的，總是不愉快。哪一天又衝突了，原來的舊嫌隙又整個出來，所以最好是讓怨不要產生。希望怨不要產生，我們要先問：怨是怎麼產生的？原來怨產生於「大小多少」的分別。就像你買兩個蘋果回家給一對兒女，他們兩個卻馬上吵起來，因為你的蘋果有大小。所以人的問題不出在「沒有」，是有了以後產生「大小多少」的比較；我們永遠落在比較中，是比較讓我們感受到壓力，是比較讓我們感覺自己是苦的。那要怎麼樣「報」？這個「報」本來是回報、報償，在這裡則是化解的意思。

那要怎麼化解？「以德」。什麼叫德？無心自然。無心就是無分別心，所以兄弟姐妹不管誰拿了蘋果都無心，反正是媽媽的禮物，裡面是媽媽的愛，大家都無心。無心就是無分別心。只要心裡面無分別，無大小多少的比較，就化解於無形，這才是最有智慧的「報」。不然，「怨」是越積越深的，深到大家活不下去的。《論語》的「以德報怨」，是問對我們有怨的人，我們也一樣以最大的愛去回報他，你已經把最高獎額給最後一名，那你還能夠用什麼獎額給第一名？這是儒家的問題，儒家總覺得要恩怨分明，要正義公平；但是宗教就無限包容，所以罪人也可以赦免，上天堂。而道家「報怨以德」，只說怎麼樣化解；至於怎麼報才是對的？老子的答案是「無怨」，所以老子是超宗教、超道德、超法律的，他根本無怨。當你問要用什麼來對待那個有怨的人的時候，老子說：何必，本來就沒有怨呀！自然了，無心了，怨就不會產生。所以我說：法律是「以怨報怨」，道德是「以直報怨」，宗教是「以德報怨」，而道家站在化解的智慧來說是「報怨以德」。這裡的意思根本上就是讓他無怨，這樣就讓每一個人得救，不要救也得救了，這是老莊思想中的宗教精神。

很多宗教都有一個困境：大菩薩出去救人，一個一個救，救到什麼時候？老子告訴你：同時得救。怎麼做呢？用他自己救自己。他不要你救，他自己就救了，不是大家一起救嗎？我說老莊的宗教精神是從這個地方說的，我們一般是用了很多時間、很多氣力，試圖把他救到我這邊來，老子則是每一個人救到他本身去，所以不要你救他，他自己就可以救了，這叫「復歸於樸」、「常德乃足」。所以老子的宗教精神是大家一起得救，不要很多人去一個又一個的救；一個又一個的救總是有遺憾的，因為你還沒有救完，時間已經來不及了。因此老子想的問題是：有沒有辦法讓大家一起得救？有沒有不被拋棄的救人呢？第二十七章說：「常善救人，故無棄人；常善救物，故無棄物。」就是這個意思。

在細易處用心著力

底下說：「圖難於其易，為大於其細。」人生困擾我們，我們要嘛就說它是難，要嘛說它是大：難題、困境，而且非常的大。所以一個是難，一個是大，我們希望去「圖」，去救治這個難，「為」就是去處理。那麼要怎麼樣「圖」、怎麼樣「為」呢？老子告訴我們一個原則，前面說：「和大怨，必有餘怨」，老子反對在大的時候才處理，在大的時候、在難的時候才處理，代表我們的智慧差一點。今天我們承受的困境，是因為我們沒有在「易」跟「細」的時候處理，也就越來越大越難了。所以要「於其易」、「於其細」，事實上你在細、易的地方就要處理，現在我們讓它擴大了，只會越來越棘手的。

「於」是在的意思，你怎麼樣去對治難題呢？在它容易的時候。你怎麼樣去處理大事呢？在它還小的時候。教育何嘗不如此，一個孩子不好的習慣，在小時候就要幫他矯正，不要等他大了，錯過重要的成長階段，以後就難了。所以解決問題要在細易的時候。

底下說：「天下難事，必作於易。」為什麼？因為任何的困難都是從易的地方發展出來的。同樣的，「天下大事，必作於細。」天下的大事都有跡可尋的，是從小的時候蔓延、膨脹起來的。這句話是不是發人深省呢？這是政治的智慧，它不是制度的問題，重點在當機立斷，在細易的地方就要趕快處理，你遲疑一下，拖延一下，就會變成大跟難；你現在放棄責任，將來就會變成更大的責任、更大的難題給後面的人去接。就像開放對大陸探親的政策，若細易時不處理，積聚到最後，情勢是很難壓住的，不如早些開放，這就是智慧，主政者要有這般的智慧。所以如果你不在細易的地方去處理，它會發展成「大」、會加深成「難」，到那個時候就更難了。

底下說：「是以聖人終不為大，故能成其大。」這句話的意思是：任何事情，聖人在細小跟容易的地方就處理了，所以他永遠不會把自己逼到去面對大跟難的處境。「聖人終不為大」，就是他從來沒有讓事情坐大；事情坐大了、困難了以後，他才做，叫「為大」。「故能成其大」，是指如此他才是一個了不起的政治人物。這邊的「成其大」是指那個人本身的成就來說，「終不為大」是說處理事情的時候不讓事情坐大，在細小、容易時就把它化解了。這兩個「大」的意思不一樣，分清楚就不會覺得很難解了。後面那個「成其大」是指成就聖人人格的大；那麼聖人人格的大從哪裡來？就是他從來不讓事情坐大，他在小的階段就把它化掉了。

底下說：「夫輕諾必寡信，多易必多難。」一個很容易答應人家的人，就是輕諾；說什麼都拍胸膛保證，這種人一定寡信，寡信就很難做到。「多易必多難」是什麼意思？你把事情看得太容易，那樣事情反而會變成更困難。不要以為什麼都沒有問題，我一句話就好了，要讓一個學生從消極變成積極，從放棄寫作到重新拿筆寫作，你要花很多心思去引導，不是光講幾句空話就做得到。所以「多易必多難」，事情哪裡那麼容易，每個人背後有他一生的歷史，有他整個的價值觀，你一句話就可以改變嗎？

底下說：「是以聖人猶難之，故終無難矣。」什麼叫「猶難之」？就是把容易的看成難的，就是以易為難。所以聖人從來就把容易看成難的，「故終無難矣」，它才不會發展成大難。因為你看重容易，你就會處理它，不會忽略它，它就不會坐大。所以在細易的地方你「猶難之」，你把細易看成難題，這樣它才不會成為大難。不要看輕小問題，不要看輕星星之火，它會成燎原之勢的，所以救火最好的辦法，是在火剛起來的時候就把它消滅了；千萬不要讓它燒起來，一燒起來就難了，小火馬上變成大火。一定要在細易的地方處理，不讓它變成大跟難。聖人之所以有智慧，就是他知道小的會變成大的，因此在小的地方就解決了；比較沒有智慧的人，是等它坐大，花加倍的力氣、更慘痛的代價去解決。另外一個更高明的處理是根本不讓它有問題，就是剛剛講的「報怨以德」。

問題未有，時代未亂，就去處理化解，才是大政治家

六十四章一開始說：「其安易持，其未兆易謀，其脆易泮，其微易散。」就是說在它安定的時候容易持守，在它還沒有徵兆的時候容易圖謀，在它脆弱的時候容易化解，在它微細的時候容易消散。所以底下說：「為之於未有，治之於未亂。」我們就是要講這一句，因為這一句是上章所沒有的。這裡跟「報怨以德」一樣，也是有一個層次的分別的，前面告訴你天下的大跟難要在細易的地方就處理了，這邊告訴你，不僅在細易的時候就要處理，而是在根本還沒有問題的時候，就已經加以化解而不讓它發生。所以你怎麼樣去為？怎麼樣去圖？你怎麼樣去處理？怎麼樣去對治？在還沒有發生的時候，在還沒有亂的時候。前面說：星星之火就把它踩熄，這邊是什麼意思？在還沒有火的時候，連星星之火都不可能出現！我從來沒有限制孩子爬上我的書桌，看我的書，但他們從來沒有撕過我一張紙、一本書。我寫博士論文的時候，我的書房跟孩子的玩具室是同一間，那個房子很小，孩子的玩具在裡面，我的書又到處擺，我說這是很奇妙的結合，兒童的天真跟爸爸的人文，遊戲跟學問各領風騷，然

後彼此間很有秩序、很有味道，那真的是天大幸運，從來不會產生「有」跟「亂」的問題。那麼現在我們把它放在人生問題上，就是在還沒「有」的時候你就「為」了，在還沒「亂」的時候你就「治」了。

當然我們會有一個問題：既然還沒有，那何須為呢？還沒有亂，何須治呢？因為我無為，我無為所以根本不會有，我無執所以根本不會亂——無為故無有，無執故未亂。在老子的反省，很多的有跟亂都是政治領導人物帶出來的，很多學生的問題是老師帶出來，我們自己不知道而已。所以「為之於未有，治之於未亂」，就是你一定要反省到，很多問題是因為你才有的，就像我剛剛說的，天下有問題是因為我才有問題的。我們都以為天下的問題大家一起來解決，不是的，是大家有自己才有天下的問題的。所以天下有那麼多的事情，就是領導人物的問題呀，是帶領的問題。我們平時都往孩子跟學生身上反省，孩子為什麼出問題？學生為什麼出問題？不是的，問題是出在你啊，所以你可以為、可以治，不讓自己成為他們有跟亂的原因。

底下說：「合抱之木，生於毫末」，兩人合抱的大樹木是生於「毫末」般的小樹苗；又說：「九層之臺，起於累土」，九層的高臺是起於「累土」——一籮筐一籮筐的土；又說：「千里之行，始於足下」，千里的遠行是一步一步走出來的，舉起你的腳，一步一步就可以走出千里之遠了。接著是：「為者敗之，執者失之。」為什麼敗？為什麼失呢？因為你為、你執啊！因為你為才會敗，因為你執著才會失，譬如說我不執著第一名，我怎麼會失落第一名？因為我執著，我才會失落；我沒有執著，就不會有失落。「為者敗之」，就是你有心有為，才會讓事情更複雜。底下又說：「是以聖人無為故無敗，無執故無失」，這是反省聖人自己本身，天下為什麼會亂？為什麼有？是因為你啊！所以我們讓自己不執著、不造作，無執無為，自然就無敗無失了。又說：「民之從事，常於幾成而敗之」，就是天下人民去做事情，常常在快要成功的時候失敗了。

成敗不在最後的衝刺，而在起始的抉擇

底下說：「慎終如始，則無敗事。」這句話我有新的解釋，從上面那一句「幾成而敗之」來看，好像是功敗垂成，所以我們現在的反省都說：為什麼我沒有成功？因為我缺乏最後的衝刺。但是老子的意思不是你最後沒有衝刺，而是你一開始就錯了。我們痛悔的是我不夠堅持、後勁不足，但老子說事實上是你一開始就錯了——你想打天下的心一開始就錯了。所以「慎終如始」那個「如」，我把它當「於」講，就像「風雨如晦」就是「風雨於晦」，「於」是在的意思。怎麼樣「慎終」？就在開始的時候。一開始的時候，你就要「無為故無敗，無執故無失」，因為「為者敗之，執者失之」，問題是出在你的執跟為，而不是說你最後為得不夠、堅持得不夠。不是堅持跟衝勁的問題，是一開始就不應該堅持，一開始就不應該衝出去。道家的反省，不是說最後我沒有堅持，而是說一開始我就錯了。所以「慎終如始，則無敗事」，「無敗事」就是無執、無為的結果，讓敗事遠離。

所以聖人要做什麼？底下說：「是以聖人欲不欲，不貴難得之貨。」「欲不欲」，就像是

「為無為，事無事，味無味」；「不貴難得之貨」，是來解釋「欲不欲」的，你所欲的是不欲。又說：「學不學，復眾人之所過。」你所學的是「不學」——無心的學。你去學，但不執著；有學問，有學位，但沒有優越感。很多人把學問、學位當作利器，當作優越感、英雄氣，這不好。你學位唸得越高，對你的朋友和另一半壓力越大，因為你老是用你的學位來跟他比，所以你越唸他越緊張。你如果是「學學」就不好了，他是「學不學」——又學又把它忘了，這叫「學不學」。「復眾人之所過」是救眾人之所過；眾人會以學為利器，而你「學不學」，就把那個學的優越感忘掉，這樣才能補救把眾人比下去的過錯。最後說：「以輔萬物之自然而不敢為」，我們就去輔助萬物，讓它自己如此，而你不敢有為——就是不敢改變它，改造它。我只是輔導他自己這個樣子，這叫「德善」，叫「德信」，這叫「以百姓心為心」，叫「常善救人」。我只是輔導他自己實現他自己，而我不敢說我來給他什麼，或者說我來改變他。一個政治領導人物應該有這樣的想法，老師父母對待學生、子女也要這樣的想法。

天道在利而不害中生萬物，人道在為而不爭中生百姓

最後我要講八十一章的總結：「天之道，利而不害；聖人之道，為而不爭。」在人間世俗，凡是利一定帶出害，利害是相對的，利的所在一定也是害的所在；就像你的彰顯，一定也是你的遮蔽，我們精采的地方，經常就成為我們的關卡。你最厲害在那裡，這個就是你修

養的關卡；你最突出、最卓越的地方，很可能就是你的危機。我們每天都面對利害的權衡，有利也有害；但是我們要問：利多還是害多？利多害少，就為之了。但是天道只有利而不害，這才叫天道；人間則是利跟害永遠同在，你在利他的時候，事實上也在害他。你一直拿零用錢給他，一直照顧他，很容易讓他過度依靠你的支持——你對他的利，很可能就形成他的害。但是天道能過濾掉害，而讓利永遠是利；所以「上善若水，水善利萬物而不爭」（第八章），這個水就等於道。水是利萬物的，「而不爭」就是沒有害；我們平時利他又跟他爭，事實上就是利他又害他。因為你利他的時候，又用這個「利他」來壓迫他，你看我們是不是常常這樣說：我給你禮物，你是不是要聽我的話呢？你給他的禮物是利，要他聽你的話是害。所以我說你這樣等於把禮物收回去了，等於把你對他的好收回去了。你要「生而不有」才可以，你生而有，你對他好，卻又當下把對他的好收了回來，那有什麼意義？所以要「生而不有」，這邊叫「利而不害」。

那「聖人之道」呢？「為而不爭」。「為」就是為天下人做一切，但不認為自己有功勞、有貢獻。一般人就以「為」去跟天下「爭」，我為你做了許多，沒有功勞，也有苦勞；就以苦跟勞來跟家人爭、朋友爭，跟天下爭。總覺得別人虧欠我，對不起我，所以等待別人來回報，來補償；一邊為，一邊爭。只有聖人一如天道，他為一切，但什麼都不爭；只有為而沒有爭，才是聖人。一如天道只有利而無害。二者總結，天上的天道，人間的聖人，所為的是利萬物、利百姓，而化解了所可能帶來的後遺症，利不會帶來害，為不會帶來爭，這才是真正的人間道，也是天道的生成原理在人間的朗現。

附錄

《老子》全文

第1章

道可道，非常道；名可名，非常名。無，名天地之始；有，名萬物之母。故常無，欲以觀其妙；常有，欲以觀其徼。此兩者，同出而異名，同謂之玄；玄之又玄，眾妙之門。

第2章

天下皆知美之為美，斯惡已；皆知善之為善，斯不善已。故有無相生，難易相成，長短相較，高下相傾，音聲相和，前後相隨。是以聖人處無為之事，行不言之教。萬物作焉而不辭，生而不有，為而不恃，功成而弗居。夫唯弗居，是以不去。

第3章

不尚賢，使民不爭；不貴難得之貨，使民不為盜；不見可欲，使民心不亂。是以聖人之治，虛其心，實其腹；弱其志，強其骨。常使民無知無欲，使夫智者不敢為也。為無為，則無不治。

第4章

道沖，而用之或不盈；淵兮似萬物之宗。挫其銳，解其紛，和其光，同其塵。湛兮似或存，吾不知誰之子，象帝之先。

第5章

天地不仁，以萬物為芻狗；聖人不仁，以百姓為芻狗。天地之間，其猶橐籥乎！虛而不屈，動而愈出。多言數窮，不如守中。

第6章

谷神不死，是謂玄牝。玄牝之門，是謂天地根。緜緜若存，用之不勤。

第7章

天長地久。天地所以能長且久者，以其不自生，故能長生。是以聖人後其身而身先，外其身而身存。非以其無私耶，故能成其私。

第8章

上善若水。水善利萬物而不爭。處眾人之所惡，故幾於道。居善地，心善淵，與善仁，言善信，正善治，事善能，動善時。夫唯不爭，故無尤。

第9章

持而盈之，不如其已，揣而銳之，不可長保。金玉滿堂，莫之能守；富貴而驕，自遺其咎。功遂身退，天之道。

第10章

載營魄抱一，能無離乎；專氣致柔，能嬰兒乎；滌除玄覽，能無疵乎。愛民治國，能無知乎；天門開闔，能為雌乎；明白四達，能無為乎。生之畜之，生而不有，為而不恃，長而不宰，是謂玄德。

第11章

三十輻共一轂，當其無，有車之用。埏埴以為器，當其無，有器之用。鑿戶牖以為室，當其無，有室之用。故有之以為利，無之以為用。

第12章

五色令人目盲，五音令人耳聾，五味令人口爽。馳騁畋獵，令人心發狂；難得之貨，令人行妨。是以，聖人為腹不為目，故去彼取此。

第13章

寵辱若驚，貴大患若身。何謂寵辱若驚？寵為下，得之若驚，失之若驚，是謂寵辱若驚。何謂貴大患若身？吾所以有大患者，為吾有身；及吾無身，吾有何患？故貴以身為天下，若可寄天下；愛以身為天下，若可託天下。

第14章

視之不見名曰夷，聽之不聞名曰希，搏之不得名曰微，此三者不可致詰，故混而為一。其上不皦，其下不昧，繩繩不可名，復歸於無物。是謂無狀之狀，無物之象，是謂惚恍。迎之不見其首，隨之不見其後。執古之道，以御今之有；能知古始，是謂道紀。

第15章

古之善為士者，微妙玄通，深不可識。夫唯不可識，故強為之容。豫兮若冬涉川，猶兮若畏四鄰；儼兮其若客，渙兮若冰之將釋。敦兮其若樸，曠兮其若谷，混兮其若濁。孰能濁以靜之徐清？孰能安以動之徐生？保此道者不欲盈；夫唯不盈，故能蔽而新成。

第16章

致虛極，守靜篤，萬物並作，吾以觀復。夫物芸芸，各復歸其根。歸根曰靜，是謂復命；復命曰常，知常曰明。不知常，妄作，凶。知常容，容乃公，公乃全，全乃天，天乃道，道乃久，沒身不殆。

第17章

太上，下知有之。其次，親而譽之。其次，畏之。其次，侮之。信不足焉，有不信焉。悠兮其貴言，功成事遂，百姓皆謂我自然。

第18章

大道廢，有仁義；慧智出，有大偽。六親不和，有孝慈；國家昏亂，有忠臣。

第19章

絕聖棄智，民利百倍；絕仁棄義，民復孝慈；絕巧棄利，盜賊無有。此三者以為文不足，故令有所屬：見素抱樸，少私寡欲。

第20章

絕學無憂。唯之與阿，相去幾何？善之與惡，相去何若？人之所畏，不可不畏。荒兮其未央哉！眾人熙熙，如享太牢，如春登台。我獨泊兮其未兆，沌沌兮！如嬰兒之未孩。儽儽兮！若無所歸。眾人皆有餘，而我獨若遺，我愚人之心也哉！俗人昭昭，我獨昏昏；俗人察察，我獨悶悶。澹兮其若海，飂兮若無止。眾人皆有以，而我獨頑似鄙。我獨異於人，而貴食母。

第21章

孔德之容，惟道是從。道之為物，惟恍惟惚：惚兮恍兮，其中有象；恍兮惚兮，其中有物。窈兮冥兮，其中有精；其精甚真，其中有信。自古及今，其名不去，以閱眾甫。吾何以知眾甫之狀哉？以此。

第22章

曲則全，枉則直，窪則盈，敝則新。少則得，多則惑，是以聖人抱一以為天下式。不自見，故明；不自是，故彰；不自伐，故有功；不自矜，故長。夫唯不爭，故天下莫能與之爭。古之所謂曲則全者，豈虛言哉！誠全而歸之。

第23章

希言自然。故飄風不終朝，驟雨不終日。孰為此者？天地。天地尚不能久，而況於人乎？故從事於道者：道者同於道；德者同於德；失者同於失。同於道者，道亦樂得之；同於德者，德亦樂得之；同於失者，失亦樂得之。信不足焉，有不信焉。

第24章

企者不立，跨者不行。自見者不明，自是者不彰，自伐者無功，自矜者不長。其在道也，曰：餘食贅行。物或惡之，故有道者不處。

第25章

有物混成，先天地生。寂兮寥兮，獨立不改，周行而不殆，可以為天下母。吾不知其名，字之曰道，強為之名曰大。大曰逝，逝曰遠，遠曰反。故道大，天大，地大，人亦大。域中有四大，而人居其一焉。人法地，地法天，天法道，道法自然。

第26章

重為輕根，靜為躁君。是以聖人終日行，不離輜重。雖有榮觀，燕處超然。奈何萬乘之主，而以身輕天下？輕則失本，躁則失君。

第27章

善行無轍迹，善言無瑕謫，善數不用籌策。善閉無關楗而不可開，善結無繩約而不可解。是以聖人常善救人，故無棄人；常善救物，故無棄物。是謂襲明。故善人者，不善人之師；不善人者，善人之資。不貴其師，不愛其資，雖智大迷，是謂要妙。

第28章

知其雄，守其雌，為天下谿；為天下谿，常德不離，復歸於嬰兒。知其白，守其黑，為天下式；為天下式，常德不忒，復歸於無極。知其榮，守其辱，為天下谷；為天下谷，常德乃足，復歸於樸。樸散則為器，聖人用之，則為官長，故大制不割。

第29章

將欲取天下而為之，吾見其不得已。天下神器，不可為也，不可執也。為者敗之，執者失之。故物或行或隨，或歔或吹，或強或羸，或挫或隳。是以聖人去甚，去奢，去泰。

第30章

以道佐人主者，不以兵強天下，其事好還。師之所處，荊棘生焉；大軍之後，必有凶年。善者果而已，不敢以取強。果而勿矜，果而勿伐，果而勿驕，果而不得已，果而勿強。物壯則老，是謂不道，不道早已。

第31章

兵者不祥之器，非君子之器，不得已而用之，恬淡為上。勝而不美，而美之者，是樂殺人。夫樂殺人者，則不可得志於天下矣。夫唯兵者不祥之器，物或惡之，故有道者不處。君子居則貴左，用兵則貴右；吉事尚左，凶事尚右；偏將軍居左，上將軍居右。言以喪禮處之。殺人之眾，以哀悲泣之；戰勝，以喪禮處之。

第32章

道常無名，樸雖小，天下莫能臣也。侯王若能守之，萬物將自賓。天地相合，以降甘露，民莫之令而自均。始制有名，名亦既有，夫亦將知止，知止可以不殆。譬道之在天下，猶川谷之於江海。

第33章

知人者智，自知者明。勝人者有力，自勝者強。知足者富，強行者有志。不失其所者久，死而不亡者壽。

第34章

大道氾兮，其可左右。萬物恃之而生而不辭，功成不名有，衣養萬物而不為主。常無欲，可名於小；萬物歸焉而不為主，可名為大。以其終不自為大，故能成其大。

第35章

執大象，天下往；往而不害，安平太。樂與餌，過客止。道之出口，淡乎其無味，視之不足見，聽之不足聞。用之不足既。

第36章

將欲歙之，必固張之；將欲弱之，必固強之；將欲廢之，必固興之；將欲奪之，必固與之，是謂微明。柔弱勝剛強，魚不可脫於淵，國之利器，不可以示人。

第37章

道常無為而無不為，侯王若能守之，萬物將自化。化而欲作，吾將鎮之以無名之樸。無名之樸，夫亦將無欲；不欲以靜，天下將自定。

第38章

上德不德，是以有德；下德不失德，是以無德。上德無為而無以為；下德為之而有以為。上仁為之而無以為；上義為之而有以為；上禮為之而莫之應，則攘臂而扔之。故失道而後德，失德而後仁，失仁而後義，失義而後禮。夫禮者，忠信之薄，而亂之首；前識者，道之華，而愚之始。是以大丈夫處其厚，不居其薄；處其實，不居其華。故去彼取此。

第39章

昔之得一者：天得一以清，地得一以寧，神得一以靈，谷得一以盈，萬物得一以生，侯王得一以為天下貞。其致之。天無以清將恐裂，地無以寧將恐發，神無以靈將恐歇，谷無以盈將恐竭，萬物無以生將恐滅，侯王無以貴高將恐蹶。故貴以賤為本，高以下為基。是以侯王自謂孤寡不穀，此非以賤為本邪？非乎？故致數輿無輿。不欲琭琭如玉，珞珞如石。

第40章

反者，道之動；弱者，道之用。天下萬物生於有，有生於無。

第41章

上士聞道，勤而行之；中士聞道，若存若亡；下士聞道，大笑之，不笑不足以為道。故建言有之：明道若昧，進道若退，夷道若纇。上德若谷，大白若辱，廣德若不足，建德若偷，質真若渝。大方無隅，大器晚成，大音希聲，大象無形。道隱無名。夫唯道，善貸且成。

第42章

道生一，一生二，二生三，三生萬物。萬物負陰而抱陽，沖氣以為和。人之所惡，惟孤寡不穀，而王公以為稱。故物或損之而益，或益之而損。人之所教，我亦教之，強梁者不得其死，吾將以為教父。

第43章

天下之至柔，馳騁天下之至堅。出於無有，入於無間。吾是以知無為之有益。不言之教，無為之益，天下希及之。

第44章

名與身孰親？身與貨孰多？得與亡孰病？是故甚愛必大費，多藏必厚亡。知足不辱，知止不殆，可以長久。

第45章

大成若缺，其用不弊；大盈若沖，其用不窮。大直若屈，大巧若拙，大辯若訥。躁勝寒，靜勝熱，清靜為天下正。

第46章

天下有道，卻走馬以糞；天下無道，戎馬生於郊。罪莫大於可欲，禍莫大於不知足，咎莫大於欲得。故知足之足，常足矣。

第47章

不出戶，知天下；不窺牖，見天道。其出彌遠，其知彌少。是以聖人不行而知，不見而名，不為而成。

第48章

為學日益，為道日損。損之又損，以至於無為；無為而無不為。取天下常以無事；及其有事，不足以取天下。

第49章

聖人無常心，以百姓心為心。善者吾善之，不善者吾亦善之，德善；信者吾信之，不信者吾亦信之，德信。聖人在天下，歙歙；為天下渾其心。百姓皆注其耳目，聖人皆孩之。

第50章

出生入死。生之徒，十有三，死之徒，十有三；人之生，動之死地，亦十有三。夫何故？以其生生之厚。蓋聞善攝生者：陸行不遇兕虎，入軍不被甲兵；兕無所投其角，虎無所措其爪，兵無所容其刃。夫何故？以其無死地。

第51章

道生之，德畜之，物形之，勢成之。是以萬物莫不尊道而貴德。道之尊，德之貴，夫莫之命而常自然。故道生之，德畜之，長之育之，亭之毒之，養之覆之。生而不有，為而不恃，長而不宰，是謂玄德。

第52章

天下有始，以為天下母。既得其母，以知其子；既知其子，復守其母，沒身不殆。塞其兌，閉其門，終身不勤；開其兌，濟其事，終身不救。見小曰明，守柔曰強；用其光，復歸其明。無遺身殃，是謂習常。

第53章

使我介然有知，行於大道，唯施是畏。大道甚夷，而民好徑。朝甚除，田甚蕪，倉甚虛；服文綵，帶利劍，厭飲食。財貨有餘，是謂盜夸。非道也哉！

第54章

善建者不拔，善抱者不脫，子孫以祭祀不輟。修之於身，其德乃真；修之於家，其德乃餘；修之於鄉，其德乃長；修之於國，其德乃豐；修之於天下，其德乃普。故以身觀身，以家觀家，以鄉觀鄉，以國觀國，以天下觀天下。吾何以知天下然哉？以此。

第55章

含德之厚，比於赤子。蜂蠆虺蛇不螫，猛獸不據，攫鳥不搏。骨弱筋柔而握固，未知牝牡之合而全作，精之至也。終日號而不嗄，和之至也。知和曰常，知常曰明；益生曰祥，心使氣曰強。物壯則老，謂之不道，不道早已。

第56章

知者不言，言者不知。塞其兌，閉其門，挫其銳，解其紛，和其光，同其塵，是謂玄同。故不可得而親，不可得而疏；不可得而利，不可得而害；不可得而貴，不可得而賤。故為天下貴。

第57章

以正治國，以奇用兵，以無事取天下。吾何以知其然哉？以此：天下多忌諱，而民彌貧；民多利器，國家滋昏；人多伎巧，奇物滋起；法令滋彰，盜賊多有。故聖人云：我無為而民自化，我好靜而民自正，我無事而民自富，我無欲而民自樸。

第58章

其政悶悶，其民淳淳；其政察察，其民缺缺。禍兮福之所倚，福兮禍之所伏。孰知其極？其無正。正復為奇，善復為妖，人之迷其日固久。是以聖人方而不割，廉而不劌，直而不肆，光而不燿。

第59章

治人事天，莫若嗇。夫唯嗇，是謂早服；早服謂之重積德；重積德則無不克。無不克則莫知其極；莫知其極，可以有國；有國之母，可以長久。是謂深根固柢，長生久視之道。

第60章

治大國，若烹小鮮。以道莅天下，其鬼不神；非其鬼不神，其神不傷人；非其神不傷人，聖人亦不傷人。夫兩不相傷，故德交歸焉。

第61章

大國者下流，天下之交，天下之牝。牝常以靜勝牡，以靜為下。故大國以下小國，則取小國；小國以下大國，則取大國。故或下以取，或下而取。大國不過欲兼畜人，小國不過欲入事人。夫兩者各得其所欲，大者宜為下。

第62章

道者萬物之奧。善人之寶，不善人之所保。美言可以市尊，美行可以加人。人之不善，何棄之有？故立天子，置三公，雖有拱璧以先駟馬，不如坐進此道。古之所以貴此道者何？不曰：求以得，有罪以免邪，故為天下貴。

第63章

為無為，事無事，味無味。大小多少，報怨以德。圖難於其易，為大於其細。天下難事，必作於易；天下大事，必作於細。是以聖人終不為大，故能成其大。夫輕諾必寡信，多易必多難。是以聖人猶難之，故終無難矣。

第64章

其安易持，其未兆易謀；其脆易泮，其微易散。為之於未有，治之於未亂。合抱之木，生於毫末；九層之臺，起於累土；千里之行，始於足下。為者敗之，執者失之。是以聖人無為故無敗，無執故無失。民之從事，常於幾成而敗之；慎終如始，則無敗事。是以聖人欲不欲，不貴難得之貨；學不學，復眾人之所過，以輔萬物之自然，而不敢為。

第65章

古之善為道者，非以明民，將以愚之。民之難治，以其智多。故以智治國，國之賊；不以智治國，國之福。知此兩者亦稽式；常知稽式，是謂玄德。玄德深矣遠矣，與物反矣，然後乃至大順。

第66章

江海所以能為百谷王者，以其善下之，故能為百谷王。是以欲上民，必以言下之；欲先民，必以身後之。是以聖人處上而民不重；處前而民不害。是以天下樂推而不厭。以其不爭，故天下莫能與之爭。

第67章

天下皆謂我道大，似不肖。夫唯大，故似不肖。若肖，久矣其細也夫！我有三寶，持而保之：一曰慈，二曰儉，三曰不敢為天下先。慈故能勇，儉故能廣，不敢為天下先，故能成器長。今舍慈且勇，舍儉且廣，舍後且先，死矣！夫慈，以戰則勝，以守則固。天將救之，以慈衛之。

第68章

善為士者不武，善戰者不怒，善勝敵者不與，善用人者為之下。是謂不爭之德，是謂用人之力，是謂配天古之極。

第69章

用兵有言：吾不敢為主而為客，不敢進寸而退尺。是謂行無行，攘無臂，扔無敵，執無兵。禍莫大於輕敵，輕敵幾喪吾寶。故抗兵相加，哀者勝矣。

第70章

吾言甚易知，甚易行；天下莫能知，莫能行。言有宗，事有君。夫惟無知，是以不我知。知我者希，則我者貴。是以聖人被褐懷玉。

第71章

知不知，上；不知知，病。夫唯病病，是以不病。聖人不病，以其病病，是以不病。

第72章

民不畏威，則大威至。無狎其所居，無厭其所生。夫唯不厭，是以不厭。是以聖人自知不自見，自愛不自貴。故去彼取此。

第73章

勇於敢則殺，勇於不敢則活。此兩者，或利或害。天之所惡，孰知其故？是以聖人猶難之。天之道，不爭而善勝，不言而善應，不召而自來，繟然而善謀。天網恢恢，疏而不失。

第74章

民不畏死，奈何以死懼之？若使民常畏死，而為奇者，吾得執而殺之，孰敢？常有司殺者殺。夫代司殺者殺，是謂代大匠斲。夫代大匠斲者，希有不傷其手矣。

第75章

民之饑，以其上食稅之多，是以饑。民之難治，以其上之有為，是以難治。民之輕死，以其上求生之厚，是以輕死。夫惟無以生為者，是賢於貴生。

第76章

人之生也柔弱，其死也堅強；萬物草木之生也柔脆，其死也枯槁。故堅強者死之徒，柔弱者生之徒。是以兵強則不勝，木強則兵。強大處下，柔弱處上。

第77章

天之道，其猶張弓與？高者抑之，下者舉之；有餘者損之，不足者補之。天之道，損有餘而補不足；人之道，則不然，損不足以奉有餘。孰能有餘以奉天下？唯有道者。是以聖人為而不恃，功成而不處，其不欲見賢。

第78章

天下莫柔弱於水，而攻堅強者莫之能勝；以其無以易之。弱之勝強，柔之勝剛，天下莫不知，莫能行。是以聖人云：受國之垢，是謂社稷主；受國不祥，是為天下王。正言若反。

第79章

和大怨，必有餘怨，安可以為善？是以聖人執左契，而不責於人。有德司契，無德司徹。天道無親，常與善人。

第80章

小國寡民。使有什佰之器而不用，使民重死而不遠徙。雖有舟輿，無所乘之；雖有甲兵，無所陳之。使民復結繩而用之。甘其食，美其服，安其居，樂其俗。鄰國相望，雞犬之聲相聞，民至老死不相往來。

第81章

信言不美，美言不信；善者不辯，辯者不善；知者不博，博者不知。聖人不積，既以為人已愈有，既以與人已愈多。天之道，利而不害；聖人之道，為而不爭。

老子十二講

作者：王邦雄
主編：曾淑正
美術設計：Zero

發行人：王榮文
出版發行：遠流出版事業股份有限公司
地址：台北市中山北路一段十一號十三樓
郵撥：0189456-1
電話：（02）25710297
傳真：（02）25710197

著作權顧問：蕭雄淋律師
二〇一一年五月一日　初版一刷
二〇二四年二月一日　二版一刷
售價：新台幣四二〇元

ISBN 978-626-361-472-7（平裝）

遠流博識網 http://www.ylib.com
E-mail: ylib@ylib.com

國家圖書館出版品預行編目資料

老子十二講／王邦雄著. -- 二版. --
臺北市：遠流, 2024.02
面； 公分
ISBN 978-626-361-472-7（平裝）

1. 老子 2. 研究考訂 3. 生命哲學

121.317　　112022892